The Annual Review of CULTURAL STUDIES

VOL 3

SPECIAL ISSUE ON WAR

年報カルチュラルスタディーズ Vol.3

特集〈戦争〉

カルチュラル・スタディーズ学会

feat. Les Back, Hiroki Ogasawara, Toshifumi Jinno, Marie Thorsten, Takeshi Kawashima, Vron Ware, Keiko Takeda, Yoshikuni Shimotori, Masato Karashima, Takemasa Ando, Eri Yamashita, Shingo Hori, Keisuke Mori, Mitsuharu Akao, Makiko Shoji,Takashi Uemura, Alex Huang, Dragana Tintor

Contents

投稿論文　Reviewed Contribution

書評／映画評　Book/Film Review

研究ノート　Research Note

The Annual Review of CULTURAL STUDIES

VOL 3

SPECIAL ISSUE ON WAR

年報カルチュラルスタディーズ Vol.3

特集〈戦争〉

カルチュラル・スタディーズ学会

feat. Les Back, Hiroki Ogasawara, Toshifumi Jinno, Marie Thorsten,
Takeshi Kawashima, Vron Ware, Keiko Takeda, Yoshikuni Shimotori,
Masato Karashima, Takemasa Ando, Eri Yamashita, Shingo Hori, Keisuke Mori,
Mitsuharu Akao, Makiko Shoji,Takashi Uemura, Alex Huang, Dragana Tintor

カルチュラル・スタディーズ2014 基調講演

人種差別主義の廃墟のただ中にある多文化的コンヴィヴィアリティ

レス・バック／太田光海［訳］

Les Back

Multicultural Conviviality in the Midst of Racism's Ruins

ロンドンはコンヴィヴィアルな多文化を有する世界都市である。始まりから、その巨大なメガロポリスに集結する人々や物品の国際的な流動によって形作られてきた。そこは世界の諸文化が一ヶ所に蓄積し、堆積し、混合する場である。かつて帝国の中心だったロンドンは、現在グローバルな新自由主義的資本主義の回路内部における主要な結節点、あるいは交差点である。その財政的要塞の陰で、若い移民たちは新たな文化的混合の形式と社会的つながりを形成している。きわめて頻繁にかれらは、瓦解していく世界とその世界に持ちこたえることができない社会の象徴として「移民」が語られるようになった公的関心のレーダー網から離れたところにいる。その結果、ロンドンのダイナミックな都市風景は、この街が「自らの文化を失いつつある」という不安か、あるいは都会的多様性を称揚するという大きく異なる諸関心によって収奪される傾向にある。

我々が行った三一人の若い成人の移民とのミーティングと、かれらがプロジェクトにもたらした成果（artefacts）は、かれらが差異を伴い、差異を通じて機能するような連携を築くための試みを例証している。[*1] それは、我々を文化的・宗教的・人種的基準によって分断しようとする法制と監視の諸形態を日常のレベルで撹乱する。これらの若者たちの生の内部に、我々は帝国以後の都市における生を乗り切っていくための「コンヴィヴィアルな能力」を認めることができる。これらの諸相に例示されたコンヴィヴィアルな文化を、ある一連の道具、そして能力として理解することを我々は提案する。

とりわけ我々が重要視するのはザラの旅路である。彼女は、異なる三ヶ国からの難民であり、世界一好きな場所だと宣言するロンドンのなかでも、彼女のコミュニティであるニューハム区のために奮闘している。こうしたホームを創造する経験は、コンゴ出身で、自身が一二歳のときにロンドンの実家を離れざるを得なくなり、移民や地元のロンドン人たちと連携を築く必要性に迫られた、ジョゼフとともに探究される。これらの生から何を学び得るかを示す前に、まずロンドンの移民街がもたらす社会的・文化的インパクトに対する、一般的な見方と不安の現状について概観してみよう。

文化の喪失、あるいは過剰な多様性（super-diversity）の発見？

二〇一三年に出版されたデイヴィッド・グッドハート[*2]の著書 *The British Dream*（未邦訳）は、多くの論客たちが共有する、ロンドン、より一般的にはイギリスが、「自らの文化を失いつつある」という切迫した不安感情の好例である。グッドハートは「ロンドンは多くの人々が想像し、中心街を歩きながら思うような、肌の色に無頓着な多人種的な街ではない」(Goodhart 2014: 51) と述べる。むしろ「イングランド都市部」は彼の言葉によれば「ミステリアスで馴染みのない諸世界が、すぐそこの角もしくは……地下鉄で数駅の距離」(同書：47) にあるような場所となった。多文化の街は、とりわけ年配者と貧困層にとって不安や心配の源泉である。グッドハートからみると、「人種関係論」の専門家と「学者」は、「普通の市民」が移民の社会的コストについて抱える理解可能で真っ当な不安に取り合ってこなかった。南ロンドンのマートン区における「メガ・モスク」の建立は、グッドハートにとって過

＊1　本文は国際基督教大学で行われたカルチュラル・タイフーン二〇一四の基調講演の原稿を起こしたものだが、この内容はシャムザ・シンハとの共編著 *Migrant City*（Routledge より本年九月刊行予定）に掲載される内容と重複している。ここで述べられている調査は、著者がシンハと共同で行った聞き取り調査のことである。

＊2　David Goodhart（一九五六‐）イギリスのジャーナリスト、コメンテーター。二〇一三年に発表した著作 *The British Dream* で脚光を浴びる。

剰な多様性が引き起こした害悪の徴候である（写真１）。

マートン区はロンドンの南西にある郊外で、研究者や政治コメンテーターたちの関心をほとんど集めてこなかった。多くのロンドン郊外と同様に、そこは労働者階級の住民たちのために建てられ、主に一九八〇年代以降に購入された戦後型社会住宅が、富裕層の地区と隣り合っているようなパッチワークである。そのモスクは反順応主義的アフマディーヤ（イスラム改革派）信者たちの礼拝場であり、主流であるスンニ派とシーア派のムスリムたちからは避けられている。それは、数年にわたって放置されていた地元のエクスプレス・ダイアリーの跡地[*3]を再計画した場所に位置している。グッドハートによれば、「計画段階での取り決めによってミナレットから礼拝の合図が発せられることはないものの、それは地区一帯を支配している。一九八〇年代後半まで地元民に熟練、半熟練の手仕事の雇用を与え、もちろん瓶牛乳――以前のより同質的だった時代のアイコン――を生産していた」(Goodhart 2014 :47-48)。

写真１

グッドハートの政治的語呂合わせは、彼にとっての問題の核心を捉えている。アフマディーヤ信者たちが多くの点で「模範的移民」である一方で、かれらは多文化の過剰性の受け入れがたい徴候でもあるのだ。グッドハートは、信者たちが二〇一二年に行われたエリザベス女王を祝う記念式典用のポスター作成に出資したことを引き合いに、それがかれらのコミットメントと、イスラム教のための拠点として恒久施設を与えてくれたことに対する謝意の一例であると述べる。同時に、グッドハートは多くの白人にとって「一万人の礼拝者を収容する巨大なアフマディーヤ派モスク」が、かれらの「なじみ深い精神的かつ物理的ランドマーク」の消失の象徴であるとも主張する。政治的正しさ（political correctness）に対するついでの批判を途中に挟みながら、彼は結論づける。「ある男性――人種関係論の専門用語を使えば白人の年配男性とみなされる――がマートン区カウンシル・フォーカス・グループに述べたように、『私たちはこの場所を他の文化に明け渡し〔…〕ここはもうイングランド的ではなくなってしまった』」(Goodhart 2014: 53)。

彼以前に行われた移民に対する批判と同様に、グッドハートは、自らが戦後移民政策の失敗の真の被害者であるとみなすありふれた人々のために、不都合な真実を語る孤独で勇気ある人間として着飾っている。重要なことは、この内容を真剣に検討せずにこの著作を退けてしまわないことである。なぜなら、この中で鍵となっているいくつかのテーマは、主流政治における一つの争点となっているからである。グッドハートの支持者は平等と人権議会（Equality and Human Rights Commission）元議長のトレヴァー・フィリップス[4]、保守党の政治家で大臣のデイヴィッド・ウィレッツ[5]、労働党員のフランク・フィールド[6]にまでわたる。興味深いほどに雑多な、都市部のエリート主義者から労働者階級の代弁者たちに至るまでが、多様性の度が過ぎたというメッセージの下に結集しているのだ。

マートン区のモスクのようなストーリーが重要な意味を持つのは、それらが語り手側だけでなく、聴き手側も差し迫ったものとして捉えているような倫理的かつ政治的コミットメントをしばしば明らかにするからである。ケナン・マリク[7]は「マートン区のモスクのストーリーと、それを『文化の喪失』というナラティヴとして語り直すということが、現代の移民に関する議論の中核をなしている」(Malik 2013: 42) と、鋭く指摘する。しかし、これは事実の問題というよりは、「存在論的な衝撃」である。なぜなら、「移民は、コミュニティの瓦解、アイデンティティの侵食、帰属意識の摩耗、受け入れがたい変化の促進の象徴となった」(同書 : 42) からである。マリクが指摘するように、マートン区のモスクのストーリーを異なる方法で語り直し、最初のヴァージョンにおける倫理的コミットメントを明らかにすることは可能である (Barker and Beezer 1983 も参照)。例えば、エクスプレス・ダイアリーが確かに産業的廃墟で、薬物使用者たちが「中毒者たちのたまり場」(crack den) として転用していた七年間。ケナン・マリクが提案するのは、「我々が語り得る一つのストーリーは、経済的諸力が利益を生まないエクスプレス・ダイアリーを閉鎖に追い込み、数百の仕事を失わせ、次いで地元のムスリムたちが、放置され犯罪が横行している場所に新たな職を生み

＊3　イギリスの乳製品生産会社。

＊4　Trevor Philips（一九五三‐）イギリスのライター、ブロードキャスター、元政治家。

＊5　David Willets（一九五六‐）イギリス保守党の政治家。前大学・科学大臣（二〇一四年七月まで）。

＊6　Frank Field（一九四二‐）イギリス労働党の政治家。元福祉改革大臣（一九九七～一九九八年）。

＊7　Kenan Malik（一九六〇‐）インド出身のイギリスの作家。主著に *The Meaning of Race*（一九九六年）など。

出し、その過程でマートン区をより良いものに変化させている、ということ」(Malik 前掲書 : 42) である。しかし、これを行うとストーリーの核心を変えることになってしまう。それは文化の喪失と白人のメランコリアに関する話を、都市のリニューアルと文化の再構築という物語に変換するだろうからだ。グッドハートや「白人の年配男性」のような人々にとって、ここでの問題は、結局のところそれがマートン区のモスクをイングランド的にするわけでも、お仲間市民優遇主義 (Fellow Citizen Favouritism) (Goodhart 前掲書 : 37) の範囲内での包摂を受け入れやすくすることにもつながらないことである。

ケナン・マリクは「多すぎる移民は社会的連帯を侵食するという考え方は、ここ一〇年の間にほぼ了解事項となった」(Malik 前掲書 : 42) と結論づける。グッドハートに加え、議論の中でよく引用されるアメリカ人社会学者ロバート・パットナムによって、この考えは補強されている。パットナムは、移民と多様性の水準が高い場では、社会的結束が弱まると主張した (Putnam 2007)。米国の四一都市で四万人を対象に行われた社会関係資本コミュニティ指標調査によれば、社会的同質性が高い環境においては、社会的連帯と他者に対する信頼度が高まる。社会関係資本調査は、社会関係資本の計算結果と人種、エスニシティに関する人口分布調査を関連づけた結果とも一致した。多様性――パットナムは非常にゆるく定義している――は、社会的メルクマールである人種、エスニシティ、移民経験、文化、言語、そして宗教をひとまとめにしている。彼が主張するところでは、それは社会関係資本と反比例の関係にあり、多様性はマイノリティ集団を含むすべての集団の社会的孤立を招く (Back 2009: 207-209 も参照)。

パットナムは、ポール・コリアーの著書 *Exodus* (未邦訳) にとっても重要な参照点の一つである。オクスフォード大学ブラヴァトニク行政大学院の経済学および公共政策学教授であり、同大学アフリカ経済研究センター共同所長であるコリアーは、より厳格な移民審査の原因となっている、学術界におけるもう一人の新人である。彼の主張によれば、移民は南側諸国の経済を弱体化させ、北側諸国の都市においては不安定化を招く多様性の過剰をもたらす。移民がもたらすいくつかの効用を指し示すものの、彼の著作は同じリフレインを繰り返す。「[…] 多様性は相互配慮とそれが生む協調性と寛大さという計り知れない利益を侵食する。[…] ある地点において、すなわち多様性 (diversity) の増加分コストは多彩性 (variety) がもたらす利得分を超過する。よって多様性に関する正しい論点はそれが良いか悪いかではなく――外国人嫌悪と『進歩派』の争いではなく――どの程度がベストなのか、である」(Collier 2013: 254)。コリアー、グッドハート、そしてメラニー・フィリップスやクリストファー・コルドウェルといった他の論客たちは、ロンドンの多様性が一線を越えて行き過ぎていること、移民政策により厳格な管理が必要であるという点において全員が同意するであろう。コルドウェルにとって、イスラムは同化不可能な「ハイパー・アイデンティティ」であり、受け入れ側にあるものよりも文化的に強力なコミュニティを生み出すものである（Caldwell 2009: 129）。

一見したところ相反する政治的見解の立場から、学術研究者たちはロンドンが現在「過剰な多様性」（super-diversity）の実例だとする考え方から、異なるストーリーを語る試みを結集させている。過剰な多様性とは、スティーヴン・ヴァートヴェック[*8]の頻繁に引用されるエッセイの中で造られた用語で、我々が慎重に検討するつもりの、学術研究のある種のスタイルを急速に広める原因となった（Vertovec 2007, Wessendorf 2013）。ヴァートヴェックは彼の議論を次のような主張から始める。今日、「イギリスにおける多様性は以前と同様ではな」く、新たな文脈における過剰な多様性は、「増大した、新しく、小さく散り散りで、複数起源的で、トランスナショナルにつながり、社会経済的に差異化され法的に階層化された、過去一〇年間に新たに流入した移民たちの間における、可変的なもののダイナミックな相互作用」（Vertovec 同書: 1024）である。ヴァートヴェックは、過剰な多様性とは移民のパターンがより可変的であるこの新しく不安定な状況を名づけるための略式用語であり、特定のエスニック・グループを唯一の調査対象とする研究を乗り越えることが重要であると主張する。「ロンドンは卓越的な移民の場であり、過剰な多様性が最も表れ出ているところである」（同書: 1042）と彼は述べる。

この立場が「文化の喪失」を嘆く人々と食い違うものである一方で、ヴァートヴェックの主張における多くの鍵となる要素はグッドハートのそれと非常に似通っている。両者とも、過去一〇年ほどの間に多様性の適切な分量（quantum）が突破されたと強調する。同様に、二人の著者はともに現代の多文化状況を理解する際に人種差別主義が持つ重要性を軽視している。グッドハートはこのことに関してオープンであり、「人種差別主義という言葉の使用に対する敷居は、過去二〇年であまりにも引き下げられた」（Goodhart 2014: 122）と述べている。彼にとって、人種差別主義は続いてはいるがわずかな残余的効果しか持たず、彼は反人種差別主義者と左翼知識人を「人種悲観主義」を乗り越えようとしない者たちとして糾弾する。ヴァートヴェックの人種差別主義に対する無頓着な扱いは、大方において忘却を通して機能する。彼は「不平等と偏見の新たな型」（Vertovec 2007: 1045）に関するエッセイの中でわずかに一段落加えただけで、「人種差別主義」という言葉には一度しか触れていない。自らのみかけの新奇性に恍惚としながら、グッドハートとヴァートヴェックは両者ともに、

＊8　Steven Vertovec（一九五七‐）アメリカ出身の社会学者。マックス・プランク研究所教授。主著に『トランスナショナリズム』（日本評論社、二〇一四）など。

スチュアート・ホール[*9]（1987, 1988）の仕事に多くの部分を負っている人種をめぐる文化政治とニュー・エスニシティーズに関する膨大な研究の伝統に対して、なんら真剣な注意を払っていない。かれらは実質的に、三〇年近くにわたる学問的成果（scholarship）を黙殺しているのだ（Gilroy 1987, Alexander 1996, Jones 1988, Back 1996）。

グッドハートとヴァートヴェックは、人種差別主義が持つ連続的な社会的持続力を軽視する一方で、「文化的用語」で説明されるべき移民コミュニティ内部における生の変化のパターンに関する説明が見出されると言い張る。特にグッドハートは正しくも、反人種差別主義の書き手たちは、文化が独立した説明力を付与された絶対的な変数となってしまうという理由から、文化という用語の使用に対して懐疑的であると指摘する。歴史的に、様々な書き手がこれらの文化的アーキタイプを民族絶対主義（Gilroy 1987）もしくは文化本質主義（Hall 1992）と呼んできた。この見方は、自分たち自身で何かを作り上げる（their own making）状態にあるような、分断された社会の被害者たちを――文化的に言えば――重要な役割のある存在として見なす。これらの問題に言及しようとしない左翼の不承知を警告しつつ、彼は自信たっぷりにまさにこの症候に食ってかかる。グッドハートは、「私はもっと文化と肌の色について意識的になりたい」（Goodhart 前掲書：55）と認める。人種差別主義を消えつつある社会的力として退け、より広範な公の場で流布する現在の強力な反移民的心情とは切り離す一方、彼は「受け継がれた文化」と「集合的世評」の重要性を前景化する。

ヴァートヴェックによる過剰な多様性の概念は、より複雑な文化に対する理解と関わっている。彼はポストコロニアルな関係性に基づいた移民と定住のパターンによって制約されたエスニック集団の同質性を強調する学説の伝統に反論する（Vertovec 2007: 1029）。彼は、ふだん移民集団内部にある種々の弁別的な身分が、かれらの人生における機会やイギリスへの帰属条件に深く影響を与えていると洞察し、「同じエスニックあるいはナショナルな起源を持つ集団の内部に、大きく異なる身分が存在しうる」（同書：1039）と述べる。しかし、これらの序列とヒエラルキーを生み出した人種主義と帝国の遺産との間にはわずかなつながりしか認めていない。結果は、複雑で変容的な文化の上澄みをすくい取り、移民経験への説明を与える「薄っぺらな文化主義」である。ヴァートヴェックとこの学派につながっている他の書き手たちは、多様性を社会的な算術以上のものとして捉えることには関心を持っていないようだ。

過剰な多様性とは空虚で誇張された、サッカー・ファンがかれらのチームのお気に入りの選手に向けて歌う単純な讃歌のようなものである。より真面目に捉えるならば、この誇張された差異の強調は、すでに移民に関する議論がパニックに陥って引き起こしている公衆の不安を、さらに助長することになる。移民都市における文化の万華鏡を符号化し、表象するための新たな方法を見つける緊急の必要性はあるが（例えばRhys-Taylor 2013, Hall 2012 を参照）、都市の多文化状況内部において分断や線引きがなされる諸形式に対して同等の注意を払わないままそれを行うことは、著しく思慮に欠けている。その帰結として、概念としての過剰な多様性は政治的には一面的で、究極的には反移民的心情が支配する時代を無抵抗のまま素通りさせている点において罪深いものである。

　クレア・アレクサンダーと彼女の同僚たちが指摘するように、多様性礼賛のナラティヴは、「『文化的差異』の暗黒面――権力の諸関係、不平等、排除、歴史、抵抗、対立、そして非常に厄介な曖昧さによって位置づけられる文化的差異の『暗黒面』」（Alexander *et al* 2012: 4）を覆い隠す。我々の主張は、ロンドンの多文化状況の複雑な現実を理解するためのコミットメントが、我々がこれまで「分断されたつながりによる諸世界」と呼んできたものの内部で持続し続ける、分断と人種差別主義の諸形式に対して同等の注意を払うために重要であるということだ。

　それはアマンダ・ワイズとセルヴァラジ・ヴェラユサムが「日常生活のミクロ・ポリティクス」（Wise and Velayutham 2009: 15）と呼ぶ、国家権力と政治が最小のスケールにまで沈殿し、新たに生まれ出る共存の形態ともつれ合う場に対する注意を払わせる。この接合点と多文化的生の感性的な手触りを探究しようとするような、新興の研究が成長している。アレックス・リース＝テイラーが指摘するように、「感覚を通じて表出する日常の多文化状況が、文化理論と多くの都市居住者の両方を追い越してしまった」（Rhys-Taylor 2013: 405）。しかし、サラ・ニールと彼女の同僚たちが逆説的に指摘するのは、「エスニックな分離、文化的退去、そして多文化的危機の諸概念が、新たな複雑さと新たに生まれつつある差異と多様性の空間にもかかわらず、公的、政治的議論を支配している」（Neal *et al* 2013: 319）ということである。

　我々が追った若者たちの生は、単に人種差別主義に対抗するだけでなく、まったく異なる経歴を持つ人々が、社会的な分断と損壊によって分裂した都市においてともに生きることを可能にする、定着しつつある諸手段であるような新たな種類の生きられた多文化的政治の実例を示している。スザンヌ・ホールが指摘するように、ロンドンは「移民出自の市民たちが、都市の過去、現在、そして未来に、一体化しつつそれらから規定されているような、強烈な場として現れ出ている」（Hall 2013: 12）。「文化の喪失」あるいは「過剰な多様性」

＊9　Stuart Hall（一九三二‐二〇一四）ジャマイカ出身のイギリスの文化理論家、社会学者。主な編著に *Policing the Crisis*（1978）、*Politics of Thatcherism*（1983）など。

といった議論を手放しに誉め称えることはまた、分断と受容の混在に関する不適切な理解を生む。人々の流動のパターンはよりカオス的で、ポストコロニアルなロンドンの他の場は変化しつつある。我々は若い移民の生に近接した注意を払うことで、公共の議論内部における移民に関しての見過ごされた事柄や虚飾を明らかにするだけでなく、新たな生の形態がこの街に定着していく際の諸様式に目をやることができる。

コンヴィヴィアルな道具とミクロ公共空間

これらの共存の形態に名前を与えるためのオルタナティヴな方法が、コンヴィヴィアルな文化（Gilroy 2004）の考え方だ。ノウィカとヴァートヴェックが指摘するように、コンヴィヴィアルという考え方はラテン語の「共に」と「生きること」という単語に根ざしている（Nowicka and Vertovec 2014: 1）。ポール・ギルロイ[*10]の定義では——イヴァン・イリイチ[*11]とテオドール・アドルノ[*12]から着想を得ている——コンヴィヴィアリティは常にそれ自体に対する否定と隣り合わせである。ギルロイにとって、陰あるいは人種差別主義、帝国的メランコリア、「反テロリスト」的安全保障の強化や戦争は、異なる生き方をする衝動をその影で覆いつくす。これらの緊張がどのように生きられているのかを理解することは、彼が「文化的諸関係の反抗的歴史」と呼ぶものを記述することに関わる。「この否定的仕事は」——ギルロイは彼の著作である *After Empire*（未邦訳）で主張する——「コンヴィヴィアルな文化の中でひそかに賭けられているものの自らは発信せず、隠れて予測不能であることを好むような、いくつかの解放的可能性を発見し、探究することができる」（Gilroy 2004: 161）。ギルロイ自身がコンヴィヴィアリティの概念を部分的に説明せずにおくのは、それが人種差別主義とメランコリックなナショナリズムの文脈において、束の間の後背地として機能するからだ。

彼にとって、「居住可能な多文化状況は、過ぎ去りし帝国の遺産を介した機能性に依存する」（Gilroy 2006: 27）。特に移民に関連して、我々が人種差別主義の遺産を理解する際の諸様式を活性化し続ける帝国の没落というものを考えてみることである。「今日における望まれない新参者たち——ブラジルあるいは東欧からの——は実のところポストコロニアルとは言えないが、しかしやはり消え去った帝国の両義性を自身の中に抱え込んでいる」（同書：31）。ギルロイはコンヴィヴィアリティを、密接な距離で生きる都会的な社会的諸集団によって生み出される、収まりがきかない自然発生的な社会的パターンとして理解するための方法を提示する。ここにおいて、人種的差異はありふれた、平凡で目立たない、そしてときには退屈とも言えるほどに取るに足らないものとなる。ギルロイにおいては、理解とコミュニケーションの形式が都市生活をより豊かにする「日常の美徳」を生み出すこととなる。我々が若い移民たちとともに調査を行った経験は、ギルロイによる特徴づけと並走しながらのことである。よりゆるやかな社会的結束は、「差異化の程度がかなりの規模で部分的重複と組み合わせられる」(同書：40)こととなる。我々が主張するであろうことは、この散文的な多文化的「良識」の形式は、コンヴィヴィアルな文化を作り上げる感受性——実践的な道具としての——に焦点を合わせることで最もよく理解される。

ギルロイの思想が提示する重要な教訓は、彼が強調する「コンヴィヴィアリティを認識することは、人種差別主義の不在を意味するべきではない」(同書同頁)という点にある。コンヴィヴィアリティの概念が提示するのは、人々を常に文化的起源へと還元してしまうのではなく、むしろかれらが何を日常的に行っているのかに焦点を合わせるような、文化に対するオルタナティヴな解釈である。ギルロイが結論づけるように、「文化は、所有され、著作権の下に管理されるべき財産として見なされることによって誤解され、大きく単純化されている。活気あるオルタナティヴな文化は、制御不能であるコンヴィヴィアルな文化を『オープンソース』な協働生産物の一種として理解する」(同書同頁)。ギルロイは、我々が人種差別主義とコンヴィヴィアルな文化の両者の共存を理解することを可能にしてくれる一連の分析的手段を提示する。

我々はコンヴィヴィアリティが甘ったるい多様性幻想の常套句となるべきではないと主張したい。ジル・ヴァレンティンが正しく指摘するのは、ゴードン・オールポート[*13](1954)の有名な「コンタクト仮説」の誤った論理を反復し、コンヴィヴィアリティが単なる差異に対する近接の帰結であると決めてかかるのは無謀であるということだ(Valentine 2008: 334)。しかしながら、ヴァレンティンの多くの発見は、長きにわたって同分野で確立されてきた洞察を焼き直しているにすぎない

＊10 Paul Gilroy（一九五六‐）イギリスの社会学者、比較文学者。ロンドン大学キングス・カレッジ教授。主著に『ブラック・アトランティック——近代性と二重意識』（月曜社、二〇〇六）など。

＊11 Ivan Illich（一九二六‐二〇〇二）オーストリア出身の哲学者、文明批評家。主著に『コンヴィヴィアリティのための道具』（日本エディタースクール出版部、一九八九）など。

＊12 Thedor Adorno（一九〇三‐一九六九）ドイツの哲学者、社会学者。主著に『否定弁証法』（作品社、一九九六）、マックス・ホルクハイマーとの共著に『啓蒙の弁証法』（岩波書店、一九九〇）など。

＊13 Gordon Allport（一八九七‐一九六七）アメリカの心理学者。主著に『人間の形成——人格心理学のための基礎的考察』（理想社、一九五九）など。

（Hewitt 1986 を参照）。ギルロイは、アドルノを想起しながら「コンヴィヴィアルな文化の否定弁証法」を重視する。なぜなら彼は、肯定的な多文化の浅はかな説明を避けることを主張するからである（Gilroy 2004: Chapter X）。確かに、文化的橋渡しの諸変化とその諸形式がある一方で、人種差別主義と多文化状況の間の弁証法的緊張の肯定的解消は存在しない。それは相殺的条件、あるいは場所と人々の両者ともに統合の可能性を持ち得ない「都会的逆説」（metropolitan paradoxes）とともに生きることを意味する（Back 1996）。

　むしろここでのコンヴィヴィアリティとは、哲学者マーサ・ヌスバウム[*14]が「人間の尊厳と、その尊厳にふさわしい人生」（Nussbaum 2006: 74）のための最低限の中核をなす諸々の資格のひとまとめとして焦点を合わせる、人間の能力ではないだろうか。ヌスバウムの議論では、能力とは「人類の繁栄」を保証するためにすべての人間に与えられるべき、最低限度の公正さである。彼女のパラメーターは我々のものよりも一層多岐にわたるが、しかし、我々の関心にとって重要なことに、それらは「他者とともに、他者に向かって生きることができるということ、他の人類たちに対する関心を認め示すこと、様々な形式の社会的相互作用に関与するということ、すなわち、他の誰かの状況を想像することができるということ」（Nussbaum 2006: 77）を含んでいる。人種差別主義はその能力を破壊する。ヌスバウムとは異なり、我々は規範的な、あるいは普遍的な主張を打ち立てようとはしていない。むしろ我々は、互いに深い関係を持つ人々が、重なり合う諸世界と都市の接触領域で生きることを実行可能にするために、いかに具体的な道具を使用するのか、ということを前景化させたい。

　イヴァン・イリイチによるコンヴィヴィアリティの当初の定式化の中心にあったのは、それが道具であることに対する強調である。これは、コンヴィヴィアリティを「アイデンティティ」の感覚のようなものか、あるいはある種の「文化生態学」的構造の基礎をなすものに還元し、コンヴィヴィアルな生を説明するような立場から抜け出す道を提供する。若い移民たちの経験に密着することで、我々は若者たちが人種差別主義のもたらす廃墟とともに生きることを可能にする手段と資源に目を向けることができる。イリイチの関心事は多岐にわたっていたものの――彼は自然破壊的な産業社会のオルタナティヴを探していた――彼は「個々人は移動と居住のための手段を必要とする」（Illich 2009[1973]: 11）と記している。我々の関心にとって興味深いことに、イリイチは「使用者たちの性格の構造ではなく、手段の構造」（同書 : 15）に焦点を当てている。同様に、我々は若い移民たちの「性格の構造」を調査したいのではなく、むしろかれらの人生の道筋をポストコロニアルなロンドンにおいてナヴィゲートするために、かれらが用いているコンヴィヴィアルな能力の道具立てを見極めたい。

　我々はこの研究の中で、若い移民たちの生において明らかである五つの主要な道具あるいはコンヴィヴィアルな能力を認識した。これらの散発的な有用性がすべての参加者にとって明らかであるとは主張しないが、我々がこれから示すように、それらは個別の異なる諸形式の中で共鳴し、組み合わされる。最初に前景化したい道具は、多文化状況の生に対する注意深さを育てること、である。我々が関わった多くの若者たちの生においてわかるのは、かれらがロンドンの複雑な文化的ランドスケープに耳を傾け、読解し、それに対して驚くことのできる力を持っているということである。かれらは自分たちの社会世界に興味を持ち、我々がすでに記したように、ときには旅行者が持つような魅了された眼差しでそれを眺めることができる。日常的な多文化的生に対するこの種の注意深さは、グレッグ・ノーブルが鋭敏にも「パニックに陥った多文化主義」(Noble 2009a) と呼ぶものとまったく対照的である。ローカルな文脈では、帰属条件は包摂条件を部分的にずらすある種の「隣人ナショナリズム」の生産によって再定義される (Back 1996 を参照)。親密な近しさを通した差異との他愛もない交渉が発生し、しばしば強制的で必要性に迫られるのは、日常生活の空間内においてである。これらは仕事場、学校、病院、大学、ユースセンター、スポーツクラブ、そして公共交通を含む (このアイデアに関する説明については Amin 2002: 969 を参照) 他のつながりからなる接触領域を包摂する「ミクロ公共空間」として最も適切に特徴づけられる。

都市における「ミクロ公共空間」は、リチャード・セネットが「日常的外交」(Sennett 2012: 221) と呼ぶもののための舞台を提供する、審議的空間である。グレッグ・ノーブルが指摘するように、それはコンヴィヴィアルな生が習慣的となり、差異が「人々の日常的行いによって処理され、仲裁される」(Noble 2013: 2) ベースラインとなるような場でもありうる。アマンダ・ワイズとセルヴァラジ・ヴェラユサムは、それが「間文化的な応化と接続のための習慣、気質、そして言語的実践」(Wise and Velayutham 2013: 18) を含む、間文化的ハビトゥスにまで拡張できると主張する。すると、これは現在大方のところ無視されている人種間対話と友情の間奏曲的文化に関する仕事の初期の伝統と反響することになる (Hewitt 1986, Jones 1988, Back 1996)。我々が強調したいのは、コンヴィヴィアルな文化は特定の場所あるいはミクロ公共空間の文化的エコロジーによるなんらかの有機的な生産物ではないということだ。むしろ、周辺にある他の方法よりも、コンヴィヴィアリティの道具のほうが一層ミクロ公共空間を形作る。多文化状況の社会的エコロジーがミクロ公共空間の舞台設定——深い近接性と偶然の出会いが生じる場——を提供する一方で、コンヴィヴィアルな生は機

＊14　Martha Nussbaum（一九四七‐）アメリカの哲学者、倫理学者。主著に『正義のフロンティア——障碍者・外国人・動物という境界を越えて』（法政大学出版局、二〇一二）など。

能すべく据えつけられた道具を通してこしらえられている。

二つめの道具は、街を気にかける（care）能力である。これはガッサン・ハージ[*15]による、ケアの倫理と、文化の喪失あるいは差異による侵食を不安がる偏執病的ナショナリストの心配を対比させる重要な区分を思い出させる（Hage 2003）。これは単純に人種化された区分ではない。なぜなら、我々がますます目にしているのは、「多様性」の内部で差異によるふるい分けと階層化を行い、肌の黒いもしくは有色の人々が、「かれら」――移民都市への新たな移民たち――の存在によって危険にさらされている「受け入れ文化」である「我々」という考え方の下に徴募される場であるような、複雑な帰属をめぐるヒエラルキーの出現であるからだ。ロンドンの異種混淆的ランドスケープを気にかけ、それに対して興味津々であることは、そこに住まうためのオルタナティヴな手段を与える。多くの調査参加者たちの生は、このような注意深さとケアの感受性を例証している。とりわけザラの生は、これらの感受性を生活にもたらしている。

ザラの経験、展望、そして切望は、国境をまたぎながらの、そして東ロンドンのニューハムでの、両方における世界の様々な地域との出会いに影響されている。我々がこの調査を目的として最初に会話をしたのは二〇〇九年の五月で、彼女が二三歳のときだった。東ロンドンはグローバルな影響を、自らのアイデンティティを創造し、再創造するために吸収し、再利用する。それは彼女の人生においてすべてが流動的であるという意味ではない。むしろ彼女は自身の旅路と状況から、彼女が何を重要と感じるかを学んできた。彼女の想像力は人間的であるのと同程度に深くグローバルである。

ザラは五人の兄弟と三人の姉妹を持つ。彼女は自身をそれ自体国民国家や大陸的境界と結びつかないカテゴリーである、アラブ人だと形容する。ザラの父親はアラブ人であり、彼女の母親はトルコ人である。ザラの血縁上の祖父母の片方はアラブ人であり、もう一人はイタリア人である。ザラはモガディシュ〔ソマリアの首都〕で生まれた。当地における戦争と飢餓から逃れながら、四歳のときにイエメンに渡り、それからエジプト、リビアを経て再びエジプトに戻り、次にドバイへ行った。イエメンでは情勢不安を経験し、リビアは戦争寸前のように見えたために去った。ザラの母親は、戦争がかれらの後を追いかけてきたことを嘆いた。ドバイは八人の子どもと妻を支えなければならない父親にとっては高価すぎた。ドバイの次にかれらはトルコへ行き（彼女の母親の出身地）、そしてギリシャ、スウェーデン、チューリヒ、パリを渡り歩いた。そして一九九九年に彼女はロンドンへやってきた。ロンドンで、彼女は保護施設を見つけ出し、最終的にイギリス市民権を申請し、手に入れた。ザラがイギリスにやってきたとき、彼女はすでにトルコ語、イタリア語、そしてアラビア語ができた。保護施設を探している若者や、社会的に脆弱な若者に対応するロンドンのユース・クラブで働き始めた後、彼女はソマリ語、ウルドゥー語、そしてペルシア語を学んだ。現在、彼女はスペイン語を学んでいる。彼女の経験は、彼女が人々を助けたいと思っていることを意味する。彼女はレイプされ、死に行く人々を見てきた。ザラはそのことで、彼女が接する子どもたちとコミュニケーションが取れていると感じた。彼女はいかに「人生はトラウマのみではない」のかを記し、それは私にサルトルの、自由とは我々が「被ったことに対して行うことである」という一節を思い出させた。

ザラはロンドンをホームだと形容する。しかしながら、彼女はそのグローバルな諸影響、彼女が住んだ世界の様々な地域の食べ物が手に入るという意味でも、とりわけニューハムを気に入っている。この「ホーム」という言葉の二重の使用は、いかに彼女が世界の異なる地域をホームと見なしつつ、それらの痕跡の多くをそれら以外の場所であるニューハムで見つけているかを説明する。ザラはニューハムを、白人が支配的で彼女が好きになれなかったバーキング——同じく東ロンドンにある——と対比させる。彼女は、自分が愛するロンドンほど多文化な場所はどこにもないと言う。

ザラはロンドンの雑多性(mixture)や、いかに彼女の地区の学校が彼女以上にイスラムを知っているように見えるかを気に入っている。ジェンダーとムスリムのアイデンティフィケーションに対する関心から、彼女は問題なのは宗教ではなく、文化であると言う。そのなかで、彼女は児童結婚の実践は間違っていると強調し、いかに宗教に支配された考え方が男性たちによって主導されているかを嘆く。ザラは中等学校に通い、学士を取得するために苦労した。なぜなら彼女が言う自分の文化では、それは彼女がしないであろうことだったからだ。ここでの含意は、彼女の父親が障壁となっていたということである。兄弟姉妹たちは、最初に学士を修了したことで彼女を尊敬している。

彼女はイギリスにおける人種差別主義と反難民申請者的な心情に気づいており、さらに、住宅を奪っていると難民申請者たちを批判する人々に対して共感もしている。彼女にとっての核心は、自分がここにいるのは国から奪うためではなく、与えるためであるということだ。難民申請者や移民のなかには、彼女が言う「楽なほうをとる」者たちがいると考えている。彼女はイギリスがいかに多文化的であるかを肯定的に捉える一方で、人々が自分自身の国にい続けたいと願うことによる問題があると強調する。ザラは「何があっても覚えておかなければならないことは、自分はここではゲストであり、感謝しなければならないということ」だと言う。住宅などの

*15 Ghassan Hage(一九五七‐)レバノン出身のオーストラリアの社会学者。主著に『ホワイト・ネイション——ネオ・ナショナリズム批判』(平凡社、二〇〇三)など。

価値資源を市民から奪っているという難民申請者のスケープゴート化は、かれらに反応して増大しつつある人種差別主義的な政治的・メディア的雰囲気を正当化する根拠となっている。彼女はいまだに「ゲスト」であるかのように感じ、それが彼女の多様性に対するオープンさやニューハムをホームにしたいという欲求との緊張を生んでいる。

　三番目の道具として、我々がローカルな制約を超えた世界性に対する許容力と呼ぶものがある。ザラの「ホーム」についての議論は、彼女がニューハムというホームにいながら、そこでグローバルな他の場の痕跡や彼女自身の痕跡を見つけることができるという、この三番目の道具を見事に例証している。シャーリン・ブライアン[*16]が別のところで指摘したように[*17]、「私の欠片はところどころに置き去りにして、私が生きてきた場所の欠片を私の中にとっておく」というプロセスのようである。つまり、手の届くところにあるものがただ単に狭い範囲にあるということではないのである。

　ザラは援助と開発に関わる仕事をしたいという。自分は共産主義者でもフェミニストでもないと強調するものの、彼女は女性の権利についてもコミットしている。これらの仕事のいくらかを、今後五年以内にアフリカか中東で行いたいと思っている。しかし彼女は保健学と産科学の学士を修了する必要があり、人権学の修士号も取得したいという。家族は彼女に経営学かマーケティングを専攻し、結婚して子どもを持ってほしいと考えているため、それを快く思っていない。彼女はアフリカを旅して回り、見聞を広め、与えられる限りを与えたいと考えている。彼女は金銭を求めたり、何をお返しに得られるのかを考えてはいない。彼女が求めるすべては、祈りである。彼女はガンディー、マーティン・ルーサー・キング、そしてチェ・ゲバラから影響を受けている。

　四つめのコンヴィヴィアルな道具は、ドアの向こう側にいる新参者の見知らぬ人や、列で次に並ぶ人を嫌悪したり、かれらに対して非難を浴びせる快楽に抵抗することである。ザラの人生は、いかにこれらの道具が反省的で注意深いオープンさを育むかを例示している。五つめの最後の道具は、分断と社会的損壊というランドスケープの中でつながり、ホームを築き上げる力である。この最後のつながりとホームを創りだすための道具は、ジョゼフという若い男性の経験のなかに生きている。

ホームを創りだす

つながりとホームを創りだすこの最後の道具は、ジョゼフという若者の経験のなかで生きているものだ。コンゴのキンシャサで生まれたジョゼフは、八歳のときに難民としてロンドンへ移住した。彼は現在二〇代である。当時幼かったために彼は移民のプロセスについて多くを記憶していないが、彼は今イギリス市民権を持っている。我々が彼に最初に会ったのは、地下鉄のエンジェル駅から一〇分のところにある「グリージー・スプーン（greasy spoon）」である。「グリージー・スプーン」は、揚げ物やグリルされた料理を比較的安価で提供することで知られるカフェ／レストランである。我々はフライド・ポテトを注文したが、トルコ語話者の店員は夜間に向けて店じまいをしようとするところだった。話すうちに、私はジョゼフがイギリスに到着したとき、彼は叔母と叔父と一緒にフィンズベリー・パークのホステルに住んでいたことを知った。後に我々が知った、叔父が彼をロンドンへ連れてきた理由は、コンゴでジョゼフが「魔女の子ども」であるとレッテルを貼られ、彼の母親の死の責任を負わされていたからというものだった。

ロンドンで彼はすぐに学校で友達を作り、男子と女子の両方から人気者だった。我々がもっと多くを知る前に、カフェは閉まり我々は退出を求められた。同地区の路地を散歩しながら我々は会話を続けた。ジョゼフは、自分の地区であるキングス・クロス付近のロンドン中心部で非常に有名だと言う。それをほとんどほのめかすように、我々が彼のユース・クラブ付近の路上を曲がると、白人の八歳くらいの少年が彼の近くにやってきて挨拶し、親しげに会話した。我々が歩いている間に話しかけてきたのは彼だけではなかった。ジョゼフは地元で多くの人に、身体的に屈強で威圧的だが深く謙虚な人間、「ジェントル・ジャイアント」として知られていた。その夜は暗く冷えていたが、我々は高層の会議堂がある地区の辺りを歩いていた。しばしば危険な場所として見なされるが、彼と一緒に歩いている間はその近所がフレンドリーな場に感じられた。

友達を作るのはジョゼフにとって簡単であり、学校はよかった。ジョゼフは、故郷での生活は厳しく、故郷は幸せな場所ではなく、魔女の子であるとレッテルを貼られたスティグマの影は彼のロンドンでの新たな生活を侵食したと言う。結果として、彼は多くの時間を路上で過ごしていた。彼は自分のサッカーチームと、「コペンハーゲン・ユース・プロジェクト」[*18]で出会った彼をサポートした二人のユース・ワーカーについて語った。そのプロジェクトは、記録によれば五

＊16　Charlynne Bryan　東ロンドン大学心理学部出身のフリーランス。バックらのプロジェクトに参加。
＊17　本論も含まれる予定の論集 *Migrant City* の別の章でという意味。
＊18　スポーツやアート、文化を用いて若者文化の活性化を図る目的で一九七〇年にロンドンで発足した教育プロジェクト。

○○人の若者たちに避難所を提供したという。スティーヴ――プロジェクトのリーダー――は、堂々とした才能あるゴールキーパーだったジョゼフと初めて出会ったときのことを覚えている。そして、あるトーナメント戦のあと、彼が酷く不潔でシミがついた用具を身につけたまま戻ってきたとき、彼は何かがおかしいと気づいた。彼の叔母の友達は、伯母が彼を家に入れず、彼のことを魔女の子と呼んだとスティーヴに伝えた。その後、彼は東ロンドンのアプトン・パークで、社会福祉とその施設の保護下に置かれた。

スティーヴは言う。「社会福祉施設に連絡を取って、『いいですか、この子にとってサッカーはものすごく大事なものです。彼の今の生活そのものです。彼がしがみついている唯一のものなのです』と言った。かれらは『ええ、ええ、確かにわかります』と言ったんだ。私は、『いいですか、彼はハドレー・ウッドで彼の友達の男の子集団とプレーしている。毎日はできないかもしれませんが、私が週二回、彼を練習に連れていき、日曜日の試合のために迎えに来ます』と言った。かれらはわかりましたと言い、私は彼が短期間そこに住んでいる間、常にそうした。車の中ではよく、彼と二人きりになった。彼は気取らない、あらゆる与えられたものに対してありがたく思う人物だ。他の、金をせびるような人たちは全員、欲するだけだ。だが彼は何も求めてきたことはない」。

最初のミーティングでは、彼が問題の多い家族生活を送ってきたことと、路上で多くの時間を過ごしてきたことを知った。語ることが困難だったため、我々は彼にカメラを渡して、自身の人生に関する観察をしながらその地区の場所の写真を撮るように頼んだ。三週間後に我々が再会したとき、彼は三六枚の写真を撮っていた。彼はカメラを楽しんだようで、私は嬉しかった。ジョゼフは彼の写真を通して我々に語りかける。私自身がまったく関心をもつとは思っていなかったようなトピックや場所にいかに触れているかについて、手短に記そう。ジョゼフは彼の叔母と叔父の家で歓迎されていると感じられず、路上でぶらぶらし、遊んでいた。彼は一二歳のときに友達と遊んでいた公園を私に見せた。ジョゼフは言う。「外にいたとき、つまり家にいなかったときは、外にいるときはここが基本的にその場所だった。俺と友達はここに来てよく隠れたり、夜にね、ここに隠れて、それでよく取ったんだ、リンゴの木があそこにあってね、取った。よくないことだけど楽しい。リンゴを取って通り過ぎる車に投げ始めたんだ。だから、そうだね、だいたいそうやって楽しんで遊んでいた」。

ここに、かれらが一二歳頃のときに遊んでいた公園の写真がある（写真2）。写真はリンゴの木と、彼が果物を投げながら隠れていたフェンスを見せている。

ジョゼフにとっての楽しみはチキンとフライド・ポテトを食べることだった。食べ物を得るために、彼はモリソン（イギリスのスーパーマーケット・チェーン）の買い物かごを使っていた。路を下り、かごを連結させ、お金を集め、「チキン・スポット」でチキンとフライド・ポテトを買う。声を出して笑いながら、彼はたくさんのお金を手にしたと述べた。

写真２

自宅での居心地が良くなかったジョゼフが友人の家々に居候するようになったのは、彼が一一歳か一二歳のときだった。この混乱にもかかわらず、彼は学校を休むことはなかったと言う。「だいたい、金曜日とかは、学校から家に帰ってきても眠れなかった。それで、金曜日からは家の外に出ていたんだ」と彼は言う。そして彼は日曜日か月曜日にしか家に戻らなかった。「叔母さんが『どこにいたの?』と聞くと、『ここにいたくなかった』と言うんだ」と彼は言う。

彼が一一歳か一二歳だったある日、ジョゼフの叔母さんは殺される夢を見た。彼女は自分を殺したのは彼だと思った。叔母さんはそれを、彼がこれから行うことの前兆だと捉えた。彼女は彼と友人が遊んでいる場所へ下りていった。彼を家に連れて帰りながら、彼女は彼について「たくさんのこと、酷いこと」を友人に語った。「家に帰ったとき、彼女は刃物で僕を脅して、もしあなたの夢を見たら、もしあなたの悪い夢を見たら、あなたを殺す、と言われた」と彼は続ける。

ジョゼフは家を抜け出し、運河沿いを歩いた。ここに、彼が座ってすべてのことを飲み込もうとしたベンチの写真がある（写真３）。「家の外に出たとき、すごく怒っていて、どこに行けばいいか、どこから始めるべきか、次に自分に何があるのかもわからなかった」と彼は言う。物事は悪化し、ある週末に彼は友人たちと会い、楽しんだあとに服毒自殺をしようと計画するほどだった。彼の叔母さんは彼がどこにいるのかわからなかったため警察に連絡し、かれらは手遅れになる前

写真３

に彼を捕まえることができた。

　これらのトラブルにもかかわらず、ジョゼフは多様なエスニック集団からなる友達、若者や社会福祉専門職の人々の助けを借りて人生を再建することができた。

　ジョゼフが彼の家族からの支えを常に感じられていたわけではない一方で、彼は我々がここで描写を試みた種類のコンヴィヴィアルな道具を用いる人々のグループを見つけた。かれらは生物学的に彼の親族ではないが、彼の家族である。ジョゼフのサッカーコーチであるスティーヴは、彼の「拠り所（rock）」だった。彼はサウスゲートと呼ばれる北ロンドンの公団住宅で、その地区で数少ない黒人家庭に育った。彼は若い頃ウエスト・ハムでサッカーをプレーしていたが、実際のところボクシングのほうが得意だった。労働者になる前まで、彼は七年間プロボクサーだった。ジョゼフにはアプトン・パークの孤児院にいたときに作った近しい友達もいる。この友達は彼をウエスト・ハムの試合に連れていき、「マッチ・オブ・ザ・デイ」（ＢＢＣ放送のサッカーのハイライト番組）を一緒に見ていた。ジョゼフによれば、この友達は現在うまくいっており、彼自身の家に移り住んだという。彼が思うに、その友達はエチオピア人で、幼い頃にイギリスにやってきた。彼はエチオピア人の女友達とブルンジ人の男友達もそこで作った。

　ジョゼフには社会福祉団体によって割り当てられた指導員がいた。その指導員は彼の視野を賞賛し、彼が一八歳を越え、もはや世話される子どもではなく、ケアチームによって食事を提供されるようになってからも、定期的に連絡を取り合っている。この指導員はイギリス生まれの白人男性である。彼はこの調査の参加者でガーナ生まれの人と近しい友人でもある。ジョゼフと同様に、彼もプロサッカーチームのトライアルを受けた経験がある。ジョゼフにはジャマイカ出身で同じ学校に通っていた友人もいる。彼が学校に行く前に家を訪れると、彼の家族は朝食を提供してくれた。ジョゼフは三人のユース・ワーカーとも連絡を取り合っている。スティーヴは言う。「ジョゼフとは何でも話せる。そういうタイプの人間だ。例えば、『いいかいジョゼフ、何とかするよ、とにかく何とかしてやるから大丈夫だよ』と私が言いたくなるような人間だ。なぜなら彼はわがままじゃないから。彼はわがままではなく、誰かから奪おうとしない。彼は急かさないし、ただ彼の人生を進んでいるだけだ。彼はあらゆる機会を摑んで、それにベストを尽くすんだ」。

ジョゼフは現在、建築業界で働いている。どうしてそのようになったかを見ると、我々が描写しようとしているコンヴィヴィアルな能力の諸々の次元が明らかとなる。スティーヴによると、「コペンハーゲン・ユース・プロジェクト」のスコットランド生まれの女性の同僚が、建築業を営む彼女の夫が人探しをしていたという。その建築業者は同じくスコットランド生まれだが、北ロンドンで育った。「かれらはハックニーに住んでいて、私の良い友達だ。彼はジョゼフに感銘を受け、『この男こそが装飾職人だ』と言った。そのとき、すべての片がついた」。白人のイギリス人の建築業者とその妻が、このコンゴ出身の若者のために異なる未来の扉を開いた。これについて、我々がスティーヴに対して、人々がともに仕事を作り上げている証拠だと投げかけると、彼は「ああ、そうだ。人種に関することの諸々なんて脇に追いやられるね」と答えた。

ジョゼフは塗装と装飾の見習い期間を完遂した。彼は雇用され、自分のフラットに住み、家具に「金箔」を使用する際のスペシャリストになろうと考えている。スティーヴは「彼は有能な、とにかく有能な若者だ。苦しんだあらゆること、あらゆる時間を、彼は今価値づけることができている」。スティーヴに加えて、もう一人、ジョゼフが「コペンハーゲン・ユース・プロジェクト」に初めて来たときに知り合ったイギリス生まれのガーナ系ユース・ワーカーがとりわけ彼にとって重要だった。

ジョゼフの里親はシエラレオネ出身で、彼はそこでクラブ通いとサッカーをして休日を過ごした。ジョゼフは叔母と叔父との関係を修復したいと思っている。ジョゼフは、自分をコンゴから連れてきてくれたことに対して叔父に感謝している。なぜなら、とりわけそれは彼自身の息子を一人残してきたことを意味し、それが彼との関係を保ちたいと思っている理由の一つと思われるからである。彼は里親のことが好きだが、彼女はそれほど打ち解けてはくれず、時々彼は彼女が理解してくれないと感じることがある。ジョゼフは起立して彼女の説教を拝聴しなければならないことに文句を言い、それを母親が常に正しいとされるアフリカ文化のせいにしている。

こうした説明の記述をジョゼフに見せるために会ったとき、ジョゼフは自分が逆境を乗り越えることができるという彼の信念を強化するための助けとなったロール・モデルたちからのインスピレーションを強調してほしいと望んでいた。ジョゼフのお気に入りの選手はティエリ・アンリ[*19]だが、彼はセネガルからフランスへ移民としてやってきて、自身の人生を作り上げたパトリック・ヴィエラ[*20]にも言及した。デンゼル・ワシントン[*21]は、ジョゼフがその演技だけではなく強くて幸せな家庭的男性として見なしていることによっても敬服している俳優である。トゥパック・シャクール[*22]は彼が敬服するもう一人の人物で、ラッパーであり、彼が殺害されたときには俳優としての道も切り開きつつあった。二〇一四年に、ジョゼフは「コペンハーゲン・ユース・プロジェクト」のもう一つの構想にも関わるようになった。今回は、若い人々によって地元にモニュメントを作るというものである。ジョゼフは誇らしげに、モニュメントに刻む文言は彼のアイデアだったことを語った。それは五〇セントというラッパーの引用で、「俺は土に埋もれてまだ見つかっていないダイアモンドだ」というものだ（写真4）。

写真4

ジョゼフは深刻なトラブルを経験したが、彼は人生を組み立て、ロンドンにホームを築いている。彼は生物学的にはつながりを持たない人々に深い愛着を持ち、その人々は彼にとっての家族を形成していると感じている。その人々は世界の異なる地域の出身かもしれないが、彼がここに帰属していると感じさせる手助けをしてくれる――彼がいつかシエラレオネに家を建てるというアイデアに魅力を感じているとしても。これらは、作動中のコンヴィヴィアリティのための道具である。非常に納得できるのは、「コペンハーゲン・ユース・プロジェクト」が敵対的な世界においてつながりを作ることができる避難所であり、帰属の場を提供しているということで、スティーヴが述べるように、若者たちが「かれらの世界地図を広げる」ことができる場であることだ。

二〇一四年二月にスティーヴを訪れたとき、我々は、彼が自分の仕事によって、若者たちに向けたある種のコンヴィヴィアルな空間を創造しているのではないかと聞いてみた。彼は数秒考えてこう言った。「それは大きい。本当に大きなことだ。ある少年が私に言ったことがあって、それは素晴らしい話なんだ。ある日僕がここに座っていると、バスが止まった。その少年はロンドンの反対側でサッカーチームの練習に行っていた。バスから飛び降りると、ブザーを押し、すぐさまドアを開け、コンピューターの前に座った。私が『ジョージ、家に帰るんじゃないのか？』と聞くと、彼は

『スティーヴ、僕は家にいるよ』と言ったんだ。かいつまんで言えば、僕の家に入ってきて、すぐコンピュータのところへ行き、僕は家にいるよと言った、ということなんだ」。

ここでの我々のポイントは、一時的で、社会的損壊、不平等、そして排除の真っ只中であるとはいえ、コンヴィヴィアルな道具は親しみやすいホームのための条件を創り出すということだ。我々は最後に、様々な意味で若い移民たちがかれらのコンヴィヴィアルな能力をいかに使用し、住みにくい状況をアットホームなものに変えているのかを要約するケースといえる一つのストーリーを紹介して本論を終えたい。

「自分の家を掃除する」

アリは東ロンドン在住の二三歳のアフガニスタン人である。彼は保護施設を探している。彼の人生は様々な意味で、いかに多文化状況が作られるのかについての我々の議論を例証している。二〇一〇年の七月一日、サッカーW杯直前にシャムザ〔注1参照〕はアリと彼の自宅で会う約束を取りつけた。彼が住む通りを歩きながら、シャムザはスタフォードシャー・テリアかロットワイラーのように思われる犬の吠え声を聞いた。アリのフラットがある建物にたどり着くと、シャムザはセント・ジョージ・クロスがあしらわれたイングランド国旗が窓からはためいているのが見えた。アリがイギリスで難民認定を受けようとしていること、人種差別的暴力と嫌がらせが同地区で報告されていることを知っていたので、それ――広範な過激グループによる人種差別的暴力と同義である犬とイングランド国旗――はよくない徴候だった。アリはセキュリティ・ドアのベルを鳴らし、シャムザを建物内に入れた。彼が最上階に到着すると、シャムザは吠えていた「参謀」と窓にかけられたイングランド国旗は実はアリのものだったことに気づいた。

アリはロンドンにホームを築いている。彼がアフガニスタ

*19 Thierry Henry（一九七七‐）フランス代表の元サッカー選手。ロンドンに本拠地を置くイングランド・プレミアリーグ所属のアーセナルFCなどで活躍した。

*20 Patrick Vieirra（一九七六‐）セネガル出身でフランス代表の元サッカー選手。アンリと同時期にアーセナルFCで活躍した。

*21 Denzel Washington（一九五四‐）アメリカ出身の俳優。主な出演映画に、スパイク・リー監督による『マルコムX』（一九九二年）など。

*22 Tupac Shakur（一九七一‐一九九六）アメリカ出身のヒップホップ・アーティスト、俳優。芸名の「2Pac」としても知られる。

ンから、彼の難民保護申請が二〇分で却下されたロンドンまでやってくるのに二年かかった。イギリスはアフガニスタンと長期にわたる関係を持っている。アリの曾祖父は一九〇二年にイギリス軍として戦った。「写真があるんだけど、今ここには持ってないんだ。一九〇二年に僕の曾祖父はここにいて、ハザラ・ポイニャが軍隊に入ったときのそのグループの名前で、ハザラ・ポイニャとかれらは戦士だと言われていた。イギリス人が今でもかれらのことを覚えているのかわからない」と彼は述べた。曾祖父の写真は、イギリスの軍服を着てホッケーの試合をしているものだとアリは言う。

アリの叔父は一九八〇年代にタリバンと戦った。当時、彼が言うには、タリバンはベーナジール・ブット政権下のパキスタン政府に支援されており、エジプトやチェチェンといった地域と関係していた。アメリカ合衆国がタリバンとの戦争を始めたため、彼は二〇〇四年にアフガニスタンから逃れた。イギリスでは、彼は移民という地位のために労働できず、大学にも行けず、社会福祉によって生活しなければならないが、彼は働きたいと思っている。結果として、アリは睡眠に問題を抱えている。「夜には三、四回目が覚める。戦闘、いつも血まみれの戦闘さ」、そして「歯を食いしばっている」（彼が夢を見ている間）と付け足す。

移民という地位によって押しつけられた現在における彼ができることの限界にもかかわらず、彼は今このときを生きようとしている。移民管理システムは友人関係を分断し、人々を引き離す。今いる人たちは明日にはいなくなっているかもしれない。ここにアリが友人と写っている、北ロンドンのエドモントンで彼の強制送還前に撮られた写真がある。「五年後に彼は故郷（アフガニスタン）に強制送還された。次に彼がしたのは、マレーシアに行って、マレーシアからインドネシア、インドネシアから、彼は国境を越えた（ボートで）……」とアリは述べる。

彼の友人は、狭苦しく水に触れることができるほど低い52フット・ボートの五〇人の乗客のうちの一人として、オーストラリアを目指していた。ボートの操縦士は、上陸を阻止するために国周辺の海域を取り締まっているオーストラリア当局に捕まった場合に牢獄へ入ることを恐れ、逃げた。アリの友人は岸まで操縦した。そこで彼の難民保護申請は処理され、彼は留置所に送られた。

「今、かれらはキャンプから出て、書類を手に入れ、すべてを手に入れて、そこの人々をリスペクトし、コミュニティの中で生きたいと思っているよ」

アリはオーストラリアとアメリカ合衆国、スウェーデン、そして他の場所にいる友人たちとEメールやFacebookや携帯電話を通して連絡を取り続けている。つい先週、アリは「僕の地元で三人がタリバンに殺された」と言った。彼が言うには、彼はそれを友人からの電話で知った。「新聞には載っていない」。アリは、事実問題として、Facebookがいかに彼を友人や家族とつないでいるかを述べる。彼には去年ウォルサムストウにいた友人がいて、その人は名の知られた画家で芸術家であり、アリは彼とFacebook上でコンタクトを取っている。

アリは二〇〇九年からここに住んでいる。彼の隣人たちは当初敵対的だった。「ああ、最初にここに来たとき、かれらは僕が洞窟から出てきたか、他の惑星から来た宇宙人だと思っていて、時々からかってきたよ」。アリはかれらの疑念を振り払おうと努力した。「でも考えてみたんだ、ほら、人は知らないのさ、かれらはここで生まれて一度も旅行したことがない、かれらは他の人々と会ったことがないからこれが初めてだった。そういう類のことを、僕はかれらに教えている、どうやってコミュニティの中で人生を生きるのか、僕は教えているんだ……。僕はかれらに愛を与え、みんなのことを気にかけ、お互いのことを気にかけ、寄り添って、努力する、この生活はそういう感じだ。自分の家を掃除しなさい、と僕はかれらにいつも言っている」。

彼が詳述する様々な努力のなかでも、彼は白人のイギリス人である八六歳の彼の隣人の庭を掃除しているという。彼女はイギリス軍にいた。アリは廃棄されたベッドを利用して、建物に住む人々が座れるように椅子も作った。「つまり、僕はそのベッド（廃棄された隣人のベッド）を使って、椅子を作り、みんなが木の下に座れるように庭に取りつけ、木を切ったんだ」。彼はホームを創りだし、過去のトラブルから抜け出し、自らの未来を切り開くという文脈の中で、頻繁に清潔さに言及する。彼の隣人とホームに関して、彼は言う。「ちょっと貧乏だけど、それで僕は幸せだと誓うよ。僕はここに住めて幸せさ、僕の家はきれいだしね」。

結論

我々がこれらの生のなかに見るのは、「より同質的な時代」が消滅し、ロンドンが「もはやイングランド的でなく」見えることについて悲嘆に暮れながら語る人々が描く情景とはまったく異なっている。これはマーサ・ヌスバウムの言葉を借りれば「恐怖と不安によって荒廃した」(Nussbaum 2006: 77) 世界を支えるための方法を生み出す。我々がここで主張したのは、若い移民たちは都市をリメイクし、逆境の諸条件のなかで人生を築くためにかれらのコンヴィヴィアルな能力を用いているということだ。アリの言葉では、かれらは「家を掃除」し、それを行うことで物理的かつ存在論的なホームを形作っているのだ（Back 2007）。

同様に我々が強調したいのは、そうして作られたものは単独ではなく開かれており、次々と生まれているということだ。多文化状況は様々な政治的かつ倫理的性質を伴い、非常に異なる形式を取りうる。コンヴィヴィアルな文化は損害を生むような男性性の形成や女性嫌悪からも生み出されうるし、暴力と協調は最近の新参者たちに対する憎しみによって団結した異なる諸集団の間にも生み出される。イリイチのコンヴィヴィアルな道具という考え方を強調することは、どのような種類の多文化状況が結果として作られているのかという問いを、我々がオープンな状態に保つことにつながる。

ここで認識しようと試みたのは、我々が密着して耳を傾けた若者たちの人生から浮かび上がった道具立てである。それらは次のように要約できるだろう。

- 注意深さと好奇心を育むこと
- 都市を気にかけること、そして自分を他者の立場に置く能力
- 世界性と、ローカルな境界を越えてつながりを作ること
- 嫌悪の快楽に対する反感を発達させること
- つながりを作り、ホームを築くこと

これらの道具立てが生み出すのは、未来に対する開放性でもある。これは甘ったれた楽観主義ではなく、若者たちが人種差別主義と移民制限規定がかれらに強いる障壁や制限を抜け出せるような、世界性を備えたひとまとめのナヴィゲーション装置なのだ。

参考文献一覧

Alexander, C. (1996) *The Art of Being Black*. Oxford: Oxford University Press.

Alexander, C., Kaur, R., & St Louis, B. (2012) 'Identities: new directions in uncertain times', *Identities: Global Studies in Culture and Power*, 19(1): 1-7

Allport, G. W. (1954) *The Nature of Prejudice Reading*. MA: Addison-Wesley

Amin, A. (2002) 'Ethnicity and the multicultural city: living with diversity,' *Environment and Planning A*, 34: 959-980.

Back, L. (2009) 'Researching Community and its Moral Projects', *Twenty-First Century Society*, 4(2): 201 214.

———. (2007) *The Art of Listening*, Oxford: Berg.

———. (1996) *New Ethnicities and Urban Culture: Social Identity And Racisms and Multiculture in Young Lives*, London: UCL Press.

Barker, M. & Beezer, A. (1983) 'The Language of Racism: An Examination of Lord Scarman's Report on the Brixton Riots, *International Socialist*, 2(18): 108-125.

Caldwell, C. (2009) *Reflections on Revolution in Europe: Can Europe be the same with different people in it*. London: Allen Lane/ Penguin Books.

Collier, P. (2013) *Exodus: Immigration and Multiculturalism in the 21st Century*. London: Allen Lane/ Penguin Books.

Gilroy, P. (2006) 'Multiculture in times of war: an inaugural lecture given at the London School of Economics,' *Critical Quarterly*, 48(4): 27-44).

———. (2004) *After Empire: Melancholia or Convival Culture* Abingdon, Oxcordshire: Routledge.

———. (1987) *There Ain't No Black in the Union Jack: The Politics of Race and*

Nation. London: Hutchinson.

Goodhart, D. (2004) *The British Dream: successes and failures of post-war immigration.* London: Atlantic Books.

Hage, G. (2003) *Against paranoid nationalism: searching for hope in a shrinking society*. London: Merlin Press.

Hall, Stuart. (1992) 'The Question of Cultural Identity'. In: S. Hall, D. Held, A. McGrew (eds), *Modernity and Its Futures*. Cambridge: Polity Press, pp. 274–316.

———. (1988) 'New Ethnicities,' K. Mercer (ed) *Black Film British Cinema*, Institute of Contemporary Arts, Documents 7, London: ICA/BFI pp. 27-31.

———. (1987) 'Minimal Selves,' H. *Identity: The Real Me* Institute of Contemporary Art Documents 6, London: ICA/BFI. pp. 44-46.

Hall, Suzanne. (2013) Super-diverse street: a 'trans-local ethnography across migrant localities, Ethnic and Racial Studies, on-line version – need to check.

Hall, Suzanne, (2012) *City, Street and Citizen: The Measure of The Ordinary.* London & New York: Routledge.

Hewitt, R. (1986) *White Talk, Black Talk: Interracial Friendship and Communication amongst Adolescents*, Cambridge: Cambridge University Press

Illich, I. (1973) *Tools for Conviviality*, London: Marion Boyers.

Jones, S. (1988) *Black Culture, White Youth: The Reggae Tradition from JA to UK*, London: Macmillan.

Malik, K. (2013) 'In defense of Diversity,' *New Humanist*, Winter: 42-45.

Neal, S., Bennett, K., Cochrane, A. & Mohan, G. (2013) 'Living multiculture: understanding the new spatial and social relations of ethnicity and multiculture in England,' *Environment and Planning C: Government and Policy*, 31: 308 – 323

Noble, G. (2009a) 'Where the bloody hell are we? Multicultural managers in a world of hyperdiversity,' in G. Noble (ed.) *Lines in the Sand: The Cronulla Riots, Multiculturalism and National Belonging*. Sydney: Sydney Institute of Criminology pp. 1-22.

———. (2013) 'Cosmopolitan Habits: The Capacities and Habits of Intercultural Conviviality', *Body and Society*, 19: 162-185.

Norwicka, M. & Vertvec, S. (2014) *Comparing Convivialities: Dreams and Realities of Living-with-difference*, *European Journal of Cultural Studies* 17(4).

Nussbaum, M. (2006) *Frontiers of Justice: Disability, Nationality, Species Membership*. Cambridge, Mass & London: The Belknap Press of Harvard University Press.

Phillips, M. (2006) *Londonistan: How Britain Is Creating a Terror State Within*, London: Gibson Square Books.

Putnam, R. (2007) 'U Pluribus Unum: Diversity and community in the 21st century — The 2006 Johan Skyette Prize Lecture', *Scandinavian Political Studies*, 30(2): 137-174.

Rhys-Taylor, A. (2013) 'The essences of multiculture: a sensory exploration of an inner-city street market', *Identities: Global Studies in Culture and Power*, 20(4): 393-406

Sennett, R. (2012) *Together: The Rituals, Pleasure and Politics of Co-operation*. London: Allen Lane.

Valentine, G. (2008) 'Living with difference: reflections on geographies of encounter', *Progress in Human Geography*, 32(3): 323-337.

Vertovec, S. (2007) *New Directions in the Anthropology of Migration and Multiculturalism*, *Ethnic and Racial Studies* 30(6).

Wessendorf, S. (2013) '"Being open, but sometimes closed": conviviality in a super-diverse London neighbourhood,' *European Journal of Cultural Studies*, On Line First edition, DOI: 10.1177/1367549413510415: 1-4.

Wise, A. & Velayutham, S. (2013) 'Conviviality in everyday multiculturalism: Some Brief comparisons between Singapore and Sydney,' *European Journal of Cultural Studies*, 1-25 On-line first http://ecs.sagepub.com/content/early/2013/12/0513675494135104119

———. (2009) 'Introduction: Multiculturalism and Everyday Life', in A. Wise & S. Velayutham eds. *Everyday Multiculturalism*. Basinstoke: Palgrave Macmillan pp. 1-15.

特集〈戦争〉

War Is Ordinary

小笠原博毅

「戦争」が喧《かまびす》しく言の葉に上っている。諍い、衝突、殺し合い、激しい愛憎劇、もしくはスポーツ試合の比喩としてではなく、「戦争」そのものとして、メディアに、政治家たちの口に、路上に、社会運動の現場に、市民生活の端々に、決して一様にではないが、そこかしこに分散しながら「戦争」が現れている。しかしその現れ方は二つの世界大戦を一方の極とするような、殺戮と動員のスペクタクルに限られたものでは、もはやない。「戦争」が平和の欠損状態であるという認識は、二〇世紀後半を通じた冷戦下における「核の恐怖による均衡」を平和と読み替えてきてしまったことへの厳しい検証を前にしてもはや後退せざるをえないし、そうした認識は、「戦争」が平和の例外ではなく平和こそが「戦争」の例外状況だということに落ち着くだろう。この場合、スペクタクルではなくもっと地味で、静かで、隠された、いわばシステム化された戦争遂行のプロセスを作る人的物的情報的資源の動員が、もう一方の極に置かれるだろう。福島第一原発の破壊はメディアによる「報道の自由」を（自主）規制させ、一私企業の存続のために国庫予算と人員が分配されることに異議の一つも申し立てられない環境を整備し、自衛隊による軍事技術の応用と軍隊や兵士そのもののプレゼンスを当然視させている。未曾有の、「想定外の」事態を前にして、法は棚上げされるどころか、法の棚上げ自体を正当化する法整備が促進され、超法規的措置、すなわち無秩序の秩序化が雑々《ざつざつ》と行われる。安倍政権による一連の安保法制化の試みは、国際貢献や東アジアの秩序安寧や隣国の脅威を理由にした憲法九条改正への取り組みとしてだけではなく、またぐらぐらのオバマ政権やその背後にあるアメリカという力の顔色を伺うふやけきった衛星国家のジェスチャーとしてだけではなく、それらのためのインフラ整備とも言える国内の政治的経済的社会的再編成なのである。そこに、イスラミック・ステートの登場によって皮肉にも「見える敵」ができてしまった「テロに対する戦争」というグローバルなアジェンダが後押しする力となって加わり、こうした状況を加速化させつつ安定化させることになる。

言うなれば、いつだって「戦争」なのだ。ずっと前に「戦争」は始まっており、今も続いているのだ。だからもう逃げることはできない。少なくとも、今書いてきたような「教科書的な」現状認識では、そうなる。

もちろん、そんな危機感は一部左翼の物知り顔したい輩が煽っているだけで、市民生活は普通に行われているし、人々は「粛々と」日常を生きているのだという反論はあるだろう。そのとおりだ。平和な生活は巷にあふれているのだから。お猿のシャーロットにまつわるいろいろがテレビ・ニュースのトップで報じられるということは、この国の社会が平和であることの証左だろう。しかし、ということは、そうではないことが起きているのに報じられていない、知らされていない、という単純な事実があるということでもある。ただ、それだけなのだ。お猿のシャーロットやアザラシのエリザベスの誕生・命名（しかしどうしてダイアナではないのか!?）と、戦争に備えそれをより合理的に準備するために辺野古へ基地を移設させようという政府の方針をめぐって起きているドロドロは、共存するしさせられる。丸腰で抗議活動する人間をよってたかって羽交い締めにする海上保安庁職員（国家公務員だ！）の暴力は、不安定な東アジアの秩序と平和のために、つまり「安全保障上の」理由で基地移設工事が進められるという建前上、必要な行為だとされてしまうのだ。

「戦争」と平和は相殺しえない同時進行の出来事なのだから、当然だ。日常化した戦争状態のなかであっても、王女も子猿も生まれるし、あやかった名前はつけられる。こうした事態を、「文化は日常的平凡である（Culture is ordinary）」というたった一言にカルチュラル・スタディーズの視座を代表させてしまったレイモンド・ウィリアムスにあやかって、「戦争は日常的平凡である（War is ordinary）」と言い換えてみよう。

この言葉の意味するところはそれほど難しくはなく、再び「教科書的」な一般化で説明することができるだろう。世間がきな臭いとか、この国は戦争への道をふたたび歩み始めているというとき、ニュースではトピックの取捨選択の果てにではあれそのようなことが報じられ、実際の政治家の言動、法制度の整備、海外事情との密接な関連など、様々な要素があいまってなんとなくそういう雰囲気が「平凡に」醸成されていく。しかし、具体的な根拠が見出される日常の「軍隊化（milirarisation）」は、まさに「平凡」であるがゆえに、日常の情景に組み込まれていくのだ。それは韓国人、朝鮮人、在日韓国朝鮮人、中国人を排斥することを唱えながら、旭日旗を掲げて新大久保の街路や、なんばあたりの交差点に集まっていた「在特会」の参加者が着ているミリタリー・カラーの服にも現れている。横須賀、呉や舞鶴をはじめ、あちこちで「海軍カレー」やその類似品のレトルト食品が売りに出され、その一部は靖国神社にある遊就館の売店で買うことさえできるし、海上自衛隊の艦船で供される食事メニューを看板にしたレストランやカフェがちらちらと目に入る日々である。本屋に目を向ければ、軍事史の本や戦記もの、軍人の伝記、艦船、戦闘機、戦車関連のメカものも含め、数年前と比べればその売場の棚の数は確かに増えている。「戦争」は解毒化され、戦後民主主義として近頃はネガティヴに名指されることの多いレジームが内なるエネルギーの源泉としていた、「戦争」へのアレルギーや禁忌の感覚はもはや昔日の面影を呈している。

もちろん、「軍隊化」は警察力の強化、増加、顕在化によっても特徴づけられるだろう。排外主義者のデモのみならず、それへのカウンターを試みるデモや脱原発を訴える人々の集会に動員される私服制服合わせた警察官の数は、時に集会やデモ自体の参加者の数を優に上回ってしまうことも珍しくはない。もはやジョークを超えたジョークとして面白がるのもひとつの手ではあろうが、圧倒的な数でデモ行進を取り囲む理由は、「デモしている人と周囲の人との無用な衝突を避ける」ためだと説明され、結局は「みなさんの安全を守るため」なのである。この「安全」は明らかに参加者の safety を意味しているように聞こえるかもしれないが、実際図られているのは「安全＝security」の上昇であり、その証拠は言うまでもなく、実際稼働しているかどうかはともかく監視カメラが各地の商店街や公共交通機関の施設で、時には自発的な要請に基づいてという理由で増殖していることに見て取れる。すべてどこかで聞いた、型通りの話かもしれない。しかし、その他の統治機能に比べて「安全＝security」が上昇していることを、単に〈治安へ〉の不安に求めてそこでオチをつけてしまうのは、市民の側、統治される側に責任を押しつけることになるだけで、統治技術の具体的な効果や作動の仕方を考えることにはならないだろう。

その「不安」という事実自体は、より広い文脈でここ四〇年来起きている出来事の複合的なありように由来している。何が起きてきたのか、ここが最後の「教科書的」なまとめだ。グローバル化、脱工業化、脱植民地化が進んだ。格差は拡大し、安全神話はずっと嘘だったし、賃金労働者が一生かかっても純所得だけでは家一軒買えないほど市場を狂わせている不動産や住宅における規制緩和と私有化は歯止めがない。歯止めがないどころか、新自由主義の企業家や投資家、「専門家」や評論家と名乗るイデオローグ、金融市場と軍事機密との密接な関係を生き抜こうとしている「情報戦士（info-warrior）」たちは、スタート地点があまりにもアンフェアなままで、公正さよりも、強いもの、持てるもの、現時点で所有しているものをさらに補強する「ふるい分け」のシステムを作り上げている。サイバー戦争がこれだけクローズ・アップされ、ジュリアン・アサンジュやエドワード・スノーデンがあれほど執拗に追われたのは、ただ彼らが諜報機関の機密を漏らしたからというだけではなく、国家機密や情報統制に関わる公的業務すら民間にアウトソーシングされ、市場原理に基づいた利潤追求と切っても切り離せない企業活動と化しているという仕組みが顕《あら》わになってしまうことを、国家が恐れたからだった。

ひとまずこのようなグローバル資本主義の要請によって現在の戦争の分散的顕在化が助長されているとすれば、戦争は資本主義を破壊するのではなく、社会経済技術的側面において、つまりこの地球上で起きている大体の場合において、資本の活動をプロモートするというヴェルナー・ゾンバルトの説もいまだに有効であることがわかる。ただゾンバルトの考えていた戦争はあくまでも一九世紀的な国民国家と国民経済を単位とするものであり、あらゆる軍務遂行システムがアウトソーシングされ、前線が見えない、見させない、見える必要はない、どこで誰が戦っているのかがわからないほうがよい現代の戦争にそのままスライドさせて当てはめるわけにはいかない。それに加えて、近代戦への資源と人員の動員、およびその技術的帰結が植民地とどのように関連づけられるかについては、後日ナチスに傾くにしても、一九一一年にロンドンで開催された「世界人種会議」にガンディーやW・E・B・デュボイスらと席を並べて出席していたゾンバルトでさえ、十分視野に入れられなかった問題だった。

ポストコロニアルな現代では、ハンナ・アーレントをはじめとする多くの思想家や理論家が指摘してくれたおかげで、ヨーロッパ、もしくは産業革命をどこよりも先に経験できた先進諸国に起こった殺戮の合理化が、その地域の外部である植民地においてヨーロッパ人が引き起こした死の大量生産と必然的につながっているということを理解するのは、比較的たやすいことだ。そもそも一九世紀半ばのヨーロッパ人将校たちは、ヨーロッパ人同士の戦争においてためらっていた機関銃の使用を、アフリカの植民地では積極的に、実験的に、推し進めた（ジョン・エリス『機関銃の社会史』越智道雄訳、平凡社ライブラリー、二〇〇八）。機械的に虐殺してもいい人間とそうではない人間を区別するために、植民地的関係に人種という区別が引き入れられたのだ。一九一一年、イタリア人空軍将校のジュリオ・ガボッティが世界初の空爆を行ったのはリビアのトリポリだったし、一九世紀から第一次世界大戦前後まで三度にわたって繰り広げられたイギリスによる植民地戦争であるアングロ－アフガン戦争において「コロニアル・ポリシング」の原則のもとに導入された空爆は、その後イギリス空軍元帥となって第二次大戦を指揮することになるアーサー・〝ボンバー〟・ハリスのような軍人の思想のなかに、「非戦闘員」を爆殺することの正当性を植えつけていくことになる。ここから多少は曲がりくねった道程を経て、機関銃の登場から約一〇〇年後、虐殺してもいい人間の範疇は格段に多様化した。そのなれの果てがナチスによるユダヤ人、黒人、ロマ、非健常者のホロコーストである。

ところで「コロニアル・ポリシング」という手段の正当化の歴史から導かれるのは、アメリカによるドローン（無人戦闘機）の実戦利用がアフガニスタンやイラクにおいてだということが、この地域の戦争を断絶ではなく連続で理解しなければいけないということだろう。同時にドローンは、「戦争」がそこかしこで見えるようになっている一方、戦場は遠くなっているという事態を技術的に象徴するだろう。距離の問題ではなく、「見えなさ」という意味で、戦場は「戦争」がはびこる日常からは遠くなっているということである。スウェーデンの碩学スヴェン・リンクヴィストは、二〇〇〇年にスウェーデン語から英訳されて出版された名著 *A History of Bombing* (The New Press) の二〇一二年版で、ドローンについて以下のように言及している。

ドローンによる戦争は、人間不在という意味で、世界大戦で見られたような大量動員による軍隊の対局にある。敵が同じようなドローンを持っていない限り、それは至極便利な武器なのだ。

この引用の後半の文は、技術的な面では現時点で一方的に優勢なドローン使用を諧謔的に見据えている。遠距離操作によって破壊と殺戮を可能にするドローンは、「非人道的兵器」という倒錯した形容を与えられてきた。市民や非戦闘員も含め、殺されるほうは殺す人間がまったく視界に入らず、見えない。アルカイーダによって人質にされていたアメリカ人とイタリア人がドローン爆撃の巻き添えを食って命を落としたことは日本でも報道されたが、それ以上の数のアフガニスタン人、イラク人、シリア人が死んでいるこれまでのドローン作戦についてはほとんど報道すらされない。もし戦う双方がドローンを使いこなし、ドローン戦争が起きたとき、そしてそれは将来ないとも限らないことだが、戦場における「人間不在」は常態となる。当然誤爆や巻き添えは避けられないし、民間人の犠牲が減ることはないだろうが、その逆に少なくとも戦闘員という概念がドローンの遠隔操縦員に取って代わられるだろう。そのとき、人間は技術的には必要だが、戦場における資源としては余剰となってしまう。

ドローンを操縦する側と標的にされる側の間に分かちがたく横たわっている非対称性は、そのままグローバル資本主義が生み出すと同時にその生産手段としている世界の根源的な非対称性の読み替えだとも考えられるだろう。資源としての人間はもはや代替可能で使い捨てできる部品に近い。この点についての「ロンドン声明」と題されたインタヴューのなかで示されたリンクヴィストの見解は、そっくりそのまま彼のドローン戦争に関する指摘と重なるものだ（http://www.theguardian.com/books/2012/jun/22/sven-lindqvist-life-in-writing)。

われわれは、資本が世界中の持たざる者たちのニーズにはほとんど合致しないような資本を生み出す世界を作り上げてしまった。人類の大多数が技術的に余剰となってしまったとき、一体この世界はどうなっているのだろうか……。

戦場は遠くなりつつも戦争は常態化する。資本が常態的に増殖してもその再分配はどこか遠くで行われている。どちらかがどちらかの暗喩になるのではなく、資本主義と戦争は同じ軌跡をたどっている。だとすれば、「戦争」が日常である今に対して、カルチュラル・スタディーズはどのように対峙できるだろうか。

そこで、本特集である。この特集をするにあたって、二つの意図があった。一つは二〇一四年が第一次世界大戦勃発から一〇〇年であり、今年二〇一五年が第二次世界大戦集結七〇周年だという、カレンダー的なリマインダーである。冒頭で述べたように、しかし、このカレンダーへ書き込まれる出来事がどんどん戦争を招き入れる様相を呈してきているという状況をどのように変えることができるかということが、まず数人の編集委員で話し合われたことに端を発する。あえて違うカレンダーを作るという発想が、当然提案されてしかるべきだったかもしれない。日本にしてみれば敗戦／終戦／原爆経験というナショナルな経験として記録され、記憶もされてきた出来事の七〇周年が、同時に旧大日本帝国支配地域の脱植民地化七〇周年だろうし、戦時捕虜解放七〇周年だろうし、日本軍従軍慰安婦解放七〇周年でもあるだろう。その一〇〇年ないしは七〇年の時は流れずに積み重なるのだから、その積み重ねを、例えば『レイルウェイ　運命の旅路』（二〇一四年日本公開）でコリン・ファースが演じた、かつて捕虜として泰緬鉄道建設に従事させられたイギリス兵の物語を入り口にして、時の連なりそのものを見据える企画にすることもできただろう。

一方、戦争のカレンダーから離れ、二〇一五年はボブ・マーリー生誕七〇年だということから考え始めることもできたかもしれない。彼の父親が植民地軍人であったとはいえ、戦争とは違うカレンダーを考えるということだ。音楽、マスキュリニティ、ファンダムなどのテーマ系で、冷戦の只中で、ときにはカーキ色のファッションを好んで、ミリタントな歌を歌い続けた時代のアイコン。『リデンプション・ソング』ではちゃんと原子力エネルギーに触れ、云々かんぬん……といった具合に。

しかし、ここで二つめの意図が重要になってくる。それは直接戦争に関する事象を扱うのであれ、ポピュラー文化を目の前に据えてそれを入り口として、いわば迂回路を経由して戦争を考えるのであれ、ここ数年、日本以外のカルチュラル・スタディーズにおいて、戦争というものが理論的にも実証的にもきわめて重要なモティーフとなっていることを、きちんと受け止めようということだ。

例えばポール・ギルロイの *After Empire. Melancholia or Convivial Culture?* (Routledge , 2004) は、「テロとの戦争」という狂騒曲と、いくつもの戦争を経ることで帝国であることの帝国性を維持してきたイギリスの過去の歴史およびその歴史を捨てきれない現代をクロスさせ、「九・一一」以降の世界を文化的に論じたものだ。また先年『耳を傾ける技術』（有元健訳、せりか書房、二〇一五）が邦訳され、カルチュラル・タイフーンでも本誌に掲載されている基調講演を行ったレス・バックは、二〇一一年に発表した"Trust Your Senses? War, Memory and the racist Nervous System" (Senses & Society, Volume 6, Issue 3, Berg) と題された論文の中で、現代のナショナリズムとレイシズムを真剣に考えるうえで必要なひとつの手がかりとしてイギリス政府が進めようとする対テロ活動をはじめとするグローバルな安全保障の強化には、旧植民地諸国からの移民世代の警察や軍隊へのリクルートが欠かせないだけではなく、そこでリクルートされている人々自身が「対テロ戦争」の標的となりうるという逆説を挙げている。

またバックは、破壊的な数の監視カメラを設置する一方で、「自分の感覚を信じろ（Trust Your Senses)」というポスターとともに、「疑わしい人／モノを見たり聞いたりしたらすぐ通報を」というキャンペーンを張ったロンドン交通局とロンドン警視庁の対テロ容疑者対策は、ロンドン市街が日常的に平凡な戦争状態にあることを端的に示していると言う。感覚という本能的なものが一定方向に敏感になるよう導かれているというバックの指摘は、ウィリアムスが考えていた「文化」にもっと注意を払えということでもある。

一つめの意図を経糸として、二つめの意図を緯糸として織り合わせ、本特集のテーマは組まれた。平時の文化をそのまま平時のものとして対象化するのではなく、「戦争」という出来事に状況介入する文化を作り出すことにタスクを設定したのである。「特集」に寄せられた各文章は、この編集部の要請にそれぞれの仕方で応えてくれた。とはいえ、勇ましい抗議文もなければ、熱い社会運動のほとばしりもないという意見もあるかもしれない。世界や日本社会が直面している個々別々の「戦争」への冷徹な分析論すら用意されてはいないではないかという誹りもあるかもしれない。しかし網羅とマニュアルの提供や、デモや集会の紹介が本特集の目的ではない。そういうことを知識と化してしまうことの陳腐さに、われわれはもっと自覚的でなければならないだろう。「戦争」への実際の状況介入は、現場でもっと早く、もっと先に、行われている。それに少し後から付いて行って、耳当たりのよいコトバで記述したり、世界ではそれを○×と呼ぶんだぜなどと紹介したりすることがどれだけ下品で恥ずかしいことか、われわれは幾つもの負の先達から学んでいる。もうなされていることをまだなされていないことであるかのように知識化することを、本誌はカルチュラル・スタディーズとは呼ばない。どうせ下品になるならば、W・G・ゼーバルトの言う「生の形では描写を拒む現実」(『空襲と文学』鈴木仁子訳、みすず書房、二〇〇八)としての戦争を描き出そうとするときに生じるであろう、もっとざらざらした質感を掬い取ることで議論を喚起したいと考えたその結果が、本特集である。

もはや、「表象の限界」などとは言っていられない。

特集〈戦争〉

戦争と文学と、「戦争文学全集」

陣野俊史

戦争文学「全集」の概念

「戦争」をこの国の文学がどう描いてきたか、という主題が、私に与えられた「戦争と文学に関する論考」の中心におそらく据えられるべきだろうと考えている。だが、その主題はあまりに広大すぎる。すでにいまから四年前、拙著『戦争へ、文学へ 「その後」の戦争小説論』(集英社)の中でその辺りの事情(主として、平成に入ってから、ということは、九〇年代以後、ということ)は書いた。では、いま、戦争と文学について書くことはないのか、とさらに問いを更新するならば、ある。おそらくたったひとつだけ。それは、戦争文学全集と、文学全集と、戦争小説の関係性を考えるということだ。これが戦争と文学をめぐっていま考えられるもっともアクチュアルな問題だと、私は考えている。

出発点はどこか。

二〇一三年九月、としておく。この月、一つの文学「コレクション」が完結した。別巻『〈戦争と文学〉案内』が最終巻として上梓された。タイトルは、「コレクション 戦争×文学」。集英社の「創業八五周年企画」だった。数字の割り切りの悪さには目をつぶるとして、企画そのものは準備を含め、相当の長い年月が割かれた。編集委員に、浅田次郎、奥泉光、川村湊、高橋敏夫、成田龍一、編集協力に北上次郎。豪華な布陣である。舞台の裏側を明かすようだが、こうしたコレクションは編集委員がすべてを仕切るわけではない。資料を集め、候補作を全員分コピーし、会議日を設定し……というった事務一切を管理する人々まで入れれば、相当数の人が関わっていたし、刊行準備から開始、終了までの数年、集英社の別館と思しきビルに、編集部の人々は常駐していた。

この「コレクション」の特徴は幾つかあるのだが、それを考えるためには、まず、同じ集英社が嘗《かつ》て作った「戦争文学全集」を参照してみるのがいいだろう。集英社は、一九六四年から六五年にかけて、『昭和戦争文学全集』(全一七巻)を刊行している。編集意図は明確である。日本が経験した「日中戦争」「太平洋戦争」がどのような小説に結実したのか、平たく言えば「日本はどのように戦争を行ってきたのか」という点に主眼があった。だから各巻のタイトルも、「原子爆弾投下さる」「戦火満州に挙がる」「連合艦隊かく戦えり」「戦時下のハイティーン」といったもので、日本の内側から戦争を眺める視線が圧倒的だった。むろん、日本以外の他国が主体の戦争文学「全集」は、まず不可能なので[*1]、日本が起こした戦争を、日本の側から眺めるしかないのだが、それにしてもやや内向き感が強い。

むろん、こうした試みには小さな揺り戻しがある。集英社版完結からわずか六年後、今度は毎日新聞社が『戦争文学全集』(編集、平野謙ほか)を刊行する。一九七一年から七二年にかけての刊行で、こちらも編集意図は明らかだ。島尾敏雄の『出発は遂に訪れず』とか、遠藤周作『海と毒薬』、大江健三郎『人間の羊』や開高健『輝ける闇』などが入っている。すなわち、七〇年代を迎えて、「戦後」は急速に遠ざかりつつあるが、「第一次戦後派」の作家たち以外にも、まだまだ「戦争文学」の担い手はあまたいる。その優れた作品を同時代的に集めておこうという全集編纂意図だった。

つまり、どの「戦争文学全集」にも明確な意図が存在しており(当たり前のことだが)、それが比較的可視化されているというのが、私の「戦争文学全集」の見立てなのだが、では、二〇一一年から一三年にかけて刊行されたコレクション『戦争×文学』(全二〇巻、別巻一)には、どのような編集意図があったのか。

まず、特徴のひとつは、明治時代の日清・日露の二つの戦争から、平成の「九・一一」に至るまで、これまでの「全集」に比べて、扱っている作品の発表時期の射程が、圧倒的

*1　そもそもそうした「文学全集」という企画自体、すこぶる日本的である、と盲信しているところがあったのだが、二〇一五年三月に行われた「世界文学ネットワーク」の学会シンポジウムで、ロシア文学者の沼野充義氏が、ロシアにおける膨大な「文学全集」の存在を教示された。数百巻におよぶロシア版の「世界文学全集」には、日本から唯一、「芥川龍之介」が一巻(しかも一人で!)、参加している、という。

に長いことである。「近代編」「地域編」「現代編」という「編集」意図の透けて見える色分けに加えて、「テーマ編」まであって、編集に工夫が加えられているのと、もう一つは、SFやエンターテインメントも収録作品に加えていることだ。編集そのものが重層的な構造になっている。

ワールドカップ型とチャンピオンズリーグ型

と、ここまで「戦争文学全集」について説明の言葉を書き連ねてきて、おそらくいまひとつその新しさが伝わりづらくなっているのではないか、と推測している。

そこで、「戦争」という枠をいったん離れて、「文学全集」の編集方法について短く述べてみたい。

じつは、いま、この国では「文学全集」が流行している。河出書房新社が、数年前、作家の池澤夏樹個人編集で刊行した『世界文学全集』が好評を博し、現在、同じ池澤によって『日本文学全集』が刊行中なのである。どの巻も爆発的に売れている、というわけではないにしろ、古典を現代語に「翻訳する」という、おそらく三島由紀夫が生きていれば決して実現しなかったであろう企画が目玉で、面白いラインナップを揃えている。古川日出男訳の『平家物語』とか、角田光代訳の『源氏物語』とか。既刊で興味深かったのは、川上未映子訳で読む、樋口一葉の『たけくらべ』などだ（しかしそもそも『たけくらべ』は現代語に訳す必要があるのかどうかについては、つねに疑問なのだが）[*2]。

そこで、これだけ「全集」が人々の噂になるくらいだから、「全集」の編集方針について大ざっぱな分類があってしかるべきだろう。大きく言って二つあると思う。一つは、「国」で分けるタイプ。もう一つは「作家」や「作風」で分けるタイプだ。サッカーの比喩を使わせてもらえば、前者は「ワールドカップ（国別対抗戦）」型、後者は「チャンピオンズリーグ（クラブ別対抗戦）」型である。むろん、前者は伝統的な手法であり、後者は先鋭的・前衛的編集方法、とひとまずまとめておこう。

後者の方法で編まれた世界文学全集として、歴史にその名を残しているのは、やはり集英社が一九七六年に刊行を開始した『世界の文学』（全三八巻）ではないかと思う。ただ、これにはやや個人的な判断が入っている（世代的な問題でもある）。もし高校生の私がこの全集と出会っていなければ、世界文学に目覚めることもなかったろうし、ゴンブロヴィッチやデリダという名前も単なる符牒にすぎなかっただろう。

『世界の文学』は、すべての巻が作者の名で立てられていた。いまも名を挙げたヴィトルド・ゴンブロヴィッチとブルーノ・シュルツは第一〇巻、モーリス・ブランショとジュリアン・グラックは、名作『シルトの岸辺』を含む第一二巻、アレッホ・カルペンティエールとガブリエル・ガルシア＝マルケスは第二八巻、と、国籍やアイデンティティとは関係なく、あくまで作家単位でまとめて、世界中の文学を網羅していた。もうひとつだけ思い出話を書けば、『現代評論集』という巻があって、その中にジャック・デリダというフランスの哲学者の書いた「白けた神話」という文章が入っていて、これがさっぱり理解できない。とてつもない日本語に出会ってしまった、と高校生の私は頭を抱えた。幸か不幸か、それが現在の仕事まで延々と繋がっているのだが。

やはり同じ集英社から、一九九〇年から九一年にかけて、『集英社ギャラリー／世界の文学』というシリーズが出たけれど、こちらの編集方針は「国別対抗戦」だった。スタンダールもバルザックもモーパッサンも同じ「フランス」という国で括られていて、数冊にまとめられている。再びサッカーのたとえで言えば、七〇年代までは「マラドーナ」という巻が成り立っていたのに（むろん、二一世紀の今日だって「メッシ」の巻を作ることは可能なのだが……）、九〇年代に入ると「アルゼンチン」に戻ってしまった。そんな感じがした。集英社が九〇年に打ち出した「ワールドカップ型」世界文学全集は、かつて国とは関係なしに世界の先鋭的な作家をフィーチャーした『世界の文学』からみれば、退却した印象があった。

ついでながら、先鋭的、という視点で考えれば、一九九六年から九七年にかけて、沼野充義・今福龍太・四方田犬彦という三人を編者に据えて、岩波書店が刊行した『世界文学のフロンティア』（全六巻）がまさに先鋭的という形容に値する出来栄えだった。これは「国」だけではなく「地域」さえも関係なしに、とにかくその時点で最先端と言える文学のスタイルを追求するという姿勢が鮮明に出ていた。まさにチャンピオンズリーグ型のアンソロジーだった。例を挙げるなら、第六巻の「怒りと響き」にはサルマン・ルシュディ、ジョナス・メカス、クルツィオ・マラパルテ、ピエール・ギヨタ、金芝河、ポール・ボウルズなどが入っていた。まるでレアル・マドリードである。むろんレアルほどの人気は、なかっ

＊2　なお、雑誌「文藝」二〇一五年新春特大号に、斎藤美奈子による「日本文学全集とその時代」（上）が掲載されている。戦後、日本の様々な出版社がどのように「全集」（主として「日本文学全集」）を出版してきたかについての総覧のようなエッセイで面白い。たとえば、戦後すぐの一九五〇年代には主な「全集」は企画として立ち上げられていたが、各社の特徴を斎藤はこう述べている。「角川が硬軟両方いける『話せるヤツ』、筑摩が本格志向の『保守本流』だとすると、五〇年代の河出は新しい企画に次々チャレンジしていく『冒険野郎』の印象が強い」。斎藤らしい分析である。「戦争がおわってから、もう七年がたちます。いわゆる戦後文学も、一応の成果をまとめて世に問うべきときです」という中村光夫の推薦文が、河出の「新文学全集」（一九五二〜五三年）にはついていたという。「全集」企画は、日本の出版社を救う（一方で、経済を圧迫したこともあるのだが）伝統芸なのである。

たのだが……。

世界文学全集の歴史を辿ると、今述べたような「ワールドカップ型」と、選手個人の能力を優先させる「チャンピオンズリーグ型」が交互に登場する。既に述べた、二〇〇七年一一月から一一年三月にかけて出版された池澤夏樹編集の『世界文学全集』（全三〇巻）は、七〇年代末の『世界の文学』のスタイルに相似している。世界文学の傍流にまで目が行き届いていて（具体的には、ジーン・リースの『サルガッソーの広い海』などだ）、この全集が売れ行き好調だったことは「世界文学」好きにとっては単純に嬉しいのだが、冷静に考えれば、編者である池澤夏樹への信頼ということが大きかったのではないか。つまり、「編集」への信頼である。これは、おそらく「全集」のみならず「戦争文学全集」あるいは「戦争文学」を語るうえでも鍵となる概念だと思う。後述したい。

『戦争×文学』の新しさ

さて、戦争文学へと話を戻そう。

右のような「全集」編纂の潮流の中で、コレクション『戦争×文学』の三〇巻は刊行されたことになる。このコレクションには「ワールドカップ型」と「チャンピオンズリーグ型」の編集意識が交錯していて興味深い。つまり、伝統的な「戦争文学」を保守しようとする姿勢と、どちらかといえばそれまでは傍流と目されてきた戦争の概念を打ち出そうとする姿勢が併存しているのだ。

後者の意識が鮮明に出ている巻が、「9・11 変容する戦争」（第四巻）だろう。二〇〇一年の「九・一一」と、二〇〇三年の「イラク戦争」（これはイラクに対するアメリカの空爆、という見方ももちろんあることは承知しているが、当コレクションの書き方に従っておく）によって、戦争文学観は大きく更新された。つまり、「日本人は戦争をどう戦ってきたか」というテーゼは、大きく変更されたのだ。少なくとも文学の世界では——。この巻には、リービ英雄の「千々にくだけて」と、岡田利規の「三月の5日間」が収録されている。

「千々にくだけて」の主人公、エドワードは、幼少期を中国で過ごしたのち、日本で翻訳の仕事をしている。日本に長く住んでいる彼は、ある日、「一年に一度くらいは」と、母親と妹が暮らしているアメリカへ「帰国」しようとする。極端なヘビースモーカーであるエドワードは、長時間の禁煙を強いられる、アメリカ東海岸への直行便が耐えられそうにないと判断し、少しでもフライト時間の短いカナダ経由でアメリカへ入ろうと考えていた。しかし、エア・カナダ機がバンクーバー国際空港に着陸した直後、機長は「アメリカ合衆国は被害者となった」という、奇妙な機内アナウンスをする。同時多発テロによって、主人公エドワードはそのまま中継地のカナダで足止めされ、数日間、そこを出ることができず、様々な思いを抱えたままカナダにいる——「千々にくだけて」は、そういう話でできている。

作品の題名の説明をすれば、「島々や、千々にくだけて、夏の海」という芭蕉が松島の景勝を詠んだ句が重ねあわされている。芭蕉の眺めたに違いない島々の点在ぶりが、そのまま世界貿易センタービルが崩落するイメージにつなげられているのだ。日本文学に対する著者の深い蓄積が滲むように表出すると同時に、「九・一一」を直接ではないにしろ、近くで経験した臨場感が独特の仕方でつたわってきた、記念碑的な作品だった。

あまり意識されていないが、「九・一一」やイラクへの空爆以後、日本の現代文学は「戦争小説のルネサンス」と呼んでも差し支えないほどの豊饒な時期を迎える。作家たちは沈黙しない。これは、たとえば九〇年代初頭の湾岸戦争が、ごく少数の例外を除いて、ほぼ日本文学とは無縁に推移したことと好対照をなしている（湾岸戦争が起こった際、文学者たちは湾岸戦争への日本の「参加」に対して共同で反対の意思表示をしたのだが、そのことと小説作品の少なさの関係性についてては、研究が待たれるところである）。岡田利規の「三月の5日間」は、二一世紀初頭に誕生した、新しいタイプの「戦争文学」の代表作となった。

「三月の5日間」はこんな話だ。

イラクに対する空爆が始まった二〇〇三年三月、空爆をやめるようシュプレヒコールを繰り返す人々の集会で知り合った二人の男女。彼らは渋谷のラブホテルで、空爆期間と同じ五日間を過ごす。テレビをつけて「戦争」の様子をみるわけでもなく、「センター街」という渋谷の歓楽街へ足を向けるのも、たったの一度……。果てしないセックスを繰り返すだけの彼らの脳裡にはしかし、つねに「戦争」の影が潜んでいる。戦争は具体的な形をとるわけではないけれど、戦争が世界のどこかで行われていることへの微妙な意識が彼らの行動に影響を与えている。これもまた現代日本文学の「戦争文学」の一つの形となったと思う。

もう一つだけ、コレクション『戦争×文学』から選ぶとすれば、第五巻「イマジネーションの戦争」を。この巻には、芥川龍之介、宮沢賢治、高橋新吉、内田百閒、稲垣足穂、安部公房、筒井康隆、小松左京、星新一、小島信夫、赤川次郎、青来有一、星野智幸、田中慎弥、山本弘、伊藤計劃、モブ・ノリオ、三崎亜紀、秋山瑞人といった作家の作品が収録されている。一世紀を跨ぐ射程の長さ以外にも、これだけ多様な作家が一堂に会すること自体、未曾有のことではないか。なかで一人だけ選ぶとすれば、「煉獄ロック」という短篇が収録されている星野智幸だろう。星野も、戦争文学のルネサンスにおいては、群を抜いて重要な作家である。この短篇以後、『俺俺』（新潮文庫）では大江健三郎賞を、『夜は終わらない』（講談社）では読売文学賞を受賞し、ますます彼の重要度は増しているが、現在をある種の「戦時下」と捉える小説群は、彼の戦争観の展開として理解することができるだろう。

高橋弘希『指の骨』の衝撃

さて、話をさらに現在に絞る。

二〇一五年一月、ひとつの戦争小説が刊行された。『指の骨』という、その、さして長くない小説は、小さな議論を呼んだ。雑誌に掲載されたのは、二〇一四年秋のこと。新潮新人賞を受賞しての作家デビューだった。この小説は、直接的な戦争経験のない、若い世代（日本人のほとんどが戦後世代となりつつある今、「直接的な戦争経験のない」云々の言葉自体、ひどく当たり前の言葉に響くのだが……しかし、著者の高橋弘希が三〇代だったことにはやはり不意を突かれた感じがあった）が書いた「戦争小説」として話題を呼んだ。芥川賞にもノミネートされたが、受賞には到らなかった。

芥川賞の選考委員でもある奥泉光は、『指の骨』について「メタの視点がない」という趣旨の発言をしている。たとえば大岡昇平の書いた『野火』や『俘虜記』といった、自身の戦争体験をベースにした小説群は、よくそう思われているような形では「直接の戦争体験」を描いていない。要は「語り」の問題である。つまり、フィクションとして成立するための、あるいは成立させるための、「語り」のレベルが設定されて初めて、小説は書かれ得るのである。『野火』にはそれがあるが、『指の骨』にはそれがない……。言葉どおりではないが、奥泉はそうした趣旨の選評を残している。

奥泉光は、「メタ化した視点」を特に強調してきた作家である。奥泉がデビューした九〇年代前半は、まだ戦争の直接的な経験者が数多く生きて、この国で生活していた時代だ。男性作家たちによる戦争「体験」小説は徐々に書かれなくなっていたとはいえ、九〇年代前半に限れば、女性作家たちの描く太平洋戦争「小説」――ほとんどの場合、男性を戦争に送り出した後、この国でどのような生活が営まれていたのかを描いていた――は、活況を呈していたと言っても過言ではないだろう。その最高峰に位置付けられるのが、今年亡くなった河野多恵子の『みいら採り猟奇譚』（一九九〇年）だと思うが、それは措く。奥泉はそうした九〇年代に颯爽と登場してきた「戦争小説」を書く戦後生まれの作家だった。彼の芥川賞受賞作の「石の来歴」は、レイテ島で上官から石の話を聴かされた主人公が、日本に帰ってきてからもその呪縛から逃れられず石を集める、という話がベースになっているように、太平洋戦争（つまり「古い戦争」）が作品を貫いている。一方、奥泉がほぼ時期を同じくして刊行した小説に『バナールな現象』がある。これは、湾岸戦争をテレビ画面で目撃していた主人公の日常に、徐々に砂嵐が吹き荒れて……という、湾岸戦争に取材した数少ない戦争小説だ。私は、奥泉がこの二作をほぼ同時期に書いたことに重要な意味があると思っている。つまり、「古い戦争」と「新しい戦争」の結節点に作家としての出発を刻印しているのが、奥泉光なのである。このことは、奥泉の作家歴にとどまらず、もっと広く、現代日本文学史の中でも明確に意識されてよい文学史的事件だと考えている。

そして、そんな作家が『指の骨』をどのように評価するか、私は興味を寄せていた。奥泉は「メタの視点」がない、と語った。だがそれは別段、『指の骨』に限らずとも言えることではないか。別の言い方をすれば、現代日本文学全体にいえる欠落のひとつに、「語り」の単純さがある。小説を語る「語り」が単一で、どこまで読んでも平板である小説がかなりの割合を占めている。そのことと「メタの視点」の欠落とは通底する事象である。したがって、『指の骨』一作を「メタの視点」の欠如として批判することはできない。私の意見は、おおむね以上である。

少し、『指の骨』という小説に立ち入ってみよう。

「黄色い街道がどこまでも伸びていた。」

小説はこうして始まる。「赤道のやや下に浮かぶ、巨大な島。その島から南東に伸びる細長い半島」。このあたりが小説の舞台として選ばれている。主人公たちは、内地を出発すると、「グァム島、ニューブリテン島を経由して」、島に到着し、怪我を負い、野戦病院に入る。幼馴染の戦友との会話が弾み、軍医とは親しく交流する。「原住民」との言語のやりとりもある。死を覚悟した行軍の中で、次々と死んでいく仲間たちがいる。カニバリズムのさりげない示唆もある……。

よくできた「戦争小説」である。ただし、正直に書くが、一読して当惑した。その理由は、三〇代の若い作者が書いた「戦争小説」としてよくできていたからではないし、細部まで精密に描かれた戦記に似ていたからでもない。それがまるで戦後文学だったから、私は当惑した。大岡昇平らの文学の正確な反復になっていると思った。たぶん戦後文学に親しんだ人ならば、誰もがそう感じるだろう。

このとき、三つほど主な反応が考えられる。

ひとつは、この小説はたしかによくできているが、体験に根差したものではなく、いわば事後的に学習して獲得された戦争の知識に拠っている以上、「戦争文学」として如何なものか、というもの。「戦記オタク」が情報を再構築して書いたものではないか、という批判だ。私はこの批判は当たらないと考えている。具体例を出せば、左脚の銃創が悪化した清水という戦友と一緒に外出するために、松葉杖を借りるシーンがある。清水は松葉杖を脇に挟んでベッドから起き上がろうとするのだが、「杖の一本はそのままゆっくりと床へ倒れていった」。なぜか。清水本人も、自分の左手首から先がないことを忘れていたからである。むろん松葉杖を摑むことはできない。「杖が倒れていくまで、本人もそのことに気づいていなかった」と記述される。このあたりの想像力は、単純な戦記の域を超えている。

二つめの反応はこうだ。戦後文学もすでに長い歴史を刻んでいる。戦争は多くの作家の文学的挑戦によって描かれてきた。そうした歴史を踏まえていないのではないか、という批判である。文学的出発に『石の来歴』を持ち、『グランドミステリー』や『神器』ではミステリーの手法を駆使しながら独自の戦争文学を追求してきた奥泉光や、従軍する人間たち同士の関係性を執拗に追求してきた古処誠二、浅田次郎といった作家たちの文業を、この若い作家はどう考えているのか、と。いわば「戦争文学史観」に則った立場である。

それもこれも、この小説が、あまりに戦後文学にそっくりだからである。つまり、あまりに『野火』なのではないか、と（これが第三の反応）。人はここで考え込む。

この小説をどう読むか。私の結論はこうである。

この小説は時代に選ばれた小説である。終わりのほうに、主人公の呟くこんなパッセージがある。「果たしてこれは戦争だろうか」。野戦病院を出て、再び戦争の渦中に放り込まれると思ったら、武器ももたずに「ただ歩いているだけ」。誰とも戦わず、一人ずつ死んでいく。「これは戦争なのだ。呟きながら歩いた。これも戦争なのだ。しかしいくら呟いてみても、その言葉は私に沁みてこなかった」とある。「戦争」の文字を「戦争小説」に置き換えてみたくなる。およそいまふうの「戦争小説」ではない。だが、これは紛れもなく「戦争小説」である。キナ臭いこの時代の選んだ戦争小説なのである。

つまるところ、『指の骨』はあまりに『野火』に近似している。だが、似ているというだけでその小説を批判することはできない。そうではない。『野火』が漠然と記していた諸問題（軍隊における階層、カニバリズム、戦争責任）をより鮮明に小説の中に定位している。比喩的な言い回しになるが、解像度が異様なくらい高くなっているのだ。そしてこの作者の意識は、ここまで述べた趣旨に即していえば、編集意識である。『昭和戦争文学全集』がコレクション『戦争×文学』へと変貌したように、大岡昇平の『野火』においてぼんやりとしか書かれていない様々なテーマを、きわめて明確に整理した形で文章化している。私たちが読む現在の形の「戦争小説」とは、少なくともこうした編集意識によって裏打ちされている。

「文学とはニューズ、古くならないニューズ」

詩人のアーサー・ビナードがロシア文学者の沼野充義と対談している本（『それでも世界は文学でできている』光文社、二〇一五年）の中で、エズラ・パウンドの言葉を引いている。それは、「文学とはニューズ、古くならないニューズ」というものだ。新聞に掲載されていたり、広告の中に収まっていたりする「言葉」だけが「ニューズ」なのではない。たとえ一世紀経っても、まったく古びない文学の言葉もまた「ニューズ」の一形式だ、と。文学の言葉は、そうした言葉であるはずだ、と語っている。

　私たちが「戦争」を描く言葉は古くなっていないだろうか。広告の言葉のように、消費されるだけで終わりになっていないだろうか。命長く、「ニューズ」の価値を保てているだろうか。つねにそう問い返すことでしか、おそらくパウンドの言う「ニューズ」の言葉にはなり得ないだろう。高橋弘希の『指の骨』が現代日本文学の中でインパクトを持ちえたのは、それが古びない言葉で書かれていたからではないかと思う。何年経っても、みずみずしさを失わない小説の言葉。むろん、いまはまだわからない。しかし『指の骨』にはそう読者にそう思わせるだけの力がある。

　早晩、いわゆる「太平洋戦争」を経験した人々はいなくなる。それでもその「戦争」を語る者は生き延びる。次々に世代を替えながら、「戦争小説」が書き継がれていくからだ。私は至極オプティミスティックなことを語っているだろうか。幾分かはもちろんそうである。世代を跨いで次々と「戦争小説」の書き手が現れるなどというのは、じつは絵空事でしかないし、「戦争文学」観の更新はさほど頻繁に起こることでもないだろう。

　ただ、ひとつだけ確実なことがある。それは、戦争文学をさらに狭く限定して、「原爆文学」という小さなトポスに限定してみるならば、林京子『祭りの場』のような小説たちの切り拓いた原爆文学は、二〇一五年、青来有一の『人間のしわざ』によって、また新しく更新されたのだ。『聖水』『爆心』と書き継いできた、長崎に住まう戦後生まれの作家、青来有一。新作小説は、まさしく、夾雑物を排除した純度の高い「ニューズ」である。最後に、この小説に言及し、現代日本文学にとっての「戦争と文学」の構図はどうなっているのかを考えてみたい。

　長崎県の橘湾は、波静かな入江を特徴とする。陽光に満ちた印象がある。表題作「人間のしわざ」の舞台はそこに立つホテルだ。一組の男女がいる。語り手である「わたし」と、そして戦場カメラマンの「あのひと」である。二人は三〇年以上前、同じ大学のテニスサークルで一緒だったが、小さなすれ違いから、別の人と結婚し、子どもを育て、全く違う人生を送ってきた。

　戦場カメラマンは妻を亡くした。一人息子は引きこもりとなり、世界中の原発を同時襲撃するテロ組織と関わりがあるらしい。一方、「わたし」は夫の浮気に苦しみ、家庭は壊れかけている。

　二人の初めての逢瀬はしかし、饒舌に語る男の言葉で一杯だ。男は、昔、爆心地で掘り出した喉仏の骨や、黒こげの殉教者のイメージを再現して語る。アフガニスタン、ソマリア、イラクと様々な戦場で目撃した凄惨な風景を描写する。

だが、男の言葉の中心にあるのは、三十数年前に、日本を訪れた教皇ヨハネ・パウロ二世が、広島で発した演説の一節だ。「戦争は人間のしわざです。戦争は人間の生命を奪います。戦争は死そのものです」。

広島に続いて長崎にやってきた教皇が雪の降り続く街でミサをおこなったとき、二人はそれぞれの視点で教皇を見ていた。そして二人はすれ違う。

ここに描かれているのは、人間の経験と記憶である。人間が犯してきた凄惨な罪とその赦しの感覚が、男の語りを介して、次々と小説に呼び出される。じっさい、小説で語られる「人間のしわざ」に一貫性はない。いや、戦争とテロと地震と津波と原発事故がすべて「人間のしわざ」というわけではない。それが切り分けられない地点に、「わたし」と「あのひと」はいて、むろん私たちも同じ場所にいる。だからこそ、小説は最後、こう結ばれる。「わたしたちはどうしたらいいのかほんとうにわかりはしない」と。

どうして戦場カメラマンの男は語り続けているのか。三〇年ぶりに再会した女との逢瀬を楽しもうとしないのか。逆に言えば、男が語る以外に、この小説を小説たらしめているものはいっさいない。事件は起きない。「語り」だけが事件だといわんばかりに。男は、あらんかぎりの記憶の鎖を解いてバラバラになった事象＝「人間のしわざ」を語り続けることでしか、生きることができないのだ。記憶の中の出来事は、すべてが「人間のしわざ」と呼べないかもしれない。「神のみわざ」に属することも含まれているかもしれない。だが、どれが「人間のしわざ」であり、どれが「神のみわざ」であるか、区別して断じることができるのは、人間ではない。人間に許されているのは、単に「語ること」だけである。記憶の鎖が切れて浮遊する事象を語ることで、それは初めて「ニューズ」になるのだ。

私たちはやはり語り続けなければならない。戦争の経験の有無が問題ではない。戦争の「語り」を次々に生み出していくことでしか、商業主義に毒された言葉とはまったく違う、本物の文学の言葉を獲得することはできないからである。

特集〈戦争〉

「可動的系譜伝《ジェネグラフィー》」

――マルジャン・サトラピのグラフィック・ノベルにおける密接性と流動性

マリー・トーステン／山内正太郎［訳］

Marie Thorsten

Mobile Geneagraphies: Familiarity vs. Flux in the Graphic Narratives of Marjane Satrapi

マルジャン・サトラピ著『ペルセポリス』――革命と戦争下のイランにおける著者の成長が語られた、絶賛を博したグラフィック・ノベル――を読み始めるやいなや、読者はしっぺ返しにも似た衝撃を受けることとなるだろう。サトラピ自身によって散文として書かれた「序」はペルシア帝国の壮麗な歴史や現代イランの祖先たちを想起させ、またそこには革命家たちへの――彼らの払った犠牲は忘れられるべきではない――賛辞が述べられている。だが読者が三〇〇ページにもわたる漫画の語りの世界へといったん入ってしまうと、サトラピの語りの調子は、成人である筆者によるペルシア帝国の壮大なルーツについての語りから一変して、難しくてよく呑み込めないスローガンによって、あるいは哲学や革命理論によって、ユーモアに囲まれた少女時代のサトラピを体現する「マルジ」へフラッシュバックする。一九七九年にイランを変貌させた革命の中で成長する九歳の少女マルジは、大人たちによる革命の深遠さを理解しようと、山積みの本を一生懸命に読みあさる。あるときマルジが「弁証法的唯物論」という言葉を発したことにマルジのおじが驚いた際に、幼いサトラピを具現する彼女はこう返答する――「私は漫画版で読んだのよ」。

この稿ではまず、サトラピの土着的なアイデンティティへの――国家や家族との彼女の密接なつながりについての――意思表示と、皮肉にもそういった基盤を揺るがせ、不安定にさせるような意思表示との間の「弁証法的」な揺れ動きについて議論を始めることにする。当初フランスで二〇〇〇年に出版された『ペルセポリス』とサトラピの二つの詩的な中編である『チキンのプラム煮』(2009)、『刺繍 —— イラン女性が語る恋愛と結婚』(2006) を含む三部作において、サトラピは二つの異なった「系譜学」の間を行き来する。メリアム＝ウェブスター大学辞典のような保守的な資料は「系譜学」をこのように定義している ——「祖先や旧世代から始まる個人や家族についての、あるいは集団、家系についての記述……何らかの事柄の起源や歴史的発展についての記述」。このように「起源」や「直線性」という語はたいていの場合は保守的な印象をもって捉えられ、そうした人々は例えば個人とその祖先を線で結びつけようとする。かれらは自分たちの祖先と国家との「つながり」を示すために血統書に小さな国旗をつけることさえもする。日々の人生、大衆文化、そして政治において、先祖から受け継いだアイデンティティを戦略的に喚起することにより、断片はつながり、首尾一貫した自我は創り上げられる。この主観的な総合は一般の人々に対して、自分たちが郷里や集団へ属しているという感覚を与える。また国家の指導者たちは正当化すべき祖先の像を探し求め、乏しい想像のなかの過去の時代に自らの政治形態を結びつける。

しかし、社会政治的な探究の方法としての「系譜学」は、帝国主義者たちの祖先についての主張を覆し、また家族調査という通俗的な気晴らしとは全く異なったかたちで探究を行う（この家族調査というのは、ＤＮＡ鑑定やデジタル・アーカイヴにおけるテクノロジーが進歩した後にアメリカ、イギリスや他国において今日に至るまでブームとなっている）。知的な批評法としての「系譜学」は、失われた帝国を賛美することや家系の樹形図の枝にぶらさげるような英雄の名を探し求めることをせず、全体論的な見せかけに対し挑戦を試みるものである。ニーチェを引き合いに出し、ミシェル・フーコーは「系譜学」を、偶有的性質、秘された知識、そして人間によって作り出された選択 —— であるとしている。人間は、運命やアイデンティティについての首尾一貫した健全な物語を作り出す。しかし「系譜学者」は病的な瞬間の「空しい総合」を、そしてまた健康な瞬間の「空しい総合」をも明るみに出す。フーコーは、もし愛国心が家系への探究の過程から —— 健康的な肉体や家族という神話と結合した、究極性の感覚や運命の感覚、ないしは終末の感覚や持続性の感覚から —— 取り除かれるのであれば、系譜学は、時代を超越した不安定な進歩や自我の無常を理解するためにも価値のあるものである、としている。

この稿ではサトラピの漫画における語りを系譜学の二種類の実践と捉えて論ずる。確かにサトラピの「序」は、不安定さから有形なものを捏造するための接地する際の衝動を提供する、保守的な意味での「系譜学」を示唆している。しかし、不安定な世界における密接性と社会的なつながりに対する作者の欲望を、片方の探究は賭金とするが、もう片方の系譜学的な姿勢は愛と憎しみ、土着性と亡命の間で揺れ動いている個人と国家との混沌状態と不安定さを賭金とする。サトラピの「系譜伝《ジェネグラフィー》」は――つまりはサトラピによる、系譜学についての自叙伝は――高尚な類の総合によってではなく、かわりにユーモアと自己内省的なアイロニーによって、確証する意思表示と不安定にする意思表示を同時に行う。

男性性と女性性の凝り固まったカテゴリーの解放はジェンダーに興味のある人にとって今日に至るまでの課題である。サトラピのイスラム圏における女性性と、一〇代でのヨーロッパへの亡命がどのような関係性にあるか、彼女の回顧録に関心をもつ世界中のファンの興味の的である。しかし、サトラピがジェンダーのみならず、「国家」や「東洋」ないしは「西洋」の意味を横断している複雑な境界を問題視するのは、国家性の仮面をはがそうとするからである。その一方で、彼女の家族と母国とのつながりを確固たるものとして保ち続けようとする姿勢もまた付随している。

家族、分裂した知、そして漫画の形式

漫画という表現媒体のおかげでサトラピは、二つの系譜学的な探究の間を容易に行き来することができる。断片化された言葉とイメージの連続的かつ抽象的なほとばしりは――つまり漫画の形式は――人間の経験と記憶の断片的な本質を摑むことができる点で賞賛されてきた。戦争、死、病気、そして大災害といった慎重を要するテーマを探究する作者たちは、分裂的で、日常的で、心的外傷を受けるような自己の経験を、いわゆる「グラフィック・ノベル」や「グラフィック・ナラティヴ」(成人の読者を念頭に描かれた何ページにもわたる漫画をいう)のコマの中でなら語ることができるのを見出した。ヒラリー・シュートが説明しているように「漫画の表現媒体は、その豊富な語りの質感ゆえに――そのしなやかなページ構成ゆえに、ときには調和し、ときには不調和なその視覚的言語的な語りゆえに、そして不在と存在についてのその構造的な話の筋道ゆえに――力強く読者を駆り立てるような、授権的、政治的で審美的な仕事をなすことが可能である」(2008: 93-94)。

心的外傷の問題を扱う自叙伝的なグラフィック・ノベルもまた家族の経験と関わるものであり、重要である。『マウス』(1986, 1991)においてアート・スピーゲルマンが彼の父のホロコースト体験について父にインタビューしたのはよく知られているが、スピーゲルマンはこの作品で登場人物を動物として描いている。後にスピーゲルマンは『メタマウス』(2011)を出版し、『マウス』の創作に影響を与えた彼の大規模なメタ解説やアーカイヴ的調査、系譜学を読者に提供した。アリソン・ベクダルは『ファン・ホーム』(2007)で彼の父の謎めいた自殺を探求している。こうしたノンフィクションとして

の自叙伝が文芸作品として重要性を帯びるのは、家族についての話題からテーマを得ることで心的外傷を描くためのみならず、それらのトラウマに対して一見ファイナル・アンサーに見えるものを疑問視させるような複雑な登場人物や出来事を創造するためでもある。

このように「家族」という隠喩は矛盾を含んでいる。「家族の重要性」を説く様々な政治キャンペーンは想像上の国家の存在を伝えるが、そこにあるとされる団結性の感覚をこの隠喩はしばしば呼び起こす。しかし、マイケル・シャピロが論じているように、歴史上どの時代においても家族とは「不安定な境界線やあらゆる構造物と関わりを持った偶然的な形態」(2001) なのである。民族国家が「家族」という言葉を使用するのは、安定的で一貫していると自分たちを見せるためであり、またはそれら自身の方向づけられた系譜学、ないしは統一され問題視されることのない全体性についての思考法を確立するためである。サトラピ自身はシリアス・コミックの先駆となった『マウス』に感銘を受けている。この作品においては作者のスピーゲルマンと彼の病んだ父親との複雑な関係をめぐって過去と現在が交錯する。シャピロはこの件についてこう説明している——「『マウス』は取り返しのつかないほど壊れきった自我の原型を、最終的には肯定している」(ibid.)。スピーゲルマン自身は、ピュリツァー賞を受賞した『マウス』を「水晶のような曖昧さ」の実践だと見ている (2011)。

描かれたイメージとテキストの再結合に本来備わっている創造的可能性に後押しされたサトラピのグラフィック・ナラティヴは、民族国家的な語り——国家の内側や外側で創造されたイランについての語りも含む——の代替物としての安定した家族を精神的に抑圧するものを揺るがす。この章では、キャシー・ファーガソンによる「可動的主観性」に関する洞察を参考にして、サトラピが用いる不安定な王朝や政治制度、また経済関係を比喩的に語る言葉づかいを際立たせる、その「可動的系譜伝」について考察する。それは、大衆がマスメディアを通じて知るイランのイメージではなく、その代替物を提供しようというサトラピの欲求と結びついているのである。ファーガソンが説明するように、フーコー的系譜学と結びついた、意味の社会的構成を解読し乱雑させようとする戦略もまた、「どのようにわれわれは知るのか?」、「どのようにわれわれは行動するのか?」という問い——つまりは、声を聞くこと、発見することにより、あるいはある種の「場所」から引き出された確かな意味に注意を払うことにより、得られる問い——に注意を払うことを強いる。これら二つの態度——片や転覆させるような堅固なカテゴリーにおいての態度、そして片や「現実」や人間的な基盤に注意を払うために立ち止まろうとする態度——は「生産的」な緊迫状態として見なすことができる。フーコーの意味における「系譜学」を実践するということは、「表面下にある意味を明らかにするために正しく」経験を考察する、(ヘーゲルまたはフロイトに負っている)「解釈学のプロジェクト」としての「解釈」に傷をつけることである――しかしこの緊迫状態はただあらゆる種類の理論的探究を豊かにするだろう。「可動的なものとしての自我を主題化することとは、共通性への欲求または共通性への認識を除くことをせずに、確固としたものへ払われる注意との相違に対して敬意を払う方法を示唆するものである」。この「弁証法的な」効果はしばしば反語的であり、またサトラピのコミック・ノベルにおける弁証法の「漫画版」は転覆と固定との間の緊迫状態を明らかにするふさわしい手段なのである。

『ペルセポリス』における家族と国家

一見『ペルセポリス』はわかりやすい成長物語である。この物語はイラン革命とイラン・イラク戦争への過渡期の真っ只中、ないしはそれ以降の九~一四歳のサトラピの人生、一四~一九歳の両親不在のなかでのオーストリアはウィーンのフランス語学校への亡命、大学生としてイランへ戻り両親と再会を果たしてからの生活、二〇代前半のフランスへの二度と戻らぬ亡命――を扱っている。サトラピは、ほどほどに裕福で、世俗的で、リベラルな両親の一人っ子として描かれており、二人とも政治や性的なこと、あるいは階級についての当惑させるような娘の疑問に対して答えることをためらわない。彼女の父はエンジニアとして描かれており、母方の祖母とともに暮らしている。

このサトラピの人生の、その他の点では保守的な「直線性」は、彼女よりも年配の人々によって語られる歴史の記憶と混ざり合う。関心の絶えない九歳の少女「マルジ」が王(シャー)のことを「彼が神によって選ばれて以来」敬愛している、と言うとき、マルジの父は娘に歴史の勉強を教える。マルジの父は教える――パフラヴィー王朝の二〇世紀最初のシャー(レザー・シャー・パフラヴィー、在位一九二五~四四年)は、共和国を建てる意図の下、パフラヴィー王朝より前に存在したカージャール王朝の皇帝を倒した(カージャール王朝はイランを一七八五年から一九二五年まで支配した)。だがその当時、イギリスがパフラヴィーに彼が皇帝になるべきだと説得するために――共和制への野望を挫折させるために――介入する。その代わりとしてイギリスはイランの石油により接近することとなる。

マルジの父はあごが外れるほどの驚くべき余談を添える――「倒された皇帝は[マルジの母方の]おじいちゃんのお父さんだったんだよ」「私のおじいちゃんは王子さまだったのね」。驚きを隠せない少女は現実をロマンティックにして夢想に浸る。しかし、新たに皇帝の座についたパフラヴィーはマルジの祖父からすべてを奪い去ったにもかかわらず、マルジの祖父を首相に指名した、と父はマルジに忠告する。祖父はコミカルな回想シーンの中で、パフラヴィーに「ううぅう……ありがとう」と返答するが、祖父は次第に共産主義に転向していき、それゆえ刑務所行きとなった、と父はコミカルな語り口で話をする。[*1]

サトラピの母方の祖母は彼女の夫が持っているカージャール家の血統についての物語を語り続け、パフラヴィー政府を非常に専制的でインチキな政府だとして比較する。それゆえに彼女は、一九七九年の革命によってパフラヴィー王朝のシャー（モハンマド・レザー・パフラヴィー、一九四一年から一九七九年までのシャー）が倒されたことは正しかった、とする。事実、祖母のカージャール王朝への好意的な見解は、同じ親族の孫にとって偏りがあり、また楽に論破できるものであり、そして型にはまったものであるように聞こえる。二〇〇四年のボストングローブ紙でのインタビューで、サトラピは彼女の母の曾祖父（資料に書かれているように、サトラピ自身のそれではない）はまさしくナセル・アル・ジン・シャー・カージャール（一八三一－一八九六）として知られたカージャール王朝の王であった。しかしサトラピはこの件はそれほど重要な問題ではないと言明した。サトラピいわく「しかしカージャール王朝の王たちは、何百人といった妻を所帯していたのです。彼らは何千人といった子をもうけた。もしそういった子を世代別にかけ算して数えるのであれば、よくはわかりませんが、一万から一万五〇〇〇にわたる王子［そして王女］がいるのではありませんか。この件についてとりたてて特別なことはないのです」。

サトラピが書くように、もう一つの「貴族的左翼知識人《キャヴィア・レフティスト》」は父方の家系が引き継いできた伝統の中に見られる。第二のパフラヴィー王朝のシャーがイランより亡命した直後、サトラピのおじであるアヌーシュ――彼はイラン領アゼルバイジャン出身であり、サトラピの父の兄弟にあたる――が九年にわたる刑務所生活から解放され、彼女の家族を訪れる（Satrapi 2003: 54）。少女マルジは彼の勇敢さにすっかり夢中となり、彼の話に熱心に耳を傾ける。スパイの濡れ衣を着せられ処刑される場面から少し前の章において、アヌーシュおじさんはマルジにこう言う――「私たちの家族の記憶は忘れられてはならないのだよ」。ヒラリー・シュートは「決して忘れない」というフレーズを『ペルセポリス』の「決定的なプロジェクト」とみており、このプロジェクトは記憶にどのように対処し、その対象は何かということを明らかにする。

サトラピは六人の息子を抱きかかえる父方の祖母が描かれたコマを提示している。アヌーシュのフラッシュバックによって、われわれ読者は若き日のマルジの父方の祖父母が地方色の強い民族衣装を着ているのを知る。かれらはより保守的でパフラヴィー王朝を支援していた。革命的な父やおじに関してはそうではなかったことは一目瞭然ではあるが。[*2]

本稿の必要上、サトラピの物語がどれほど事実に基づいたものであるかは、「書くこと」における政治的な行為ほど問題ではないとしておく。人を惑わせるようなこの物語の序文は、公に知られた神話やイランについてのメディア・イメージに対して挑戦する実践へと移り変わっていく――「ペルセポリス」、つまりは「ペルシア人の都市」（ギリシア語の名前ではあるが）という、名ばかりの謎となった最も重要な「祖先」をともにして。イランの首都であるテヘランから四〇〇マイル〔約六四四キロ〕離れた場所に、ダレイオス一世（紀元前五五〇－四八六）の統治下で建設されたペルセポリスは、今日では二五〇〇年もの昔にさかのぼる廃墟となっている。キュロス大王（推定紀元前五七六－五三〇）からダレイオスが引き継いだアケメネス朝（紀元前六五〇－三三〇）――ないしは「最初の」帝国――は領土を大きく拡大し、リビアからエジプトの一部を越え、イランやイラクを含む今日の中東における重要な地域、また現在のパキスタンがある中央アジアの地域をも統治し、さらには黒海を越えブルガリアやマケドニアとして今は知られている地域にまで勢力を広げていった。どのような目的でこの大帝国の古代都市は、二〇世紀イランという時代のなかで成長する少女についてのグラフィック・ノベルの題となりうるのだろうか？

　先述のように、サトラピの『ペルセポリス』の「完全版」は、五〇〇〇年にもわたるペルシア／イランの歴史を要約する入門的な文章から始まっている。「序」でサトラピが言明した目的は、今日知られているイラン・イスラム共和国の成立の発端となったイラン革命の年である一九七九年に始まる、イランの一般的なイメージを否定することである。かの分岐点となった年以来イラン人ではない外国人は、断固とした原理主義者でありテロリストという滑稽なイメージにイラン人を無理やり染めようとしている、とサトラピは嘆いている。しかしイランの文化はアラブ人やモンゴル人、トルコ人そしてブリトン人の侵略に対抗してきた、とサトラピは言明し、自由のために命を捧げた多くの人々の犠牲が無へと帰せぬよう、「許さなければいけない、しかし忘れることは決して許されない」と言う。

　この冒頭の一振りにより、現代イランの決定的な転換点としての「一九七九年」を、領土的にも文化的にも強大であるイスラム以前のペルシア（アケメネス）帝国と連結した、歴史的な時期として変容させたいというサトラピの意図を読者

＊1　『ペルセポリス』に登場している名前は限られており、またおそらくは変更されているが、サトラピの母方のカージャール家の系図と歴史的な記録を結びつける手段はない。サトラピは『ペルセポリス』のこの部分が美化されていることを否定はしていない。

＊2　『十一番目の桂冠詩人』と題された、彼女の父方の祖父についての物語を漫画版、アニメーション版で発表する計画がサトラピにはあることが明らかになっている（Saito 2012）。

は推測するかもしれない。ダレイオスによって築かれた都市であるペルセポリスは、紀元前三三一年にアレキサンダー大王によって陥落されるまで約二〇〇年もの間、栄華を誇っていた――紀元前三三一年はイランにイスラム教をもたらしたアラブによる侵略（六三三–六四四）の一〇〇〇年前にあたる。同時に、ペルセポリスは一九七九年にユネスコ世界遺産に登録された。確かに、サトラピの『ペルセポリス』にはイランのイスラム以前のゾロアスター教的な過去を示唆させるような語りが散在している。しかし、もしイランの歴史を華やかな過去と結びつけることがサトラピの意図であるのなら、イランの近代史においてのナショナリストたちによるペルセポリス的なノスタルジアと、サトラピのテキストはぎこちなく共鳴してしまうことになるだろう。以下にそのノスタルジアの例を三つ挙げることにする。

現代イランにおける ペルセポリス的ノスタルジアの三つの例

1　ペルセポリス大祭典

一九七一年に、キュロス大王によるペルシア帝国建立二五〇〇周年を祝賀して、モハンマド・レザー・パフラヴィーは「世界がかつて見たもののなかでもっとも素晴らしいもの」を見せるためにペルセポリスに六九もの国の著名人を招待した。王、女王、王子、王女、族長《シーク》、首相、大統領、副大統領（そしておそらくは、彼らの従者も）は、大きな星形に配置された一六〇エーカー〔約六五万㎡〕にもわたるエアコン付きのテント設営地に宿泊し、バカラ・クリスタルやリモージュ磁気、ポートホールトリネンが贈呈された。このパフラヴィー王朝の第二のシャーは、自身の王室をペルセポリスと結びつけようとしたが、一九七九年の革命での自身の失脚をかえって早めることになってしまった。ローストされた孔雀やシャンパンで腹を満たしたＶＩＰ客たちは、豪華なメインディッシュや、ペルシア帝国を統合したキュロスの墓へシャーと女王を運ぶ兵士たちのパレードを四日にわたって目の当たりにすることになった（厳密には、キュロスの霊廟はキュロスによって建立されたパサルダガエというペルセポリスよりも歴史のある都にあり、都をペルセポリスへと移転したのはダレイオスであったが、この二つの事実をメディアははっきりとは伝えていない）。少なくとも一億ドルの費用がかかったとみられる、パフラヴィーによるペルセポリス大宴会は、ペルシアの王たちが『シャー・ナーメ』――イランの『列王記』、または「国家的聖典」とも呼ばれる――において当時の人々たちに示した完全で半神的なペルシアの王に、パフラヴィーの統治を結びつけるための、壮大な（ギネス記録破りの）意思表示のうちの一部分をなしていた。アッバス・

ミラニによって述べられているように、パフラヴィーのメッセージとは「長きにわたる統治は、正当なものである」なのだ。

逆に、サトラピによる「ペルセポリス」の喚起は、古代遺跡に対するシャーの派手な言及を打ち負かすものである。実際、古代遺跡の名前としての「ペルセポリス」の語はサトラピの序にも本編にも文字通りには登場していない——このグラフィック・ノベルにおける前半部分の章の地味なタイトルとしては登場しており、この章は革命期における幼き日のマルジが登場する章である。マルジは母方の祖母に、祖父の英雄的行為が本当であったかどうかをはっきりと示してくれるように求めている。言及したように、祖母は歴史のレッスンを展開することなしにはマルジに答えようとはしない。祖母が比較的貧しい生活をし、家族のために服を作ったのは、パフラヴィーが自分の夫の財産を没収して彼を牢獄送りにした後のことであった——と少女マルジを膝にのせてカージャール家と繋がりを持つ祖母は説明する。サトラピはシャーの描かれた三つの大きなコマを描き、祖母の語りも同時進行する。

(1)［祖母］……この世が始まって以来、数ある王朝が受け継がれてきたが、王たちはいつだって約束を守ってきたものさ。シャーは何ら約束を守らなかった。

このコマには盛装したシャーと女王が夜空の下、ゾロアスター教の象徴であり、ペルセポリスの古代彫刻であるファラヴァファーを見下ろすように立ち、「我はアーリア民族の光である。[*3] 我はこの国をこれまで以上に近代的な国にしよう。我が国民たちは栄光を取り戻すのだ」と明言している絵が描かれている（Sarrapi 2003: 27）（図1）。

YOU KNOW, MY CHILD, SINCE THE DAWN OF TIME, DYNASTIES HAVE SUCCEEDED EACH OTHER BUT THE KINGS ALWAYS KEPT THEIR PROMISES. THE SHAH KEPT NONE; I REMEMBER THE DAY HE WAS CROWNED. HE SAID:
EVEN WORSE!
I AM THE LIGHT OF THE ARYANS. I WILL MAKE THIS COUNTRY THE MOST MODERN OF ALL TIME. OUR PEOPLE WILL REGAIN THEIR SPLENDOR.
図1

(2)［祖母］シャーはキュロス大王の墓に行くことさえしたのさ。キュロス大王は古代の世界を統治したお方だよ。

祖母による歴史のレッスンについての二番目のコマには、巨人の如きキュロス大王が埋葬された墓でシャーが祈っている姿が描かれている。「安らかに眠りたまえ。我々がペルシアを守る」とシャーは言う（Ibid.: 28）（図2）。

図2

(3)［祖母］国中の金が王朝の二五〇〇年を祝うバカげた祝賀会とその他のつまらないことのために使われちまったのさ……みんなこの国のお偉いさんのためにやってるだけさ、国民は全く気にしてなんかいないよ（図3）。

図3

ペルシア時代の兵士たちのモチーフが三番目のコマを占めている。これら三つのコマで、サトラピはシャーのペルセポリス礼賛の視覚的イメージのみを提出する一方、保守的な系譜学の直線的な厚かましさを無効にしている。少女マルジは早く祖母がかけ離れた点を自分の祖父のヒロイズムへとつなげてくれるのを今か今かと待っている。マルジの一見屈託のない祖母は、背中の痛みに苦しみ、「なんでも知りたがり屋」の孫娘の話を聞いている最中にも服を着せられるがまま、本題に移ってほしいというマルジの欲求とは一見関係のない話をする。顔をしかめ、祖母の歴史レッスンに少女はたった一言口答えをする――「おなかすいた」。そして祖母は山のような本をマルジに読みなさいと与える。

空腹を満たすまで、マルジは父が帰宅をするのを待たなければならない。マルジは母と祖母のスカートを引っ張り、知識への「空腹感」も満たすことができない。なぜなら二人が何を囁き合っているのかが聞き取れないからである。母と祖母はマルジの父であるエビについて会話をしており、エビはデモの写真を撮りに外出したきりまだ戻ってこない。最悪の事態が起こりはしまいかと恐々としながら、三世代にわたる女性陣は長い間静かに待つ。エビがやっと帰ってきたとき、「ペルセポリス」と題された章は、エビが病院で殉教者たちの写真を撮ってきたと語る場面で終わる。癌で死んだ老齢の女性の夫が殉教者と間違われ、未亡人となった女性はその間違いに嬉しそうに加担することとなる。女性はエビそしてデモ隊と一緒に夫の遺体を掲げ「王は人殺しだ！」と叫びながら行進する。マルジの周りの大人たちはこの話に大笑いするが、少女マルジは断片をつなぎあわせようとしながらもまごつく――「死体、癌、死、人殺し／笑い？」。マルジは祖母の推薦図書一覧に載った本に取りかかることに決める。

この三〇〇ページにもわたるグラフィック・ノベルの書名の元となった唯一の章、そして地味でもあるこの章は、このように、シャーの下品でこれ見よがしな態度と一人の子どもの好奇心との対比を描いている。世界全体の前に存在した王たちの途切れることのない線にシャーが自らをくくりつけようとする一方、九歳の少女は殉教と王権に対する自分の家族の主張についての知識をうまくすくい上げたいだけなのである。シャーの行為により、八年後イランの土地は彼から剝奪されることになった。広大すぎる歴史のレッスンや空腹の苦しみ、または偶然的な殉教についての話に苛立つマルジの行為は、何ら祖先の栄光に結びつくものではなく、もっと本を読みたい、もっと大人たちに疑問を投げかけたいという、より一層強みを増した「空腹感」へと結びつくものなのである。「ペルセポリス」の章においてサトラピはフーコーの「超歴史的」な歴史家――いかなる形而上学をその絶対主義や「声なき執拗さ」のために役立てるように仕向けることを可能にする、「それ自体の中で完全なまでに閉ざされた」ものへと時間を変える者――とそれに反する系譜学者――はるかな高みや不可能な距離にまで放り投げられた事柄ではなく、偶然的で慎み深く、瞬時の身体的必要性に取りつけられた事柄を重視する者――との対比を（ニーチェを引き合いにして）展開している（Ibid.: 86-89）。

＊3　実際にシャーは「アーリア人の光」を意味する「アーリヤメヘル」という称号を自分は所有していると宣言していた。

2　イスラム以前の全盛期としてのペルセポリス

現代イランにおける古代都市ペルセポリスの第二の喚起は、イスラム以前の全盛期とイスラムとを混合しようとする革命以降における試みによって始まった。イランの国家的アイデンティティについての考えを形成しようとする学者や権力者たちは、長い間イランのシーア派と国の誇るゾロアスター的な過去との間にある軋轢をうまく融和しようとしてきた――とイラン生まれのアメリカ人政治学者であるアッバス・ミラニは説明している(2011)。なかには、シーア派は単なる「へたに化けた」イラン的ナショナリズムであり、ゾロアスター教的な(そしてマニ教的な)「救世主《メサイア》(マフディー)」や千年王国説」といった考えを再生させようとしている、とさえ主張する者までいる。一九七九年の革命以降、イラン・イスラム共和国はイスラム以前の休日や他の記憶を抹消することを望んだ。新しく国民に認められた権力者《アーヤトッラー》(ホメイニ)はシャーのペルセポリス大宴会を断罪し「悪魔の祭り」と呼んだ。ある判事はペルセポリスの遺跡を破壊しようとさえしたが、住民が怒り、彼らに阻止された。

そのような歴史的粛清から一転、前大統領のマフムード・アフマディーネジャード(在職二〇〇五〜一三年)と彼の側近であるエスファンディヤール・マシャーイーは「イラン的イスラム」の必要性を求め始めた。「イラン的イスラム」とは、イスラム以前のイラン的崇高さを保護する一方、現代イスラムとの間のいかなる矛盾をも否定する思想である。国民は長い間伝統的なペルシアの祝祭を手放すことを拒んでおり、自分たちの言葉にアラビア語やアラビア的な名前を付け加えるのをためらっていたため、大統領は国民感情を「利用した」だけだったのだ、とミラニは論じる。また、あるイランの学者が「イラン人が神託を聞くやいなや進んでイスラム教を受容したという、政府による公的な歴史に反論するための、イスラムを受容する以前のイラン人による激しい戦争の起きた二世紀についての年代記」という研究を発表した、とミラニは付け加えている。

かの追放されたシャーのお高くとまった姿勢をそのまま想起させるように、大統領のアフマディーネジャードは近年、ゾロアスター神話にルーツを持ち、春分に行われるペルシア正月のノウルーズを祝うため、ペルセポリスに二〇ヶ国の首脳を招待することまでした。しかし、聖職者層からの脅迫にあい、大統領は妥協案として伝統的なペルシアの祝祭を継続させることにした――ペルセポリスで祭りを行うのではなく、テヘランでだが。

アフマディーネジャードのペルセポリス大博打は世界中の報道機関・関係者から注目されなかったかもしれないが、ロンドンの大英博物館が所蔵する古代ペルシアの古代美術品であるキュロス・シリンダーが、アフマディーネジャードによって手配されイランへと海を渡ったことは、注目された。

モスル（現在ではイラク領）生まれのアッシリア考古学者であるホルムズド・ラッサーム（一八二六－一九一〇）によってバビロン（バグダッド近郊）の遺跡から見つかったキュロス・シリンダーには、五三九年にバビロニア帝国をキュロス大王のペルシア帝国が征服した後のキュロス大王の言葉が記録されている。ラッサームがイギリス市民権を獲得したこと、探検がイギリスの支援によって行われたことで、この人工遺物はイギリスの財産となった。くさび形文字で書かれているため、支配者の広大な殿堂においてもキュロスが正当な王であったことが確実視されている。また、キュロス・シリンダーは歴史上初めて人権を宣言した資料であると考える研究者もいる。[*4] それが是か非かは議論されているものの、この主張によりこの人工遺物が有名な地位を授かったのは間違いない。この円筒《シリンダー》を二〇一〇年にアフマディーネジャード下のイランに貸与したことの成功は「文化外交の勝利」として称賛された。

　彼のキュロス的な時期《サイラス・モーメント》はさておいて、アフマディーネジャードの「分身」が非イスラム的で「扇動的な」――なかにはそう表現する者もいるだろうが――行動を始めたのは、権威主義的なこの元大統領はその寛大さで知られていたわけでは断じてないからだ、とミラニは当然のごとく皮肉を述べている。要するに、アフマディーネジャードと他の指導者たちは、イスラム以前とイスラム以降の記憶をイラン的ナショナリズム――控えめなナショナリズムであるにもかかわらず――の型に混合することがかれらにとって都合がいいということに気づいているというわけだ。

　かれらと意見を異にする亡命作家として、アフマディーネジャードの体制が成立する以前から執筆活動をした（このことはどの視点から見ても彼女にとって好都合ではなかっただろうが）サトラピは、イランのゾロアスター的かつイスラム的な遺産を、彼女の少女時代の記憶の中では曖昧であった事柄として提出することで、統合された世界観に挑戦する。だがその記憶の中の曖昧さに折り合いがつけられることはないだろう。実を言えば、彼女の本と映画は「神」を表象しているということで厳格な検閲の対象になっていた。しかし、自身の少女時代の記憶を通じて見られる「神」の描写が、一般的な神を指しているのか、またはゾロアスター教の神であるアフラマズダを指しているのか、それともイスラム教の神または預言者（を表象することは禁忌とされているが）なのかは不明瞭である。サトラピの描いた最初の神のイメージは、六歳の頃のマルジを回想している九歳のマルジの場面に登場

＊4　古代ペルシアの専門家であるアメリー・クールトは、キュロス・シリンダーはキュロスの帝国の偉大さを明らかにするものではあるが、必ずしもキュロスの慈悲深さを明らかにするものではない、と論じている（2007: 173-176）。

する。当時の彼女は世俗的で「アヴァンギャルド」な家族に生まれたにもかかわらず「とても宗教的な」少女だった。六歳のマルジは「神」が彼女を預言者になる者として選んだのだと空想にふける。そしてゾロアスターから始まる「先行者たち」をマルジは思い起こし、三つの基本的な掟――「正しく振る舞え、正しく話せ、正しく行動せよ」――を述べるゾロアスターを空想する。マルジは炎の儀式やイランの正月であるノウルーズといったゾロアスター的な休日への憧れを表明する。シャーが歴代の王の殿堂に自ら入っていく姿をそのままそっくり真似するように、マルジは自分のことを「天の光」として敬ってくれる、おそらくは彼女の中でごたまぜになった預言者たちの列に連なっていく。

幼き日の、自分の想像の中での「預言者」としてのマルジの書く「本」には、彼女が自分の家族（女中を雇っており、車はキャデラックだった）のなかに見る階級の不平等さを排除する権限が宣言されており、マルジが「神」と「マルクス」を混合していることを反映している。神もマルクスも顔と顔を突き合わせてみると、どこにでもいそうで、髭を生やした老人のようで、むしろ決闘しているサンタのようにも見える。「マルクスと神さまがお互い似ているというのはおもしろいわ。マルクスの髪のほうがちょっとだけ巻毛だけどね」(2003: 13)。マルジは「神」に対して討論を展開する。つまり、デモに参加する権利がマルジにあってしかるべきなのは、彼女が次なるチェ・ゲバラやフィデル・カストロになるからだ、という討論を。そのとき、一人の退屈した「神」は部屋から出ていく。すべての見せかけの宗教理論そして哲学理論に対する懐疑は『ペルセポリス完全版』を通じ頻繁に登場する。サトラピのヨーロッパ時代に、哲学と子どもの遊びをごっちゃにする――このことにサトラピはいたく失望するが――一〇代のレイヴパーティー好きと一緒にサトラピが外を歩いている場面に関しても同様のことが言える。

3　まがい物としてのペルセポリス

現代イランにおけるペルセポリスの第三の再構築は文字通りにいうとこうだ――リゾート・ホテル内にできた古代都市のレプリカ。二〇〇三年キーシュ島に国外在住のイラン人大富豪であるフセイン・サベトによって建てられたダーリューシュ・グランドホテルは、リゾート開発のために割り当てられた資金を含む政府からの経済的援助を受けて建てられている。ド派手で、一見イランらしからぬこの高級ホテルは、おそらくイラン内陸ではない離島にあるがゆえに経営が可能なのだろう。

復興運動をモチーフにした新たなまがいものであることを示す証拠には、イランを宣伝する製品のなかに見られるペルセポリスのイメージ、そしてイスラム以前のシンボルが挙げられる。イスラム以前のペルシア時代の名前（ダレイオスやキュロスなど）を子どもにつける風潮も急速に人気を得ている。

『ペルセポリス』の最終部分で、若き美大生としてのサトラピは、同じくイラン人の美大生である「最初の」夫とともに、失敗に終わりそうになっている自分たちの結婚を守るべく、イランの古代神話の英雄たち――つまりは、自分たちの国にイスラムを持ち込んだアラブ侵攻以前の英雄たち――をベースにしたテーマパークを建設する計画をもちかける。「私たちはテヘランにディズニーランドと同等のものを造りたかった。このテーマパークについての一部始終を私たちは考えた」と彼女は語る。サトラピのコミカルなテキストには、観覧車やホテル、ペルシアの「非道徳的な」戦士たち、そしてペルセポリスの都市を想起させる円柱の間に建てつけられた騎馬の女戦士であるゴルドアーファリードについて述べられている。だが、またしても作者であるサトラピは『ペルセポリス』の語に言及することはない。七ヶ月にわたる調査と製図の後にサトラピは自身の図版を副市長に提出するが、彼女の若き日を体現するマルジャンと副市長の会話は古代ペルシアのシンボルとイスラムとが相容れないことを示している。

副市長　あなたの描くキャラクターの半分はヴェールを着けていない女性であり、彼女たちはあらゆる現実世界の動物や神話世界の動物の背に乗っている。体系や髪の毛も描かれている！

マルジャン　そこは埋め合わせます！

副市長　チャドルを着たゴルドアーファリードはもはやゴルドアーファリードではないということは、私が知っているのと同様にあなたもご存じのはずだ！　はっきりと言っておきましょう。政府にとっては神話なんぞどうでもよい。必要なのは宗教的なシンボルなのです。あなたのプロジェクトは確かに面白い。しかし実現不可能だ！

市庁でのマルジャンの失望が、避けることのできない彼女の離婚とパリへの結局の亡命の予兆となっている。この果たせなかったテーマパークはまた、「序」において言及されることのなかった「ペルセポリス」にとって対照的な役割を果たす。冒頭の文は過去の栄光を模倣すること、一九七九年以降のイランにしか興味のない世界中の報道機関・関係者によって考えられるような「歴史の欠如」を埋め合わせるため、失われたアイデンティティーを求めること――について疑問を投げかけている。サトラピのグラフィック・ノベルの幕引きの役割を果たすまがいものとしてのペルセポリスは、残念ながらこの希望を反故にしてしまう。イランの栄光を想起させるものとしての「ペルセポリス」はある種の永久不変さのメタ・シンボルではなく、不安定さの前兆に、最終的にはなってしまう。

身体、ジェンダー、国家

サトラピの描写のいくつかには、ジェンダー、国家、そしてアイデンティティーと関連した身体のメタファーに負うものがある。近年の作品である『チキンのプラム煮』では、彼女の母方の大おじであるナセル・アリ・カーンの物語を通じ、国家、身体、頑迷さについての痛々しい寓話を物語っている。美しい女性「イラーヌ」への果たされなかった恋によって彼の人生は急転落し、うつ病と自殺へと追い込まれる。この寓話は、ペルシアのリュートである「タール」の演奏者として名を馳せていた大おじの不可思議な死をベースにした物語であり、サトラピは詳細な架空の情報を語る。物語が始まると、我々はナセル・アリの妻であるナヒードが彼のタールを壊し、取り返しのつかないことになるのを目の当たりにする。そして数年ぶりにナセル・アリは道端でイラーヌに偶然再会するが、イラーヌはもはや彼に気づかない。ナセル・アリは一週間後に彼が死を迎えるまで、部屋に閉じこもり、誰にも会わないことを決心する。彼のお気に入りの料理であるチキンのプラム煮さえも、彼に生きる気力を取り戻させない。ナセル・アリが両親から愛されていなかったことがフラッシュバックによって分かる。ナセル・アリの息子がアメリカに移住し、肥満体となり非行少年を子に持つであろうこと、最愛の娘が自堕落な生活からの心臓発作によって死ぬであろうことがフラッシュフォワードによって分かる。彼が死ぬまさにその瞬間に彼の妻であるナヒードだけが幼年時代からナセル・アリを心から愛していた唯一の人であったことが明らかにされる。そしてこのリュートを壊した「敵対者」が共感の光、英雄的な光を浴びることになる。ナセル・アリの最後の回想は彼に気づかなかったイラーヌについてのものであるが、読者はもちろんイラーヌが彼に気づいていたことを知る。一つの過激な視点（ポーラー・エクストリーム）から別の視点へと移行する、国家と愛についての不安定さの隠喩――「イラン」が「イラーヌ」であるように――を『チキンのプラム煮』は簡潔に引き出しており、このことは『ペルセポリス』における長い語りにも表出している。政権が変わる後の語りのパラドックスをサトラピは表明する。革命前はシャーを敬愛せよと生徒に要求していた教師たちが、今では教科書に載ったシャーの写真を破け、と指導する。そしてシャーを支援していた民衆が、自分たちは最初から今に至るまでシャーに反発していたのだ、と言明する。

『ペルセポリス』でのラヴ・ストーリーにおいて、少女マルジはおじのロシアでの家族写真を見て尋ねる――「どうしてこの女の人には頭がないの?」。アヌーシュは離婚した妻の頭に自分でわざとつけたかすり傷に気付きため息をつく。一〇代のマルジャンはウィーンにおいて同じような変化を経験する。彼女の愛らしく、知的なボーイフレンドのマーカスが突然にきび面した馬鹿者のように見えるようになったのは、マーカスが彼女を裏切ったのを彼女が目の当たりにした後のことである。イランに帰国した後、サトラピはレザと結婚する。サトラピたちはイスラム共和国としてのイランが成立して間もない年月のなか、二人で自由な私生活を満喫する唯一のメソッドに従う。一年後、結婚前に彼女たちが分かち合ってきた愛情は消えてしまう。ロマンティックで愛国的な献身が過ちを犯しやすいというこのような発見は、自我と所属の構築物に内在した偶然性、逸脱、分裂、重層に関して系譜学者たちが共感するだろう。

『刺繍』では、刺繍と「再刺繍」が文字通り女性の身体――より正確に言えば生殖器――において行われる。おそらくは二〇代のマルジャンが、彼女の母親や母方の祖母、おば、そして他の女友達と一緒にお茶をする。その間途切れることがなくセックスについてのゴシップが次から次へと語られる。外科手術的な「刺繍」によって、女性は自身の処女性を「取り戻す」ことができるのだろうか？　答えを知るには下品な話を物語るマルジャンたち女性に尋ねればよい。『刺繍』によって、サトラピは母方の祖母を少々異なったタッチで再縫合する機会を得た。祖母が率直で、賢く、しかし下品な性格なのは、お茶にアヘンの残りかすを少量加えて飲むことが習慣となっているからだとサトラピは説明している。しかし『ペルセポリス』の不屈さの権化というべきサトラピの祖母はまた、彼女には似合わない観察の対象となる。物語の冒頭部分と最終部分で祖母は夫に、上品で従順に、慎み深く接する――読者も知ることになるように、祖母は三回も結婚していたのだが（興味深いことに、『ペルセポリス』でマルジャンの母方の祖父は、大人たちがマルジに語る物語のなかでのみ登場する）。

祖母を描く上品なアイロニーの効いたタッチにもかかわらず、『刺繍』は、『ペルセポリス』以上に、一九九〇年代から二〇〇〇年代にかけてグローバル・メディアが普及させたイメージとは全く異なる、快活で家庭的なムスリム女性の考えを鮮やかに描き出している。もし深刻なグラフィック・ナラティヴがグローバルな公共圏に向けて語られるものなのであれば――実際語られるものである、と私は論じているが (2012) ――サトラピの作品は他の漫画や他のグラフィック・ノベルと同列なものとして捉えられるのみならず、もっと広いメディアの文脈でも捉えられるべきである。タリバンとアル・カイダによる蜂起の間、アフガニスタンと中東地域における原理主義とテロリズムが、中東・イスラムに対して世界が抱くイメージをかつてないほど支配してしまった。タリバンもアル・カイダも互いに同一視され、他のイスラム組織とも同一視された。この種の一般化とステレオタイプ化は今日も続いているが、「女性を守るため」に他国を侵略するという間違った言説は、アメリカのイラクでの失敗以降、またはアフガニスタンでの――どれほどの失敗かは明らかでないが――失敗以降、今日に至るまで信用のおけないものとなっている。二〇一〇年の「アラブの春」とイランの「緑の革命」は世界に対して、イスラムの全く異なった側面を見せた。

『ペルセポリス』での最初の漫画のページには、イスラム共和国が成立した初期にあたる一九八〇年当時の、一〇歳の少女マルジとその同級生が描かれている。彼女たちはヴェールを初めて着けており、どうして着けなくてはいけないのかと感じ、また着けていていい気持ちがしないと感じている。休憩時間のあいだ、少女たちはヴェールを着けながら馬乗りごっこ、処刑ごっこ、モンスターごっこをして遊ぶ。テキストを通じ、このくだりと他のくだりはヴェールのことでやきもきしている登場人物を描き、ヴェールを義務的に着けなければいけない時代以前にもイランには別の歴史があったことを示す「序」の目的と符合している。メディアの作り出す支配的なイメージへ対抗する物語として読まずに、ヴェールに反対し西欧を支持する物語として『ペルセポリス』を読む読者もいる。

フランスは二〇〇四年、パブリック・スクールで「ヴェールやヒジャブのような宗教的シンボルを着けることを禁止する法律」を発布した。ヴェールが宗教的なシンボルとして捉えられたのだ。その当時、サトラピはしばしば意見を求められた。あるインタビューでサトラピは、フランスはまず、少女たちがヴェールを着けたいと欲する要因となる「アイデンティティの危機」に関してより意識的になるべきである、と言明した。「フランス人は目の上のたんこぶです。彼らはどんなときも声高に叫びストライキをする。しかしそれは少なくとも彼らが活気にあふれているということを意味しているのです……私が彼らを好きなのも、憎んでいるのも、同じ理由からです」(Macnab 2006)。別のインタビューでサトラピは、フランスの法律は、法律を破りたいという人々の欲求をただ刺激することしか貢献しない、と述べた。「これまでの人生において私はヴェールに反発していました。そして今では私はヴェールを守ろうとする者の一人です……このアイロニーの核心とはヴェールが抵抗の象徴となってしまったということです。もし仮にあなたが一四歳になって他人に何かをするなと言われたら、もちろんあなたはその何かをしたがるでしょう」。

この声明は『ペルセポリス』における彼女の生涯についての物語と符合する。『ペルセポリス』という物語のなかでサトラピはテヘランとウィーンにおける過剰なほどの権威主義に反抗してみせたのだ。ウィーンでの物語において、サトラピは自分がこれまで避けてきた事柄が、西欧社会のなかで映し出されていることを発見する。ウィーンの寄宿舎は、長く黒いヴェールとローブを着けた横柄な修道女によって経営されている。過激主義はネオナチのかたちを取ってオーストリアに戻ってきており、サトラピの友人たちはやっとのことで自分たちが理解できるスローガンをまくしたてる。同時に、サトラピはオーストリアの若者が化粧や性について過剰なほど意識的であることに驚く。イランに帰ってきたときには、サトラピは自分よりも「西欧的」に見える友人たちに「逆に」驚かれる。友人たちは化粧をこれ見よがしに見せびらかし、サトラピがウィーン滞在中にナイトクラブに行かなかったことに驚きを示す。大人になった「マルジャン」はイランでの仲間たちよりも多くの性的な体験をしてきた――しかしこの話題は仲間たちにとっては興味津々な話題であるにもかかわらず、彼女自身にとってはそうではない。

　このような語りにおいて、ジェンダーと国家への愛着の感覚が描かれるが、不明瞭にもされてしまう。このことはサトラピの愛読書であった漫画版の「弁証法的唯物論」をめぐる彼女の少女時代の物語と響き合う。『ペルセポリス』でのサトラピの記述によると、デカルトがマルクスとこのように議論する――「物質的な世界など存在しない。そのような世界など人間の想像力の反映にすぎない」。マルクスは自分が手にした石を見つめ、この石が想像上のものであるか否かを問う。「その通りだ」とデカルトは答える。するとマルクスはその石でデカルトの頭を殴る。二種類の系譜学――片方が完全を提供するものであるに反し、もう片方はあらゆる類の全体性に対して疑問を投げかけるものである――の矛盾の間を自由に行き来するサトラピは、弁証法をコミカルに語りなおすサトラピと共鳴し合う。

サトラピの米国周遊

　多言語的で公的な「知」として、サトラピの可動的弁証法には彼女自身も多くを負っている。この「知」のおかげでサトラピは、ジェンダー・アイデンティティに関する数限りない疑問に的確な答えを与えられるような、映像制作やグラフィック・ノベルの仕事に従事できているのである。

『ペルセポリス』を宣伝するためのある周遊旅行で、サトラピは彼女が抱えていたステレオタイプに直面することになった――アメリカ人についてのステレオタイプである。まず『ペルセポリス』に登場したアメリカ人に対するイメージを撤回しなくてはならなかった。イラン人に対する拷問[*5]をアメリカ政府が援助した事実を、そして一九五三年にイランの石油を国有化した首相モハメド・モサッデクに対してアメリカとイギリスが中心になってクーデターを起こしたというあまり知られていない事実を、『ペルセポリス』は批判している。テキストを通じ、他のキャラクターはアメリカの大衆文化について熱をあげて語っており、アメリカへ移住するとも発言している（一九七九年以降、実際に多くのイラン人がアメリカに移住した）。だがこのグラフィック・ナラティヴで、革命の後に起きた件の「人質危機」についてのコマを六コマに減らしているのが目につく。これらのコマのなかで、サトラピの両親は「人質危機」の話を、ついでだから言っておこう、という程度にしか話さない。父のエビは新聞を声高に読み、原理主義的な学生たちが米国大使館を占領し、大使館を「スパイの巣窟」と呼んだ、と伝える。当惑したマルジャンの母は台所仕事から目を離さず、ただこう答える——「私があまり気にすることでもないわ。ともかく、アメリカ人はマヌケだわね」(Satrapi 2004: 72)。このように『ペルセポリス』は世界を震撼させたこの歴史的時期を再編成する。しかしこの歴史的時期は、シャーの統治下を生き抜き、革命の大変動下を生き抜き、イスラム共和国の直後を生き抜き、そして血なまぐさく八年にも及ぶイラン・イラク戦争を生き抜こうとしたイラン人たちの毎日の人生と比べれば、何てことはないのである。

九・一一以降の余波によって、再びサトラピはアメリカ人の世界観のなかにイランを置く立場になった。皮肉なことに、彼女は自分が棄てた国を擁護する立場になったわけだが。二〇〇五年にサトラピが米国周遊をした時分には、同時に九・一一以降のイスラム恐怖症が米国で起こり始め、サトラピはニューヨークタイムズ紙に手書きの文章とイラストで論評を掲載した。この論評には、イランは「鳥」にも似た女性が住んでいて「悪の枢軸国」ではないと擁護するために、どのような経緯で渡米したかということが書かれている。サトラピはまた、彼女の居住国であるフランスを擁護してこの論評を終えている。当時、ある保守的な専門家たちは、フランスは米国の「有志連合」を支持していない——と憤っていた。「フレンチ・フライ」を「自由《フリーダム》のフライ」に改名しようと提案し、この改名を米国国会に許可してもらおうとしている者さえいたのは、当然のことである。サトラピの論評によると、彼女はサングラスをした年配の女性に、なぜフランス人はアメリカ人を憎むのかを説明してほしい、と請われたことがあるとのことである。サトラピは、フランス人はアメリカ人を実際には憎んでおらず、ただブッシュのイラクに対する政策を支援していないだけである、と明確に説明している。サトラピはまた「フレンチ・フライ」の起源は実際にはベルギーである、とも説明しなければならなかった。だがフランスへ帰国した際、サトラピはフランス人からアメリカ人を擁護することとなった。そのフランス人は冗談めかしてサトラピが「自由《フリーダム》のフライ」を食べたことがあるかと尋ねた(実際サトラピは食べたことがある)。「アメリカ人を擁護するのはいつもの私らしくないかもしれませんが」とサトラピは返答する。「これはほとんど義務のようなものでもあります。私の知っている限りの、ブッシュに投票しなかったすべてのアメリカ人のために、人権を信じるすべてのアメリカ人のために〔…〕戦争の暴力よりも文化や対話を選ぶすべてのアメリカ人のために、私はこうするのです」(Satrapi 2005b)。

半年後の別の米国周遊で、サトラピはニューヨークタイムズ紙の一面に大規模な特集漫画を掲載した。そこにはウェスト・ポイント（士官学校）で講演会を行う前と後の彼女の心情が綴られている (Satrapi 2005a)。行う「前」の漫画では、サトラピは士官学校の生徒は声高で、背丈が大きく、横柄で威圧的であると想像している。背丈が小さく、縮こまったサトラピは、ただ彼らへの講演の結論部分を声に出して練習する――「人々を爆撃することで、彼らに民主主義をプレゼントすることはできません」。行った「後」の漫画では、ウェスト・ポイントの少佐も士官学校の生徒も好意的で協力的なキャラクターになっている。感銘を受け、サトラピは自身の中でこう認める――「彼らは〔…〕私よりもはるかに広い心を持っています」。

しかしマンハッタン・ホテルの部屋へ戻り、彼女の記事の載った新聞とイラクで死傷者が増えたという見出しを読むと、サトラピは自分にこう言い聞かせる――「私が知っている物事がまだ存在しているということを私は知っている。[*6] 私は戦争反対者であり、人々を爆撃することで彼らに民主主義をプレゼントすることはできない」（基本的にはウェスト・ポイントについての最初の特集に書いた内容を、サトラピは声に出して繰り返している。半年前の「自由《フリーダム》のフライ」をめぐる内容も付け加えて繰り返している）。滑稽なことに、ウェスト・ポイントについての記事に登場した食堂でのピザは「前」の記事でも「後」の記事でも、変わることなくまずい――とされている。

最も引用価値のあるサトラピのライトモチーフは、彼女が民衆のイメージを政府のイメージから分離しようとする作業である。例を挙げると、サトラピはジョージ・W・ブッシュ下のアメリカ（二〇〇一－二〇〇九）に言及し、アメリカ人作家のミシェル・ゴールドバーグによるインタヴューのなかでこう述べている (Goldberg 2005)。

＊5　二〇一三年の春、シカゴのパブリック・スクールは『ペルセポリス』の出版を禁止しようとし、スクールの代表者バード・ベネットはこのグラフィック・ノベルが生々しすぎる、拷問や戦争、性についてのイメージを含んでいる――と非難した。イランに拷問の方法を取り入れさせたアメリカをこのグラフィック・ノベルが非難しているとは説明しなかった。サトラピはこの布告に対して、シカゴの教育制度それ自体が保守的な漫画だと言明して、漫画に対する過去のものとなった先入観を覆した。「彼らは一二歳の子どもたちを誰だと思っているのでしょう？あの子たちは赤ん坊ではないのです。子どもたちの頭は悪くありません」とサトラピは不平をあらわにした。「人生はすべてが『美しい花……やミッキー・マウス、ドナルド・ダック』ではありません」(2013)。

＊6　これはラムズフェルドの有名な発言「知っていることを知っている」などに対する皮肉的な同意の表明だと思われる。

> ジョージ・ブッシュもイランの宗教指導者たちも、使っている言葉は同じです！　イランの宗教指導者は、私たちイラン人の側に神がいると言い、ブッシュも彼の側に神がいると言います。両方とも世界の悪を根絶するのだとでもいうように自分たちの中で確信を持っています。〔…〕世界は東と西に分断されているのではありません。あなたはアメリカ人で、私はイラン人で、お互いのことは知りませんが、一緒に会話をし、完璧にお互いを理解している。あなたとあなたの政府の隔たりは、あなたと私の隔たりよりも大きいのです。そして私と私の政府の隔たりは、私とあなたの隔たりよりも大きい。私たち二人の政府は同じものなのです。

結論

「歴史の問題」あるいは人間によって捏造された伝統の側面を取り巻く不明瞭さを理解すべきであると主張する国際関係論の研究者たちが推進してきた作業のかたわらで、私はサトラピの漫画作品を「系譜伝《ジェネグラフィー》」として検証してきた。作品の中でサトラピは家族、伝統、世界観そして国家の歴史についての疑問を描く。しかし超越性や支配、究極性のテーマにそれらの研究をつなぎとめることはない。どのようなものも変化し得る。サトラピの『ペルセポリス』は私たちが皆戻ることの可能な古代の指標についての物語ではなく、世代や文化を超えて書き直されるべきアイデンティティの不安定さについての物語なのである。

家族の伝統に負っているとはいえ、サトラピの「系譜伝《ジェネグラフィー》」は、押しつけがましい無秩序の発見と、自我と国家の揮発性を提供する。彼女の漫画を読めば様々な背景を持つ読者は登場人物たちに自分たちをなぞらえることができ、閉ざされた繋がりという幻想は粉砕されるであろう。そういう意味では彼女の作品は、「女性」や「男性」、「東洋」や「西洋」、「家族」、「国家」といった細密なカテゴリーがいかにして歴史的に作られてきたか――を求める探究としてのフーコー的／ニーチェ的な系譜学と一致する。そのような系譜学は、確固なはずのアイデンティティ概念を不安定にし、転覆させ、反対の意味や型にはまらない疑問を作り上げる。

最後になるが、しかしサトラピのグラフィック・ナラティヴは無限の偶発性や「空しい総合」、「再刺繍」と「延期」としてだけの系譜学の考えに挑戦している。歴史的終末を彼女が否定する一方で、家族やジェンダー、祖国についての彼女自身の経験を抱きしめることで、サトラピは自身についての語りに意味を付け加え、明確なものとするのだ。サトラピはより確固とした主題――おそらくはより保守的な系譜学――を求める瞬間のなかに自分がいることに気づく――決して自分が誰かを忘れるな、決して自分がどこから来たのかを忘れるなという、祖母の教えに導かれて。彼女の作品はある種の革新、基盤を置くこと、そして場所——不明瞭なものに反対する正当な自我の位置——への欲求を暗示している。しかしそれは妥協することのない政府によって権限を与えられた位置では断じてないであろう。

参考文献

Berninger, Mark, Ecke, Jochen and Haberkorn, Gideon (2010) 'Introduction'. In Mark Berninger, Jochen Ecke and Gideon Haberkorn (eds) *Comics as a Nexus of Cultures: Comics as a Nexus of Cultures: Essays on the Interplay of Media, Disciplines and International Perspectives*, Jefferson, N.C.: McFarland: 1-6.

Black, Ian and Dehghan, Saeed Kamali. (2010) 'Iran lays claim to British Museum's Cyrus Cylinder', The Guardian (online), 15 Sept., http://www.guardian.co.uk/world/2010/sep/15/iran-cyrus-cylinderbritish-museum (Accessed 30 Sept. 2014)

Chute, Hillary (2008, Spring-Summer) 'The Texture of Retracing in Marjane Satrapi's "Persepolis"', *Women's Studies Quarterly* 36 (½): 92-110.

Ferguson, Kathy (1993) *The Man Question: Visions of Subjectivity in Feminist Theory*, Berkeley: University of California Press.

Foucault, Michel (1993) About the Beginning of the Hermeneutics of the Self. (Transcription of two lectures at Dartmouth University, USA, on 17 and 24 Nov. 1980, by Mark Blasius and Thomas Keenan) *Political Theory* 21 (2) (May): 198-227.

——— (1984a) Nietzche, Genealogy, History. In Paul Rabinow (ed.) *The Foucault Reader*, New York: Pantheon (original 1971): 76-100.

——— (1984b) What is Enlightenment? In Paul Rabinow (ed.) *The Foucault Reader*, New York: Pantheon: 32-50.

Goldberg, Michelle (2005) 'Sexual Revolutionaries'. *Salon* (online), 25 April, http://www.salon.com/2005/04/24/satrapi_2/ (Accessed 30 Sept. 2014)

'Interview with Marjane Satrapi' (2010) About Persepolis. Sony Pictures (publicity).

'Iran: The Show of Shows' (1971) *Time* 98(17), 25 Oct.: 32.

Jeffrey, Renée (2005) 'Tradition as Invention: The "Traditions Tradition" and the History of Ideas in International Relations'. *Millennium Journal of International Studies* 34 (1): 57-84.

Jones, Vanessa E. (2004) 'A life in graphic detail'. *Boston Globe* (online) 4 Oct., http://www.boston.com/ae/books/articles/2004/10/04/a_life_in_graphic_detail?pg=full (Accessed 1 Sept. 2014)

Kuhrt, Amélie (2007) 'Cyrus the Great of Persia: Images and Realities'. In Marlies Heinz and Marian H. Feldman (eds.) *Representations of Political Power: Case Histories from Times of Change and Dissolving Order in the Ancient Near East*, Winona Lake: Eisenbrauns: 169-191.

Macnab, Geoffrey (2006) 'Marjane Satrapi: Of Madness and Mullahs'. *The Independent* (online), 17 July, http://www.independent.co.uk/news/people/profiles/marjane-satrapi-of-madness-and-mullahs-409478.html (Accessed 1 Sept. 2014).

Milani, Abbas (2012) *The Shah*, New York: Palgrave.

——— (2011) 'Is Ahmadinejad Islamic Enough for Iran?' *Foreign Policy* (online), 29 April, http://www.foreignpolicy.com/articles/2011/04/29/is_ahmadinejad_islamic_enough_for_iran (Accessed 30 Sept. 2014).

Naghibi, Nima (2001) 'A Story Told in Flashback'. In Michael A. Chaney (ed.), *Graphic Subjects: Critical Essays on Autobiography and Graphic Novels*. Madison: University of Wisconsin Press: 164-177.

Saito, Stephen (2012) 'Interview: Marjane Satrapi on Putting Spice into "Chicken With Plums" and What's Cooking With "The Eleventh Laureate"'. *The Moveable Fest* (online), August, http://moveablefest.com/moveable_fest/2012/08/chicken-with-plums-marjane-satrapi-interview-1-1.html (Accessed 1 Oct. 2014).

Satrapi, Marjane (2009) *Chicken With Plums*, New York: Pantheon.

——— (2007) *The Complete Persepolis*, New York: Pantheon.

——— (2006) *Embroideries*, New York: Pantheon.（＝（2006）山岸智子監訳、大野朗子訳『刺繍 イラン女性が語る恋愛と結婚』明石書店）

——— (2005a) Op-art. *New York Times* (online), 29 May http://global.nytimes.com (Accessed 1 Oct. 2014).

——— (2005b) Defending My Country. *New York Times*, (online), 28 Nov., http://global.nytimes.com (Accessed 1 Oct. 2014).

——— (2004) *Persepolis 2: The Story of a Return*, New York: Pantheon.（＝（2005）園田恵子訳『ペルセポリスII マルジ、故郷に帰る』バジリコ）

——— (2003) *Persepolis: The Story of a Childhood*, New York: Pantheon.（＝（2005）園田恵子訳『ペルセポリスI イランの少女マルジ』バジリコ）

Shapiro, Michael J. (2001) *For Moral Ambiguity: National Culture and the Politics of the Family*, Minneapolis: University of Minnesota.

Smith, Sidonie (2011) Human Rights and Comics: Autobiographical Avatars, Crisis Witnessing, and Transnational Rescue Networks. In Michael A. Chaney (ed.), *Graphic Subjects: Critical Essays on Autobiography and Graphic Novels*, Madison: University of Wisconsin Press: 61-72.

Spiegelman, Art (2011) *Metamaus: A Look Into the Modern Classic, Maus*, New York: Pantheon Books.

——— (2004) *In the Shadow of No Towers*, London: Viking.

——— (1991) *Maus II: A Survivor's Tale: And Here My Troubles Began*, New York: Pantheon Books.

——— (1986) *Maus: A Survivor's Tale: My Father Bleeds History*, New York: Pantheon Books.

Thorsten, Marie (2012) 'Graphic "Heart of Darkness": Two Visions of Current Affairs Comics', *International Political Sociology* 6(3). Sept.: 221-240.

Tully, Annie. (2004) 'An Interview with Marjane Satrapi'. *Bookslut* (online), Oct., http://www.bookslut.com/features/2004_10_003261.php (Accessed 1 Oct. 2014).

Vaughan-Williams, Nick (2005) 'International Relations and the "Problem of History"', *Millennium Journal of International Studies* 34(1): 115-136.

Wetli Patty (2013) 'Lane Tech Students Protest CPS Stance on "Persepolis"', DNAinfo.com (online), 15 March, http://www.dnainfo.com/chicago/20130315/roscoe-village/lane-tech-students-protest-cps-stance-on-persepolis (Accessed 1 Sept. 2014).

I am grateful to feedback from Julie Webber, Julia Leyda, Kimiyo Ogawa, Joshua Dale, CJ Suzuki and students from Doshisha University and Illinois State University, among others.

特集〈戦争〉

戦争を知らない詩人の戦争のうた
——ディラン・トマスとラジオ

川島健

経験の詩

ロンドンのウェストミンスター寺院にあるポエッツ・コーナー（Poet's Corner）には第一次世界大戦の経験を詩にした詩人たちの名が刻まれた碑があり、ルパート・ブルック、リチャード・オールディントン、ウィルフレッド・オーエンなど一六名の詩人の名を読むことができる。これらの詩人に共通するのは従軍経験、生々しい戦場体験を詩に昇華していることがひとつ。もうひとつがルパート・ブルックの「兵士」（一九一四）に代表されるような愛国主義であった。これら経験と愛国を前景化した戦争詩の影響は大きく、以後の戦争詩の雛形となってしまう。その弊害は新たな戦争詩のパラダイムの創出を阻害したという点にある。実際に、多くの戦争詩を残した第一次世界大戦に対して、第二次世界大戦の戦争詩はあまりにも乏しい。ポエッツ・コーナーにも名前が刻まれているロバート・グレーブスやスティーブン・スペンダーはBBCの広報誌『リスナー』において、その乏しさを問題にしている。彼らは詩人の使命が変わったのだと自らを納得させるような結論を出すが、問題は別のところにあるようだ。[*1]『オックスフォード現代詩集』（一九三六）を編集したW・

＊1　Stephen Spender, "War Poetry in this War", *Listener*, 666 (16 October 1941), 539–40. Robert Graves, "War Poetry in this War", *Listener*, 667 (23 October 1941), 566–67.

B・イェイツはその「イントロダクション」で戦争詩に対する嫌悪を露わにする。

これらの詩の作者たちはみな特別な勇敢さと能力を持った士官である。そのうちのひとりは危険な任務のために常に選抜されていたものであり、またみな戦功十字勲章を持っていたはずである。かれらの文学は生気にあふれ、ユーモアがある。そして楽しささえもないことはない、というのも技巧とは楽しむものだから。しかしその文学は、よく知られた言葉でいうならば、部下たちの苦しみを訴える義務を負っているように感じる。一時的に非常に有名であったこれらの詩は一人称で書かれ、その苦しみをわがものとしている。わたしがこれらの詩を〔当該詩集に入れることを〕拒否したのは、〔マシュー・〕アーノルドが『エトナ山上のエンペドクレス』を流布しないようにしたのと同じ理由からである。つまり受苦は詩のテーマではないからである。[*2]

戦場で戦ったもの、過酷な任務に服したものに一定の敬意を示しつつも、その評価が一時的なものであろうと皮肉交じりにいうイェイツは、戦地で間近にみた戦友の死を悼む詩を「受苦（passive suffering）」といい、詩のテーマでないと断じる。その多くが一人称で書かれていること、仲間の死を自分自身のものであるかのように描いていることを問題視しているのだ。

戦争詩を拒否するイェイツの視座はすでに多くの批判にさらされている。しかし戦地での特権的な経験のみを戦争詩の題材とする経験至上主義を批判しているならば、イェイツの視座はいまだに有効だ。「受苦」とは他者の苦しみをわがことのように語ることだ。イェイツは苦しみとその悲劇を語ることにおいて、死んだものに勝るものはないと考えているのかもしれないが、ここではとりあえず「受苦」を欺瞞とするその批判だけは確保しておこう。

イェイツはこのような戦争詩が「平和主義的で革命的」だと付け加える。それ自体は非難すべきことではないが、実践的なものでないことを、また公式のものでないことを難じている。

これら戦争詩の大半は平和主義的で革命的だ。誰かのせいにできたので、あるいは心のうちに救済策があったので、苦しみをみるのはたやすかったのだ。これら詩人の多くはコミュニストを自認している。しかし彼らの作品のうちに、一般的なコミュニズムの哲学の痕跡をわたしは見出すことはできないし、実践的なコミュニストはそれを拒否している。[*3]

戦争詩人の平和主義は心情的なものにすぎないというイェイツは、そのような心情が戦争とその真の被害者を利用しているにすぎないと批判している。[*4] イェイツの議論を引き継ぐならば、一九三〇年代半ばから第二次世界大戦期において問題視されたのは戦争詩ではなく、その題材を戦場にのみ求めるパラダイムといえよう。

そのような戦争詩は、戦争を知らない人たちにその悲惨さを伝えるという伝承機能を有していたことは疑うまでもないが、戦争を語る方法を狭めてしまったという恨みもある。戦場経験が戦争を語ることとの免許としてその市場を独占してしまったのだ。第一次世界大戦の戦争詩の問題とはそれが「経験の詩」に特化されてしまった点にある。

本論文の目的は二〇世紀イギリスの戦争文学に新しい光をあてることにある。特に注目するのはディラン・トマスだ。一九一四年にウェールズのスウォンジーに生まれたトマスは、エキセントリックな詩人のイメージを二〇世紀に再現した稀有な作家だ。狂言を繰り返し、金銭感覚の逸脱した放蕩者。強くもないのに泥酔するまで呑まないと気が済まない酔っぱらい。一九五三年、三九歳の若さで亡くなったのは、「ウィスキーのストレートを一八杯呑んだ。記録だ」[*5] という伝説的な言葉を残した後であった。

トマスは兵役を拒否し、また一九四〇年には兵役不適格とも診断された。[*6] 彼にとって戦場は遠い場所であった。そのような「経験不足」に導かれたトマスの戦争の描き方を探るまえに、興味深い文章をみてみたい。トマスがBBCで、代表的で伝説的な戦争詩人ウィルフレッド・オーエンの詩を紹介するために用意したテクストである。

> 学校、大学、教師という安全な背景におくならば、彼は生真面目で健康な、詩を愛する若者だ。憂鬱そうだが才気煥発、無私無欲、非難し、称揚し、限りなく優しく謙虚で、苦しみに満ちた観察者、「死すべき定めの若者のための賛歌」の、自分自身の賛歌のための声明者。そのふたつに違いはない。ただ世界が彼の前に現れただけである（Only the world has happened to him）。[*7]

＊2　W. B. Yeats, "Introduction" to *The Oxford Book of Modern Verse 1892-1935* (Oxford: Clarendon Press, 1936), xxxiv-xxxv.

＊3　Ibid., xxxvii.

＊4　この議論に関しては、圓月勝博「戦争を知らないモダニストたち――戦争詩の定義に関するエリオットの覚書――」、『T. S. Eliot Review』no. 24（2013）を参考にした。

＊5　Paul Ferris, *Dylan Thomas: The Biography* (Ceredigion: J. M. Dent, 1999), 356.

＊6　Ibid., 190-91.

学生あるいは教師として、文学を愛する、純粋で平凡な青年オーエンと、戦場で残酷な風景を目撃し、「死すべき定めの若者のための賛歌（Anthem for Doomed Youth）」で、その熾烈な体験を詩に昇華させるオーエン。かけ離れて見えるようなふたつの像だが、トマスはそこに不連続をみない。ただ決定的な経験があったことが彼を偉大な詩人のひとりにしたという。

トマスはオーエンを経験によって導かれた詩人と評価する。その才能を認め、その早すぎる死が与えるイギリス文学への損失を嘆きつつ、トマスはその特権的な経験こそオーエンの詩を世に出したことを強調する。もう一度繰り返すがトマス自身は狭義の戦争体験を持たないが、そのことに関する恨みや妬みなどはここには微塵も感じられない。

しかし戦争はその爪跡をトマスの詩作にしっかりと残している。「明け方の空襲で殺されたもののなかにいた百歳の男」（一九四一）、「空襲あとのセレモニー」（一九四四）、「ロンドンで焼死した子どもの死を悼むことの拒否」（一九四五）などは空爆によって甚大な被害を負うロンドンの様子を描く。老人や子供たちの死を題材にするこれらの詩は、しかし、被害の悲惨さや死体のむごたらしさをことさら強調したりはしない。むしろやや高みに立ちながら、人間たちの愚行の被害者を独自のやり方で悼んでいるようだ。例えば、「空襲あとのセレモニー」は次のようなスタンザで始まる。

わたし自身たち
嘆き悲しむものは
嘆き悲しむ
飽くなき死となるまで焼かれた街で
数時間は生きた子ども
その口はこねられて
黒焦げで、母が掘った墓の黒き胸に
炎を腕いっぱいに抱えて。[*8]

子供の死を赤裸々に描くのではなく、その現場を形而上的な場所に変えてしまうような比喩は、死者に満ちた街を即座にその墓地に変容させてしまう。それを悼む主体は「わたし自身たち（Myselves）」という造語で表現される。連帯しえぬ（ourselves になれない）個（myself）の集まりとでも訳すべきそれは、無残さの前に呆然とするロンドン市民の戸惑いを表しているのであろうか。

一方「ロンドンで焼死した子どもの死を悼むことの拒否」を締めくくるのは「はじめの死のあとには、もう死はない」[*9]という句だ。この結句は、タイトルが暗示する子供の死という具体的な死によって、すべての死を表象（象徴）させてしまう。これらに例示されるように、トマスの戦争詩は戦争の残酷さ、死の生々しさを余すことなく描ききるかわりに、現場から距離をとった超然とした感覚を特徴とする。戦争やその被害に直面することのない詩人は死者との関係も明確にせず、したがって「悼む」ことをも最終的に拒否する。これらの詩はただ「悲しむ」だけなのだ。

トマスのこれらの詩が戦争詩という枠組みで語られることが少ないのは、彼が目撃したこと、経験したことが比喩のガーゼを被せられて表現されているからであろう。戦争の悲惨さと残酷さを率直に語ることを避けているような曖昧さは、彼の生来のナイーブさに起因するのかもしれないし、従軍しなかったという負い目に起因しているのかもしれない。いずれにせよ、これらが「経験の詩」というカテゴリーには属さないこと、したがって戦争詩の支配的なパラダイムから零《こぼ》れ落ちてしまうものであったことは確実であろう。

ラジオとプロパガンダ

ディラン・トマスを戦争詩人として評価する際に彼とラジオの関係が重要になる。先にあげた詩ではなく、BBCでの経験がもたらした詩篇を題材にしつつ、戦争表象の新しいかたちを手探っていきたいのだ。ラジオは報道のあり方を変え、また人々の戦争に対する知覚を変えた。第二次世界大戦前後に「経験の詩」とは異なる表象のチャンネルが開かれたのだが、その先鞭をつけたのはラジオだったのだ。

まずはここでラジオ放送とBBCの歴史を簡単に振り返っておきたい。一九二〇年代に事業化されたときから、ラジオは単なる情報提供のメディアではなかった。聴取者との相互的なコミュニケーションの可能性を探りながら、新しい公共圏を確立しようとするものであった。マルティン・ハイデガーは『存在と時間』（一九二七）の中で、ラジオがもたらすだろう人間の生活環境の変化について洞察している。

> 現存在のなかには、近さへの本質的な傾向がひそんでいる。われわれが今日多少なりともいやおうなしに参加させられているあらゆる種類のスピードアップは、遠隔性の克服をめがけて進行している。たとえば「ラジオ」を例にとっても、現存在は今日それによって、日常的環境世界を拡大しつつ、そのことの現存在的な意味においてはまだ見極めがつかないような「世界」の開離（遠隔性の取り消し）を遂行しているのである。[*10]

＊7　Dylan Thomas, "Wilfred Owen", *On the Air with Dylan Thomas: The Broadcasts*, ed. Ralph Maud (New York: New Directions, 2008), 98.

＊8　Dylan Thomas, "Ceremony after A Fire Raid", *The Poems of Dylan Thomas* (New York: New Directions, 2003), 201.

＊9　Dylan Thomas, "A Refusal to Mourn the Death, by Fire, of A Child in London", op.cit., 221.

＊10　マルティン・ハイデガー『存在と時間』上巻、細谷貞雄訳（ちくま、一九九四）二三四頁。

ラジオは現存在に潜在する「近さへの本質的な傾向」を刺激する。産業革命以降、様々なテクノロジーの進歩は人間の活動領域を拡大してきた。ラジオはそのように拡大された世界を今一度縮めるメディアとして考えられる。ハイデガーがラジオの影響を空間的な概念で説明しているのは興味深い。電波が届くところならば時差なく情報が届けられる同時性。ひとつの声や音を同時に多くの人が聞くという一体性。そしてそれらによって作られる均質的な空間。ハイデガーが述べたのは、ラジオの普及によって編成される新たな空間であった。

一九二〇年代から三〇年代においてラジオが政治的に利用されたのは、それがもたらす空間再編成力のためである。国民ラジオは、ナチスドイツにおいて一般国民に対するプロパガンダの手段として大量生産され、低価格で販売された一連のラジオ受信機の総称だ。ラジオが持つ強大な宣伝力に着目していたヨーゼフ・ゲッベルスは、一九三三年にナチスが政権につくとただちに帝国放送協会を国営化し、その管轄を内務省から国民啓蒙宣伝省に移して一般国民向けのプロパガンダ放送を開始する。

これに関しては注目すべき点が二点ある。ひとつめは、国民ラジオの普及に先立って、無線使用がライセンス化され、アマチュア無線が実質的に廃止されたことだ。ふたつめは、すべての国民ラジオがローカル局だけしか受信できないように意図的に設計されていた点だ。ナチスのプロパガンダ放送は聴取できるが、例えばすでに一九三二年から放送を開始していたBBCエンパイア・サービスは受信できなかったのだ。つまり国民ラジオとは、空と電波を制するための装置であったのだ。

ラジオの政治利用は、領土争いを始める。それはナチスに限ったことではない。例えばBBCもまた領土争いに巻き込まれていく。いやむしろ国家による電波の排他的使用のモデルを作ったといっても過言ではない。そもそもBBCは無線機メーカーが受信機の販売を進めるために、政府と共同して設立したラジオ放送会社であった。政府がそのような独占を認めたのは、販売競争から業者を保護すると同時に、限られた周波数にアマチュア無線家や海賊放送が群がることを抑止するためだった。それは独占するからこそ政府にとって価値があったのだ。一九二七年には、いわゆる「リージョナル・スキーム」により、ダヴェントリに中波の送信機塔を建設し、それまで短波で放送をしていたローカル局を一括化する。それによって生まれたBBCナショナル・プログラムとリージョナル・プログラムの二元体制は第二次世界大戦勃発まで続く。のちに触れることになるBBCサード・プログラムが一九四六年に開局したとき、ロシアの放送局との周波数争いをしている。それは冷戦時代の幕開けを先取りしていると考えることも可能であるが、同時に植民地主義時代の列強の争いの再現ともみることができる。無数のナショナリズムによって国という単位で分割された地表の代わりに、空と周波数が新たな領土となるのだ。

　第一次世界大戦後のイギリスの不況は一九三〇年代初めで底を打ち、ゆっくりと回復の兆しをみせる。しかしすでに広大な植民地を維持するだけの経済的基盤を失っていることが明らかになる。またナチス・ドイツの勢力拡大により新たな地政学が必要になる。主に大英帝国の駐屯基地向けの放送のために一九三二年に作られたBBCエンパイア・サービスは、そのような必要に答えるものであった。失われた大英帝国の夢がそこにもう一度託されるのだ。その年のクリスマス、エンパイア・サービスはジョージ五世のメッセージを放送する。

> 現代科学の驚異によって、このクリスマスの日に、わたしは帝国全体に散らばる国民たちに語りかけることができます。帝国がより密接に結びついているこの時期に、無線［ラジオ］が現在のような完成度を獲得したことを吉兆とわたしは考えます。というのもそれによってもっともっと密接な結びつきを与える、大きな可能性が得られるからです。
>
> 　将来はわたしたちに大きな試練を課すかもしれません。歴史はわたしたちに動揺することなくそれに立ち向かうよう教えてくれるでしょう。当面、わたしたちみなに平等に課せられているのは、わたしたちの境界のうちで、理性的な穏やかさを得ること、利己主義に陥ることなく繁栄を取り戻すこと、そして過去において希望を失い、打ち負かされたものたちとともに歩むことです。わたしは生涯、全力を尽くしてこれらの目的に尽くしてきました。みなさんの忠誠、わたしへの信頼が、わたしにとって余りある報酬でした。
>
> 　わたしはいまホームから、心の底からみなさんに語りかけています。雪や砂漠や海によって隔てられた男女に届くのは、この宙の声だけです。盲目や虚弱や病気によって十全な生活から隔てられている人。そしてこの日を子どもたち、孫たちを祝っている人たち。すべての人たち、ひとりひとりに、メリークリスマス、そして神のご加護を。*11

ジョージ五世は「雪や砂漠や海によって隔てられているひと」に、「宙を飛ぶ声のみが届く男女」に語りかける。傷ついた者たち、散り散りになった同胞たちはより緊密なユニオンに結びつけられる。「ホームから」語りかけるその声はイギリス再統合の夢を家族の再会という比喩に託す。

＊11　"George V's Christmas Message", British Library. http://www.bl.uk/onlinegallery/onlineex/voiceshist/georgev/

「境界」のうちにとどまりつつ、その内部の結束をたかめることではじめて繁栄を取り戻すことができるというジョージ五世が過去を振り返りつつ、イギリス帝国の罪を顧みている点を見過ごしてはならない。自らの過ちによって離散した家族に呼びかけ、反省する父親の口吻がここにはある。エンパイア・サービスは家族再会のためのメディアだ。新たな国のかたちを模索する手段としてそれは始まったのだ。

　その前年の一九三一年に制定されたウェストミンスター憲章によって、イギリス連邦は生まれた。それを意識してか家族再会の比喩は帝国主義的な過去を払拭する。イギリス連邦において、イギリスとその他の国の地位は平等ではあるが、実質的には同じ君主を仰ぎ見る人的同君連合のかたちをとっている。政治的な支配／被支配関係はなくなったが、君主は象徴として君臨している。エンパイア・サービスの放送開始年にジョージ五世にスピーチを依頼したのは、新たに布置された国際関係と局開設の意図が一致していたからにほかならない。

　エンパイア・サービスがあくまでロンドンから発信されるプログラムであったことを忘れてはならない。駐屯基地あるいはかつての植民地にむけて放送されてはいるが、それらが直接通信することはできない。ジョージ五世は家族再会の比喩を使うが、「父親」以外の媒介でつながることは許されない。送信者の声と受信者の耳が垂直につながる構造において受信者同士の横のつながりはない。

　ラジオが結果として一方的なコミュニケーションのシステムであったことがそのプロパガンダ利用につながったのだが、このことに対する危機感は早くから感知されていた。例えば、ベルトルト・ブレヒトは早くから警告をしていた。「コミュニケーション装置としてのラジオ」（一九三二）は次のような彼の意見を記している。

> ところでラジオの生きる目的についてだが、ぼくの考えでは、それは公的生活のたんなる美化といった点などにはありえない。ラジオがそのための適性をほとんど実証しえなかっただけでなく、ぼくらの公的生活もまた残念ながら美化されるための適性といったものをほとんど持ちあわせていない。〔…〕ここでは機転が必要だ。家庭をふたたびくつろいだものにし、家庭生活をもういちどとりもどす方法としても、ぼくの判断では、ラジオは不十分である。〔…〕
>
> 　ここで積極性をひきだすために、すなわちラジオの積極的な要素をさぐりあてるために、ラジオの機能転換に関する提案をしたい。ラジオはひとつの分配装置からひとつのコミュニケーション装置に転化することができる。ラジオは公的生活の、考えうるかぎりにおいてもっとも大規模なコミュニケーション装置、巨大なチャンネルに

なろう。つまり、もしもラジオが送信するだけでなく、受信することもでき、聴取者に聞かせるだけでなく、語らせることもでき、かれを孤立させるのではなく、参加させることができるとしたら、だ。[*12]

ブレヒトはラジオをオピニオン分配装置からコミュニケーション装置へと転換することを提言する。送信者から一方的に情報が配分されるのではなく、時には受信者と送信者との関係を反転させ、相互コミュニケーションの可能性を探ることが重要だという。それはプロパガンダなどの政治利用からラジオを解放し、市民同士による公共圏の成立へと役立てようという意図を持っている。

放送が事業化、ライセンス化されて以降、ラジオはこのような課題に断続的に取り組んできた。聴取者の意見を紹介するための番組や、広報誌の発行は、聴取者の意見収集のためであろう。またあとで触れることになるBBCのフォークミュージック紹介番組やラジオフィーチャーの疑似ドキュメンタリーは、市民主体の公共圏と大衆文化の確立を目論んだものと考えていいだろう。

BBCの戦後

ここで簡単にイギリス国内向け放送の再編成について振り返っておきたい。リージョナル・スキームで確立したナショナル・プログラムとリージョナル・プログラムの二元体制は開戦によって停止し、一九三九年にBBCホーム・サービスに一元化される。またエンパイア・サービスもエクスターナル・サービスと改称される。一九四〇年にはフランスに駐留するイギリス軍に向けBBCフォース・プログラムが始まり、兵士たちに軽めのエンターテイメントを提供し始める。

戦後、フォース・プログラムはライト・プログラムと改称され、引き続き、軽音楽やバラエティショーなどの番組を提供し続ける。一方、一九四六年にはクラシックやポエトリーリーディングなど、やや真面目な芸術鑑賞を目的としたサード・プログラムが設立される。ここにホーム・サービス、ライト・プログラム、サード・プログラムの三元体制が確立する。ひとつの放送をみんなで聞くということで確保される一体感の代わりに、趣味趣向に応じてプログラムを聞きわける分割聴取の体制が整えられたのだ。

戦後のBBCの分割聴取を象徴するのが、当時盛り上がっていた「フォークリバイバル」をうけて開始された「放浪中に（As I Roved Out）」（一九五一－五八）という番組だ。フォークリバイバルは、一九四〇年代後半から六〇年代にかけて続いた、イギリスの伝統的な俗謡に対する関心の高まり

＊12　『ベルトルト・ブレヒトの仕事6――ブレヒトの映画・映画論』石黒英雄他訳（河出書房新社、二〇〇七）三三八・三九頁。

を総称したものだ。ペーター・ケネディやA・L・ロイドといった民間の研究者、コレクターがイギリス各地で伝統的な俗謡、民謡を収集した。その多くが船頭歌など仕事や労働に根づいたものであった点は興味深い。「放浪中に」はアイルランド出身の音楽家であり、コレクターでもあったシェイマス・イニスが司会を務め、スコットランド、ウェールズ、アイルランドの民謡を放送する番組だった。その番組タイトルが示す通り、イギリス周縁部のフィールドワークによって収集された音源をロンドンに持ち帰り、そこから全土に向けて放送された。本稿の主人公ディラン・トマスもまたこのプロジェクトに参加しようと画策したらしいが、実現はしなかったという事実は付け加えておいてもいいだろう。

ラジオ放送によって実現される均質的な情報伝達は、情報分配の地域格差を解消する方向に働く。そのような平準化は一方で、地域の特色を抹消することでもある。戦後のBBCの再編はリージョナル・スキームによる平準化のつけを取り戻そうとするものでもあった。平準化から零れ落ちてしまう地域的特色を再評価する目的があり、その象徴が伝統的な俗謡だったのだ。サード・プログラムは、特定の階層にのみ享受されていたクラシック音楽をより多くの人に提供することが目的のひとつであった。エリート主義とも呼ばれるそのような方策を補完するように、ホーム・サービスは「放浪中に」を企画する。この時期のBBCは、自らが駆逐しようとしたものを電波の世界で再現しようとする「良心」を方策のひとつとしていた。

「放浪中に」はイギリスの戦時体制の終了を象徴していた。リージョナル・スキームによって実現した集団一体聴取の代わりに、分割聴取がそこで実現されただけではない。本土以外にも広がる土地に散在するイギリス国民をひとつにまとめることから、イギリスのもつ文化のレンジを掘り下げることに方策が転換されたのだ。他国に対してイギリスの領土を宣言するのではなく、自国民にイギリス領土の輪郭を確認させることを目的にしたのだ。

『アンダー・ミルクウッド』の神話

このようなラジオの発展は戦争報道のあり方を大きく変えてしまう。第一次世界大戦時の主要メディアはいまだに新聞であり、人々は紙面を通じて戦地の情報を得ていた。一方、前記したとおり、一九三〇年代にはすでにラジオが新聞に迫るマスメディアになりつつあり、第二次世界大戦の報道の多くを担ったのもラジオであった。一九三八年にオーソン・ウェルズの『宇宙戦争』がアメリカで放送されたとき、全土にパニックを引き起こしたというのはもはや都市伝説であるが、ラジオが戦争と親和性の高いメディアであったことは事実であろう。

フランスに駐屯するイギリス軍のためBBCフォース・プ

ログラムが開局されたことはすでに書いたが、これは国内でも多くの聴取者を得て、メイン局のホーム・サービス以上の人気を博したという。ただ単に軽音楽やバラエティショーに人々が飛びついたということだけが理由ではなかろう。イギリスに残された家族が、戦地にいる夫や父親が聞く放送と同じ放送を聞きたいという思いが、ラジオのチューニングを合わせたのかもしれない。

ディラン・トマスは一九三〇年代後半からBBCのためにスクリプトを提供し、ポエトリーリーディングを行っていた。イギリスにおけるラジオ放送の黎明期にその只中にいたトマスは、ほかの詩人とは比較にならぬほど電波の影響を受けた作家であり、その経験は彼の詩作にも生かされている。戦争とラジオの関係を考察するうえで、トマスの代表作にして遺作『アンダー・ミルクウッド』（一九五四）を忘れてはならない。一九五四年にBBCで制作放送されたこのラジオドラマはウェールズの架空の漁村ハレギブ（Llareggub）を舞台に平凡な村人の日常を描いた作品だ。それはウェールズ語とウェールズ語なまりの英語を前面に押し出してはいるが、イギリス周縁部の生活を伝えるような作品ではない。現実から遊離したような虚構の時間がそこには流れている。一見、戦争とは関係ないこの作品を、トマスは広島に投下された原爆への批判として執筆したといわれている。なぜ、どのようにこれが原爆批判となりうるのか。そこに潜むレトリックを探ることがまずは必要であろう。

『アンダー・ミルクウッド』は村全体が寝静まっている早朝の様子から始まる。

シッー、赤ん坊が寝ている百姓も漁師も
商人も年金生活者も職人も先生も
郵便屋にパブのオヤジも葬儀屋にきれいな女の子
酔っぱらいに仕立屋に牧師に警官にカエル
海女に良妻。若い娘はベッドでぐっすり
夢のなかで寝返り、指輪と嫁入り道具をもった
花嫁はツチボタルに付添われ急ぐ
オルガンのなる森の回廊を。少年たちの見る夢は意地悪
な夢
あるいは馬の飛び跳ねる牧場の夜と海賊旗の海の夢。そ
して
無煙炭で作られた馬の彫刻は野で眠り、
牛は牛舎で、犬は涎垂れの庭で眠り、
猫は斜めの角っこでうたたねするか、
狡猾にピョンと跳ね、屋根の雲のしじまを縫いつける。[*13]

＊13 Dylan Thomas, *Under Milk Wood: A Play for Voices* (London: Penguin, 2000), 1.

ハレギブのコミュニティを形成するあらゆるタイプの人間が列挙される。静かに眠る村民たちの生活をそっと覗き見するような喜びが聴取者に分け与えられる。聞き手は、朝目覚め、家事に勤しみ、食事を取り、酒を呑み、ゴシップに花を咲かせ、再び眠りにつく村人たちの一日のサイクルを見守ることになる。特別なことは起こらぬ平凡な日々の反復を予測させるその構成は、普遍的な人間の営みを強調する。また常識はずれの人物とエキセントリックな風習も、ユーモアとアイロニーをもって描かれる。

俯瞰的な視点から住民たちが列挙されることにより、そこを包括するような全知の視点が前提とされる。物語の大半は、そのような俯瞰的なポジションにあるふたりの語り手（First Voice / Second Voice）によって報告されるが、徐々に住人たちの声が混じる。

ダイ・ブレッド　おれ、ダイ・ブレッド、パン屋に急いでるとこ、シャツの裾も出したまま、ベストのボタンをしながら、ピシッとボタンをいれて、はじめっから縫ってればいいのに、すぐに朝飯だってのに食うもんがない、女房は何人もいるのに……

ダイ・ブレッド第一夫人　あたし、ダイ・ブレッド第一夫人、ナイトキャップのままショールを羽織って、コルセットなんかもしてない、気楽なのがいい、心地いいのがいい、ご近所さんを起こすのに丸石舗装のところで粘っている。あら、サラさんとこの奥さん、パン一斤余ってない、ねえ。ダイ・ブレッドの奴パンを忘れたのよ。気持ちのいい朝ね！　おできの調子はどう？　それは良い知らせね、ちょっと気分転換に座りましょう。ねえ、サラの奥さん。[*14]

「ダイ・ブレッド」に続き「ダイ・ブレッド第一夫人」も自己紹介から始める。明らかにラジオの聴取者に向けられた言葉は、徐々に隣人へと向けられる。このようにして、聴取者はゆっくりと上空を漂う全知の語り手の垂直な視線から、住民同士の水平な視線へと同調する。それだけではない。語り手は、引退した漁師「キャット船長」の夢に侵入し、溺死したかつて漁師仲間と彼が交わす会話を盗み聞きする。[*15] 映画のような断片的なショットの積み重ねは村を立体的、重層的に描いていく。特別なことは何も起こらないこの町の日常が淡々とユーモアを交えながら語られる。公の会話とプライベートな会話、そして心や夢のなかまでも並列させるレトリックはこの町を「透明」なコミュニティとする。そこには秘匿すべき秘密などもはやないのだ。

このラジオドラマが戦争批判として位置づけられていることは前記したとおりだが、どのようなロジックがその関連を可能にするのか。ＢＢＣで自作について語る番組「三篇の詩」（一九五〇）でトマスは、「詩は最後には地球の美しき、その素晴らしい価値を肯定する」という。[*16] 戦争の悲劇に過剰に反応したトマスが、詩の存在そのものを自然と地球の肯定とする、いささか能天気な論理が述べられる。その一方で、現在公開されている資料において『アンダー・ミルクウッド』を原爆批判や戦争批判に関連づけたトマス自身の言葉は見つかっていない。おそらく先の言葉が、同時期に執筆中であった『アンダー・ミルクウッド』にも拡大解釈されたのであろう。トマスが詩作を平和の願いと結びつけていたこと、そして原爆への懸念を抱いていたことは事実であろうが、それは明確な根拠をもつ批判というよりも、心情に流された恐怖の発露と詩作の意義を模索するものであったのだ。

そのようなトマスのナイーブさを責めることが本稿の目的ではない。むしろここで注目したいのは、作者が意図しなかったにもかかわらず、戦争、原爆批判の言説を読み込んでしまうような構造をこの作品が持っていることである。そしてそれは『アンダー・ミルクウッド』がラジオドラマであることに関連している。この初演放送を聞いたジェノ・バロのコメントを参照してみたい。

> これは囲い込まれた、親密な世界である。まさにガラスでできた地球儀の一場面のようだ。このガラスの世界の沈黙はその住人の声、魂の声によって破られるが、囲い込み、親密さ、セキュリティ、切なき自足性の雰囲気は破られていない。騒々しすぎる外部の世界はほとんど自明のものとされていない。その代わりにこの村は夜も昼も宙に漂っている。これは詩人が望んだように、寛容で、自由で、危険も罪もない世界、多分最高に幸せというわけではないが、なんとなく素晴らしく面白く、決して深く悲しむことなどない世界。ディラン・トマスはそのような希望を投影し、そこに温かさ、愛、驚異を与えた。そしてこの村世界を即座に魅力的なものとした。[*17]

外部世界の喧騒から隔絶され、閉ざされながらもその内部が透けてみえる世界は宙に浮かぶ「ガラスの地球儀」に喩えられる。興味深いのはそれを「寛容で、自由で、危険も罪もない」世界としてバロが想定していることだ。

外部から隔絶されているということを、平和で安全な世界であることの条件としているような考えは一見脈略がないよ

＊14 Ibid., 22.
＊15 Ibid., 3-4.
＊16 Dylan Thomas, "Three Poems", *On the Air with Dylan Thomas*, op.cit., 225.
＊17 Geno Baro, "The Orator of Llareggub: *Under Milk Wood* by Dylan Thomas", *Poetry*, Vol. 87, No. 2 (Nov., 1955), 120.

うにみえて、その時代状況を映し出している。戦後を迎えるなか、かつての植民地主義的な世界地図は、ナショナリズムと冷戦構造にしたがってより複雑に書き換えられていく。ラジオの世界でも熾烈な領土争いがあったことはすでに述べたとおりだ。ロシアの放送局とBBCサード・プログラムの周波数争いだけでなく、BBC内部においても分割聴取を可能にする再編があった。『アンダー・ミルクウッド』のハレギブの前近代的で牧歌的な風景は、そのような地政学とは無縁の世界を描出する。宙に浮かぶ「ガラスの地球儀」は、いかなる領土争いにも巻き込まれていない純粋無垢な世界の比喩なのだ。

トマスが地表上と電波の世界の地政学を意識していたということではない。しかし彼がこの作品に託した思いが桃源郷を期待する聴取者の想像力と接続したことは確かであろう。トマスは知人のマルゲリータ・カエターニ（一九五一年一〇月）にあてた手紙で『アンダー・ミルクウッド』の着想について次のように述べている。

> そこから、一篇の作品、戯曲、声のためのイメージを書こうという考えが生まれました。暗闇から生まれるエンターテインメント、わたしが住んでいる町について、シンプルに温かくおかしく、起伏にとんだ展開で、様々な叙法を使うことで、様々なレベルでその住人として町を知ることができるように。不器用で大げさな言い方かもしれませんが、わたしはこの町を生のメディアで生き返らせたいのです。[*18]

トマスはこの作品がラジオのためであることを強く意識している。『アンダー・ミルクウッド』はサード・プログラムから放送されたが、これは当初一八時から約六時間の放送に限定されていた。暗闇から聞こえる声というイメージは、このような事情を知っていたからこそ生まれたものだ。それはトマスが当時生活をしていたウェールズの海辺の町ローアンをモデルにしているという。その新たなメディアに彼の住んでいる町を再現するだけでなく、聴取者をその世界に招き入れることが目的だ。したがってそれはローアンを再現するというよりも、聴取者の集団的無意識（かれらが共有する古き良き時代のイメージ）を呼び覚ますものであろう。言い換えるならば、トマスが描こうとしたのは近代化以前のイギリスの原風景である。それは具体的にどこかに存在していたものというよりは、虚構に近いものであったであろう。

このような着想が下敷きにしていたのは、急激に変わりつつあるイギリスのライフスタイルであり、ラジオこそこのような変化を促進するテクノロジーの象徴であった。最新のメディアによって駆逐されうるイギリス周縁の暮らしは、電波のなかで再構築される。一見相反するものの結びつきを知覚していたことが、トマスに『アンダー・ミルクウッド』を創作させたのであろう。しかしそれはトマスに限定されるものではない。先に触れた「放浪中に」もまた同様の主旨によって始められた。近代的テクノロジーの罪を補完する意図は、この時代のＢＢＣラジオ放送の多くが共有していた強迫観念のように思われる。

奇妙な連帯

『アンダー・ミルクウッド』はラジオが登場する以前の生活を想起させる。これは『ロンドナー』（一九四六）とは対照的だ。それは戦争を伝えるラジオの役割を描き、戦地以外にも「戦争」があったことを示している点において自己言及的な作品だ。一方、最新マスコミュニケーションの不在が、『アンダー・ミルクウッド』の外界から隔絶された非常に親密なローカル空間を虚構したのだ。この作品が戦争批判、原爆批判として誤読されたのは、ラジオに代表される近代テクノロジーが徹頭徹尾不在であったからにほかならない。それは、戦争が始まる以前というよりも、戦争など存在しないかのような神話的な時間のなかにある。このような神話的な時間が原爆批判、戦争批判と結びついたのだろうが、前述したようにそれは心情的なものであり、戦争を利用しての文学の正当化となってしまう。

むしろ戦争批判という目的であれば、わたしたちが考察すべきなのはラジオの戦争表象の可能性にトマスがどのように向き合っているかという点である。『ロンドナー』はＢＢＣのために書かれた短いドキュメンタリー風のドラマだ。当時このような作品は「ラジオフィーチャー」と呼ばれ、実験的な試みがされていた。そもそもそれは磁気テープが携帯可能なかたちになることで、スタジオ外での録音が可能になり、街の声をドキュメンタリーのように採取することによってできたジャンルである。戦前はマンチェスターが良質のラジオフィーチャーの取材制作場所となったが、それは貧困、失業、インナーシティなどの問題が顕在化していたからであろう。それは、放送を受信する立場にある市民の生活をくみ上げ、彼ら自身にその姿を映し出す、循環的機能を持っていた。戦後はより芸術的な側面を前景化し、詩や音響的実験を取り入れていく。ディランの『アンダー・ミルクウッド』はこのジャンルの傑作である。そして『ロンドナー』はまだドキュメンタリー色の強かったころの作品である。

ナレーター　郵便番号は西一二、ロンドン、シェパーズブッシュ、モントローズ通り四九番に住むジャクソン夫妻、テッドとリリーの一日の生活です。

＊18　*The Collected Letters of Dylan Thomas: New Edition*, ed. Paul Ferris (London: J. M. Dent, 2000), 904-905

質問者　シェパーズブッシュはどこにありますか。
ナレーター　郊外より内側のあわただしい地区です。ロンドンから西に出る幹線道路沿いにあります。ハマースミス区の一部です。説明するのが難しい地区でもあります。というものセントラルロンドンの集合体にも属していないし、独自のアイデンティティを持っている郊外外延部でもないからです。それはむしろ……[19]

外部からの視点でその街について客観的な情報が与えられる。その他にも「専門家の声」「住人の声」「学校教師」などの証言が重なり、複眼的な視点がその地区を描き出す。そして徐々に焦点を絞るようにテッドとリリー夫妻の生活が彼ら自身の口から語られるのだが、その合間にも近隣住民の声が挿入され、多層的に描かれる。

街の一日を描く点、複眼的な語りは『アンダー・ミルクウッド』と共通する。違いは『ロンドナー』が、隔絶された世界の神話的な風景を再現する代わりに、戦後間もない時期の都市部の戦争被害を散文的に率直な筆致で描いている点だ。それはまた本稿の最初に取り上げた三篇の詩の、距離をとりながらその悲惨さを昇華するような筆致とも異なる。あくまでもラジオフィーチャーの伝統にのっとりながら、配給の現状や物資不足などのその地区の問題をドキュメンタリー風に伝えている。

夫のテッドは建築会社に勤めているが、主な仕事は「空襲用シェルターを取り壊すこと」だ。[20]

アルフレッド　おかしな気持ちだ、空襲用シェルターを壊すのは。おれはこれを建てる手助けをしたんだが。
作業員　変な感じだな。
テッド　おれは無線装置［ラジオ］を作ってたんだ。取りつけてすぐにばらばらに壊してる。とにかく。たくさんの装置を作ったはずだが、おれ自身は無線を二、三分も聞いたことがない。
アルフレッド　それはそれは。
テッド　そうだろ。かつて自分で作った装置でモスクワや南アメリカの放送に合わせようとしたんだが。空襲用シェルターでドイツの放送を聞いたことがあるだけだ。[21]

シェルターの取り壊しのなかで、戦争時におけるラジオの重要性が触れられる。テッドがモスクワや南アメリカの放送を受信しようとしてドイツの放送しか聞けなかったということは、周波数の支配権がナチスに握られていたことを示している。

『ロンドナー』は戦時中、ラジオが生活の一部であったことを前提にしている。シェルターの閉ざされた世界ではそれのみが情報源であったことがこの引用からうかがえるが、家庭の生活においてもそれは重要な機能を担っていたことを、テッドの妻リリーが伝えてくれる。

三年は恐ろしいくらい長かった。なんて長いのかしらと考えるたびに、テッドはもっと長く感じているはずだって思った。無線〔ラジオ〕が〔テッドが〕捕虜になったことを伝える前から、ずっと前から彼は死んでいないって知ってた。自分には嘘はつけない。近所のサリー・ピーターズみたいに。彼がわたしのことを考えていることは知っていた。無線でかかる安っぽいダンスの曲のなかにも彼の声が聞こえた、その言葉は決して安っぽくなかった。「愛してる、愛しの君」といつも彼はわたしに伝えていた。「静かな孤独な部屋のなかで君のことを考えている、昼も夜も」と彼はよくいっていた。彼ひとりじゃない、何千人も何万人も。でもみんなやっぱりひとり。モントローズ通りをキャロルとレンと歩いていると彼もわたしといっしょに歩いていた。[22]

夫婦の愛が夫の捕虜時代を乗り越えて育まれたことが語られる。離れ離れのあいだ、ふたりをつなぎとめていたのは（少なくともリリーにとって）ラジオであった。彼女が聞いていたのはおそらくフォース・プログラムだ。それは捕虜情報など戦地の情報を提供する一方、軽音楽をも流していたことはすでに触れたとおりだ。リリーはその音楽で気を紛らわそうとするが、夫の安否を気にしながら戦時放送に耳を傾ける妻の不安な気持ちは、軽佻な音楽の中にも夫の声を幻聴してしまう。

遠く戦地にある夫のことが、その一時的な喪失が身近に感じられるのは、夫もまた同じプログラムを聞いているという希望と願望があるからだ。同じ番組の聴取者であるという想定が共感を生んでいく。それはジョージ五世が意図したような、送信者と受信者の一体感ではない。受信者と受信者が、聴取者同士の耳が奇妙な連帯で結ばれていくのだ。引用後半部の「ひとりじゃない／ひとり」という打ち消しは、物理的には孤独であっても、電波によって結ばれたもの同士の連帯を示唆している。

『ロンドナー』は一家の一日が無事終わるのを見届けて幕を閉じる。眠りに落ちる前にテッドは戦争時代について今一度思いを馳せる。

＊19　Dylan Thomas, "The Londoner", *On the Air with Dylan Thomas*, op. cit., 76.
＊20　Ibid., 77.
＊21　Ibid., 81.
＊22　Ibid., 85-86.

こんなことをかつて思い起こしていたもんだ。子どもたちは上で寝ている。キャロルは枕もとに人形を置いている、腕はひとつしかなくて、首のところからおがくずがもれてるやつ。レンのベッド下には兵隊とクマとアヒルみたいなぬいぐるみ。押すと猫みたいにミャーとなく変な代物。すべて思い出していた。君とおれは階下で座ってる。今みたいに。[*23]

戦争がすでに過去のものであることを明示するこのような述懐は、先に引用したリリーの述懐と対をなしている。戦地にいるはずのテッドが身近にいると自ら欺くように思い込んでいたリリーのように、テッドもまた離れた場所にいる家族のことを思い起こしていた。ふたりの想像力は宙で交差する。

このような奇妙な連帯の根底には特殊な体験があったことをテッドは語る。「おれたちみなホームのことを考えていた。センチメンタル。誰もセンチメンタルだなんていわなかったけど」という言葉のあとに、「考えてもないようなことが頭に浮かんできた」[*24]と夢見心地で続ける。意識に侵入する他者の声は、先に引用したリリーのテッドへの思いと一致している。「静かな孤独な部屋のなかで君のことを考えている、昼も夜も」と語るテッドの声をリリーは幻聴していた。それに対してテッドもまた「ホーム」に思いを馳せながら、自らのものでない声を聞く。そして何よりも大切なのは、リリーの幻聴がラジオの音楽を媒介したように、テッドの幻聴もまたラジオ放送らしきものをバックグラウンドにしていることだ。他者の声と自らの声のフュージョンからその幻聴は浮かび上がる。二人の愛はフォース・プログラムというノイズと混合しながら、育まれていくのだ。

最後に

本稿の主旨は二点にまとめることができる。ひとつめは戦争詩の評価軸を見直すことである。ラジオの普及によって戦争がもはや戦地だけで起こっているものではなくなった。電波にのってそれはお茶の間に届けられ、従軍しない市民の心をも震撼させる。従軍はもはや特権的な経験ではなくなったというのは言い過ぎかもしれない。しかしその恐怖と危機感がより広範な地域で（つまりラジオが傍受できる範囲で）共有されるようになったことは事実であろう。それは戦争という非日常を、日常のなかに浸透させた。

ラジオは戦争における経験の意味を大きく変え、そして戦争詩のあり方も大きく変えてしまった。第二次世界大戦前後に戦争詩が乏しかったわけではあるまい。戦争を語るボキャブラリーと文法が変わってしまったのだ。この時期に戦争詩が生まれないことを嘆いた議論がBBCの広報誌で展開されたのは皮肉だ。戦争詩のデフォルトを変える要因のひとつとしてラジオの普及があるからだ。自らが変えてしまったものを語るために、その場は用意されたようだ。それならばむしろロバート・グレーブスやスティーブン・スペンダーは戦争表現がどのように変わったのかを論じるべきだったのであろう。

ふたつめはラジオと公共圏の関係である。ラジオはライセンス化されたときから、権力と結びつき施政者のオピニオンを分配するプロパガンダ的な役割をも担ってきた。権力への依存を断ち切るために、市民の声を拾い上げそれを受信者に還元する試みが何度もなされてきた。イギリス周縁部、大衆文化への関心はそのようなものとして考えることができるだろう。

戦争を語るボキャブラリーの変化とマスメディアによる公共圏の確立。このふたつの問題は別々のものではない。後者が市民の声を拾い上げる機会を模索したからこそ、戦争に多彩な表現が与えられたのだ。ディラン・トマスのＢＢＣ作品はふたつの問題が交わるところにある。『ロンドナー』は戦争経験の意味の拡大を示すとともに、ラジオにおける新しいコミュニケーションの可能性を示唆している。テッドとリリーのあいだに発生するテレパシーはフォース・プログラムによって導かれつつも、そこから独立し直接聴取者同士が水平につながることで成立するようなものであった。

しかしこれをオカルトと片づけてはならない。というのもそれは、限られた周波数に群がる、第二次世界大戦前後の各国放送局の争いを象徴しているからだ。テッドはモスクワや南アメリカの放送に合わせようとして、ナチスの放送にチューニングしてしまったシェルターの思い出を語っていた。そもそも二〇世紀の初めまでは多くのアマチュア無線家が自由に電波を送信・受信していた。放送が事業化されて以降、アマチュアは（表面上は）排除されたが、周波数争いは国際化する。テッドが意図せずドイツの放送局を受信してしまったように、テッドとリリーは互いにチャンネルを合わせてしまうのだ。

テッドはシェルターの取り壊しを仕事としていた。それは戦争が終わったことを意味するだけではない。シェルターで聞いていたラジオの世界からの解放でもある。トマスにとってラジオは戦争体験と密接に結びついていた。この後に書いた『アンダー・ミルクウッド』の神話的な時間、牧歌的な平和はラジオの排除によって、つまり外部との交信不可能性によって構成されている。それがもはや戦争批判になりえないことは明白であろう。

＊23　Ibid., 85-86.
＊24　Ibid., 85-86.

特集〈戦争〉

戦争が閃かす白人性
——兵士、移民、シティズンシップ

ヴロン・ウェアー／栢木清吾［訳］

一九八二年のフォークランド戦争に関する鋭利な分析『鉄のブリタニア』のなかで、アンソニー・バーネットは書いている。

戦争の最初の犠牲者は真実であるとよく言われるが、紛争のゴシック的な過剰がそれを明らかにすることもありうる。特にそれらが国内の諸勢力をはっきりさせるときには。戦争の閃光（the glare of war）は暗闇を照らし出す。ちょうど夜間の雷光が周囲の風景の白い像を浮き彫りにするように。再び闇の帳が下り、雷鳴が轟き出す頃、スペクタクルを愛する者たちが、その雷光を話題にしはじめるだろう（Barnett 1982: 6）。

その戦争の閃光は、マーガレット・サッチャーのイギリスを下支えした政治的諸力を垣間見させた。バーネットは、「白い」という言葉を政治的というより詩的に使っているのだろうが、彼の診断は帝国列強としてのイギリスの没落と、危機を生み出したナショナルな主権の論理を識別してもいる。「連合王国の長引く相対的な経済衰退と政党政治の危機が、軍事上の陽動作戦を規定したのであり、未だその『根源的な』原因となっている」（Ibid.: 92）。その国を南大西洋での戦争へ駆り立てた力（force）を、バーネットはチャーチル主義という用語で定義する。彼はその概念を「イギリス政治文化の縦糸であり、それを通してあらゆる主要な諸傾向が自分たちの政治的色彩を編み込んでいくもの」と特徴づける（Ibid.:

Vron Ware

Whiteness in the Glare of War: Soldiers, Migrants and Citizenship

32)。一九八二年四月三日に下院で行われた議論に関する辛辣な論評のなかで、彼は次のように詳述している。「そこにはあらゆる本質的な諸象徴が現れていた。島国民族(an island peple)、非情の海(the cruel seas)[*1]、イギリスの敗北、独裁者から挑戦を受けるアングロ・サクソン的民主主義、そして最後に、典型的にチャーチル主義的な姿勢、すなわち、我々はダウンを取られたが、退場させられてはいない、というものだ」(Ibid.: 34)。

バーネットの眼差しは、サッチャー時代のイギリスの風景に、とりわけ「フォークランド要因」として知られるようになるものが例証した帝国の凋落の諸特徴に据えられているわけだが、彼が描いた雷撃の後にほんの一瞬だけ現れる漂白された地形という劇的なイメージを筆者も借用させてもらおうと思う。筆者がとくに関心を持っているのは、現在アフガニスタンで行われている戦争の閃光が、アメリカ合衆国のジュニア・パートナーとしてのイギリスの薄弱な地位を照らし出しているだけでなく、どのように人種化かつ軍事化されたナショナル・アイデンティティの布置を際立たせているかという点である。しかしながら、連合王国における社会的結束や、人種とエスニシティ(とくに白人性の問題)に関する主流の社会学的議論は、ポストコロニアルなイギリス性が形成される際に、軍事的労働や防衛制度が果たしている役割を取り扱ってはいない。たとえば、兵士はどこから来ているのか、彼らが女王と国に「奉仕する(serving)」見返りとして、社会は彼らに何を負うことになるのかなどと、軍事の専門家ではない社会学者が問いを立てることはめったにない。同時に、軍隊についての研究は、社会学よりも心理学や国際関係論に基礎を置いている可能性が高い軍事社会科学者の領分となる傾向にある。こうした学問分野の混迷に関して、タラク・バルカーウィが著書『グローバリゼーションと戦争』の序論で、同様の主張を行っている。「戦争と軍事の専門家は、社会と政治、文化に対して不十分な注意しか払っておらず、社会学者と文化理論家のほうは、そしてそれほどではないものの政治科学者も、彼らの主題にとっての戦争の重要性に十分に配慮していない。〔…〕戦争と社会はダイナミックな相互関係を持って対峙しているのである」(Barkawi 2005: 28–9)。

戦争と社会のあいだ、あるいは本稿の文脈でいえば、市民的なものと軍事的なもののあいだを走るこれらの断層線の追

＊1 訳注——イギリスの作家ニコラス・モンサラットが一九五一年に書いた戦記小説のタイトルに由来する。第二次世界大戦下、大西洋を横断してアメリカからイギリスに物資を補給する護衛船団と、それを阻止せんとするドイツ艦艇との戦いを描いたもの。一九五三年に映画化もされた。日本でも吉田健一の手による訳書が一九五三年に出版されている(当初の訳題は『怒りの海』)。現在では、以下の版が入手しやすい。N・モンサラット『非情の海』上・下、至誠堂、一九九二年。

跡は、このポストコロニアルな時代におけるナショナル・アイデンティティの編成についての興味をそそる見通しを提供してくれる。本稿では、シティズンシップの概念がどのように兵役に付属する規範と期待を活性化しているのかを探索していくつもりである。『シティズンシップの系譜学』のなかで、マーガレット・R・ソマースはシティズンシップを次のように定義している。「最も基本的には、包摂と排除のメカニズムであり、超国家的なものからローカルなものまで規模の異なる様々な諸政体において、成員資格を確立、あるいは禁止するための方法」であると(Somers 2008: 21)。彼女はこのメカニズムの研究が行われる領域として「二つの現場」を特定しているが、こうした特徴は筆者の議論にとっても意義深い。第一の現場は、「シティズンシップを排他的に画定する地政学的かつ概念的な境界線をまたいで広がっている」(Ibid.: 21)。彼女はこれを「シティズンシップの『内側/外側(inside/outside)』をめぐる諸研究」と呼び、それは「諸々の政体のあいだでどのように人々が配分されるのかや、「こうした配分と排除に関する法則や実践のためにどのようにして基準が確立されているのか」を検討する学者たちで占められていると述べる。研究が行われる第二の現場は、「内側/内部(inside/ interior)」と呼ばれ、そこではシティズンシップの意味とは何か、その地位をすでに所有している者、すなわち法的な市民成員が獲得する実質的な利益やコスト、(もしあるとすれば)権利と義務は何なのか」といった問いが立てられている(Ibid.: 21)。彼女が付言しているように、ほとんどの学術研究はどちらか一方の現場で行われているとはいえ、双方での分業が多孔的なことは明白である。筆者としては、兵役が持つ様々な意味を吟味することは、ソマースの系譜学的地図を検証する有益な方法になると述べておきたい。

皆兵制度(mass conscription)を廃止した国々においても、シティズンシップの社会的・政治的利益を享受する資格の問題は、その見返りに何らかの類の奉仕を国民に求めるか否かにかかわらず、依然として政治参加の諸構造と結びついている。しかし多くの論者は、皆兵制の廃止に伴って、兵役と民主的シティズンシップの相互の結びつきが希薄化したと議論してきた(Pfaffenseller 2010)。志願兵制度のもとでは、兵士になることは、特定の職に就く、制服着用が義務づけられる形態の公務(public service)に就くことを意味するだけの時代に逆戻りする。国が戦争を行っている場合には、愛国主義、英雄主義、犠牲、恥、不名誉、侮辱といった強力なナショナリスト的修辞のなかに埋め込まれる可能性が高い職務(service)ではあるのだが。合衆国における「市民–兵士(citizen-soldier)」という息の長い概念に関して著述した政治科学者ロナルド・R・クレーブスは、これらが重要な概念的かつ政治的なイシューであると述べている。

> 兵士たちはかれらが払う犠牲のために歓迎されるのであるから、交戦地帯での軍務に対してかれらが受け取るいかなる追加的賃金も大した報酬とはいえない。それはただネイションがかれらに負った債務の部分的な支払いとなるにすぎない。そういった物言いは広く人口に膾炙し、耳慣れたものになっているゆえに、わざわざ言及する価値などないように思われるかもしれない。しかしながら、そのことは職業的モデルで捉えられた兵役との食い違いを示し、市民－兵士が、レトリカルな実践として、いまだにアメリカの日常的経験の一部であることを示唆している。（Krebs 2009: 25）

兵役に就いている兵士や元兵士の地位は、少なくとも連合王国においては、かなりの程度、彼や彼女が遂行するよう求められる、あるいは求められていた職に左右される。換言すれば、軍務（soldiering）に関するポピュラーなイメージは、特定の戦争への態度や反感、そしてそれについてのプロパガンダに絶えず影響されるのだ。たとえば、ヘルマンド州[*2]における継続的な高い死亡率という文脈のなかで、イギリス兵士をめぐる「レトリカルな実践」は、軍務に就いている者に、ネイションのために例外的な奉仕を実行している「英雄」の役を割り振るのである。

対照的に、移民の形象は往々にして社会的結束に対する脅威として構築される。移民は資格認定について大した感覚を持たないまま、ナショナルな集合体に入ってくる。少なくとも、かれらが公共の財源を求める自分たちの権利を立証できるようになるまでは、そういった感覚を持つことはない。かれらが移り住んだ社会のほうは、いかなる理由からも彼らに対する負債はないし、彼らが市民への「帰化」を望んだ場合、そうなるため諸規則を永続的に厳格化しようとする。兵士であり同時に移民でもある者の身体における二極化したアイデンティティは、シティズンシップに関する複数の根本原則のあいだに見られる緊張関係を露呈させる。一方には、受けるに値する権利があり、他方には、いまだ獲得されていない特権がある。それゆえ移民－兵士（migrant-soldier）が雇用される諸条件の探求は、シティズンシップ研究の中心に潜む諸々の対立や矛盾に対する豊かな洞察を提供してくれるはずなのだ。

本稿での考察は、イギリス生まれの同僚たちの傍らで行われる、コモンウェルス諸国出身の数千もの兵士の募集、訓練、人員配置に関する民族誌的調査に基づいている。本プロジェクトは、軍事組織内部の急速な多様化の度合いが提起する幾

＊2　訳注――アフガニスタン南部の州。タリバンの支配力が強い同地域は多数の戦死者を出す激戦地であり、イギリス軍の主要部隊が駐屯した。

つかの社会学的な問題を取り扱うとともに、その象徴的には同質的な制度内部における多国籍で多文化的な人員雇用が、どの程度、歴史的構築物としてのネイションと、ポストコロニアルな現在におけるネイション双方の政治的境界を画定しているのか、あるいは曖昧化しているのかを問うていく。こうした問いを熟考する前に、次のセクションで、白人性に焦点を当てることが、我々のポスト帝国的で、重度に安全化され、ますます軍事化されている国を形作っている戦争、人種主義、移民に関する諸政治の交錯を解明する助けとなるのかを議論したい。

唯一真なる人種

黒人性と白人性という二項対立はフーコーが「人種戦争」と呼んだもの、すなわち「秩序と平和の下」で繰り広げられる永続的な戦争、「我々の社会を掘り崩し、それを分割する戦争」を下支えしている（Foucault 2003: 59-60）。ポール・ギルロイは「『人種』の観念が強力である所以は、自然の摂理であるかのような階層秩序に関する基盤的な理解を提供するからであり、他の様々な社会的・政治的対立が依拠するようになっているからである」と断じている。彼がいうには、人種は「依然として社会のなかで自然が持つ自明な力のまま」なのである（Gilroy 2005: 8）。白人性を分析的な吟味の焦点に据える利点のひとつは、人種的等式から自然の問題を取り除くことにあった。様々な環境のなかで、どのように白人性が「作られ」ねばならなかったのかを明らかにする研究は、形質と肌の色に関わる本質主義から注意を逸らすことに成功し、それによって、特権、不平等、周縁化あるいは排除などによって特徴づけられる「人種戦争」の他の機軸に沿って作用する白人権力の象徴的な通貨価値（currency）を調査できたのである。

合衆国の文脈においては、マシュー・フライ・ヤコブソンによる政治的・文化的カテゴリーとしての白人性に関する分析が、文化史の長い流れのなかで、いかにして白人性が、シティズンシップ、ナショナル・アイデンティティ、移民をめぐる言説に関して、様々な事象を意味するようになったのかを明らかにした（Jacobson 1998, 2006）。白人優位性を構成する諸要素の履歴が、国民形成の諸政治――とりわけ移民と愛国主義――を通じて分節化されてきたものであると認めることによって、ヤコブソンは再興されたエスニック・アイデンティティへの愛着――ハイフンの称揚――が、「移民の国」という優勢な神話が言祝がれ続けてきたにもかかわらず、新たな形態の包摂と排除を生み出してきたことを明らかにした。彼の著書『ルーツ・トゥー』は、「自然化されたアメリカ性についての我々の集合化された感覚に見られる諸パターン」に厳密な注意を向けようという呼びかけで結ばれており、「それらは何にもまして、『アメリカ』という催眠性の政治的理念の歴史的な織物を構成している」と述べている(Ibid.: 396)。

このようにナショナル・アイデンティティの形成と帰属の諸条件に見られる諸パターンを識別することを重視する立場は、連合王国の労働者階級コミュニティのなかでの人種的対立と多文化主義に対する様々な見方に関して幅広く著述しているロジャー・ヒューウィットによってさらに展開されている。彼が主張するところによれば、白人性は通常、シティズンシップについての歴史化され、ジェンダー化された概念を通じて思い描かれている。そのシティズンシップの地位が定住によって獲得されたか、生まれもって獲得されたかにかかわらず、そうである(Hewitt 2006)。白人性は必ずしもエスニックな多数者あるいは支配的なエスニシティの概念に由来するものではなく、「『支配するために生まれた』という観念、『それによって他のすべての者が判断される基準』あるいは『それを通じて他のすべての事物が知覚される格子』という観念とともに増大する」と彼は示唆している。「これこそ、『白人性』の文化的ヘゲモニーが達成されてきた長い歴史の領野なのである」(Ibid.: 42)。

ヒューウィットがとりわけ関心を寄せるのは、現在のイギリスで、特定の「移民白人」の集団が、大なり小なり、他の集団よりも脅威に思われているさまである。二〇〇四年に新しくEUに加盟した諸国からの連合王国への経済移民の流入以来、新しいヒエラルキーが確立されてきた。例えばポーランド人、コソボ人、ブルガリア人、リトアニア人に対する態度が反映しているのは、かれらがどの程度有用だと考えられているか、どの程度脅威的と考えられているか、あるいはどの程度困窮しているのか、働き者であるのかといったことである。ヘウィットによれば、新しいヨーロッパの内部において、

> 人種的言説の構成に関して、我々が意識的、あるいは暗黙裡に持っている知識は膨大であるが——我々はそれについて多くを見てきた——実際のところは、その矛盾や推定されるアイロニーの多くは、非常に単純な事柄である。住民と彼らの政府は、社会的善に何がしかの貢献をし、脅威を与えないような移民を好むのだ。(Ibid.: 41-2)

二一世紀初頭、連合王国に到来する移民を統治している最新の諸法規は、かつてないほど厳格になっている。ニュー・レイバーが実施した「我々が共有する責任(Our Shared Responsibility)」と題された移民政策の改定は、EU外部からの経済移民を阻止せんとするその後の政権による取り組みを確固たるものにした。「稼がれるシティズンシップ(earned citizenship)」の概念が、社会に貢献するように思われる者たちにポイントを授与し、対して、反社会的あるいはイギリスの国益に悖《もと》ると考えられるふうに行動している者たちからポ

イントを差し引いている（Best 2009）。

ポイント制度はオーストラリアに由来し、一九九〇年代のジョン・ハワード政権が開発したものである。こうしたことは、過去二〇年にわたって、移民や難民を制限するメカニズムが、個々の国の政府の専売特許ではなくなり、多くの部分で、国際的な危機、あるいは広範な政治的調停への対応として発展させられるようになったことの一例である。たとえば、冷戦の終結と経済的なネオリベラリズムの増勢は、ヨーロッパの統合過程に影響を与え、その統合にはシェンゲン協定の下での、ヨーロッパ内の国境に関する交渉が含まれてきた（Squire 2008）。また、九・一一がもたらした様々な帰結が、歴史的視野の下で見返されはじめるようになったばかりだということも繰り返し述べておく価値がある。イギリス国内におけるる多文化主義の悪魔化と反イスラム言説の定着は、アフガニスタンでのＮＡＴＯ主導の国際安全支援軍（ＩＳＡＦ：International Security Assistance Force）の作戦行動と絡まり合いながら、国内での市民の監視と、入国地点でのより厳格な管理に計り知れないインパクトを与えてきたのである。『人種の脅威』の中で、デイヴィット・ゴールドバーグは、人種的言説を「排除と隔離の原理、究極的には社会を正常化（normalizing）する方策」と見なしたフーコーの分析に同調している（Foucault 2003: 61）。「静かではあるがはっきりとしたかたちで、日々更新される、時には全く新規な方法で、人種は包摂と囲い込みのモードに力を与え続け、ネオリベラルな政治経済の輪郭と地理をグローバルに形作っていると同時に、それらによって調節されている」とゴールドバークは書いている（Goldberg 2009: 372）。

白人性の概念が真正性、特権、資格あるいは損害についての政治的に移り変わりやすい指標として生育しつづけるかぎり、それは「包摂と囲い込みのモード」として作用しつづけるだろう。このように、帰属やつながり、排除の基礎として、白人性の象徴的通貨価値に訴えかけることは、たとえ衰退してはいるとしても、多くの怪しげな方法によって正当化されてしまいかねない。とりわけ「脅威に晒されている生物学的遺産」という考えが持ちだされたり、それが「合意（common sense）」を形成する議論として援用されたりする場合にはそうなってしまう。ヨーロッパ議会の選挙で極右政党が大きな票を獲得している時、苦難や屈辱についての人種主義的説明を求める容赦のない動向に抗うためにも、社会学者たちが国境を超えて共同作業を行うことが一層切迫した課題となっている。不可欠な戦略のひとつは、「自然化されたアイデンティティについての我々の集合化された感覚」に見られる複雑な諸パターンのどこに、どのように白人性が入り込むのかを識別しながら、ナショナルな過去に関する修正主義的な諸説明と戦うことである。[*3]

チャーチル主義の多面性

戦争のリアリティは、国についての我々の感じ方に関する説明と、外交政策を含め、直接民主主義に関連するより平凡だが実際的である複数のイシューとを、我々がどのように結びつけるのかという問いを提起している。ヘルマンドの戦場は、絶えずイギリスの統合を守る最終防衛地点として表象され、政府閣僚たちは数多くの機会を捉えて、そこでの軍事作戦がナチスとの戦争と同程度に国防にとっての死活問題だと主張してきた。二〇〇八年の中東歴訪の際、『デイリー・メール』紙のあるジャーナリストに向けて話しながら、連合王国外務大臣デイヴィッド・ミリバンドは次のように言明した。「我々がそこにいる理由は至極単純である。六〇年か七〇年前、我が軍はドーヴァー海峡の白い崖《ホワイト・クリフ》においてイギリスを防衛した。今日では、イギリスを防衛するため、我々はアフガニスタンのような世界で最も過酷な地域に赴かねばならない」と(Brogan 2008)。

ミリバンドによるアルビオンの岸辺[*4]へのチャーチル主義的言及は、ギルロイが分析しているポストコロニアル・メランコリアの文脈のなかで解釈しなければならない。

> イギリスによる反ナチ戦争の度重なる引用には神経症的なものがあるように思われる。それをナショナル・アイデンティティと自己理解に到達するための特権的な入口にすることとは、国民文化が、もっと御しやすい規模の共同体と社会生活で稼働し、紛争に付随する苦難にもかかわらず、了解可能で居住可能であった地点へ遡行する道を探そうという欲望を表している。〔…〕この過程は、国がその道徳的・文化的な姿勢を喪失する以前の場所と時点に戻ろうとする要求によって駆り立てられているのである。(Gilroy 2005: 89-90)

ギルロイが言及している過程は、二〇〇九年のヨーロッパ議会選挙の際に如実に表れ出た。その際、ファシズムに抗して勝ち取ったイギリスの勝利の記憶が、政治的共同体の諸条件をめぐって争われる戦場として再中心化されたのである。選挙キャンペーンが行われたのは、経済の崩壊と、収支スキャンダルと、慢性的な拡張および資源不足に苦しむ軍隊によってなされる戦争が促進した政治的代表制の危機の最中であった。すべての移民受け入れを中止し、外国人を侵略者として

＊3　連合王国では、これは（とりわけ階級との関連では）移民を「常に」議論のタブーにするとする主流の見解への挑戦を意味する。たとえばPaul（1998）を参照のこと。

＊4　訳注――古代ローマ人によるイギリスの呼称。ドーヴァー地方特有の石灰岩の白い壁に由来。

ステイグマ化し、正統で土着の住民の手に国を取り戻そうというイギリス国民党（ＢＮＰ：British National Party）と連合王国独立党（ＵＫＩＰ：UK Independence Party）の相互補完的なアジェンダを好ましいものとみる機運が高まっていた。両政党は首尾よくヨーロッパ議会で議席を獲得した。筆者はＢＮＰの人種主義的言説が「白人たちに諸権利を（rights for whites）」という苛烈なメッセージを捨て去り、帰属と資格に関するより巧妙にコード化された主張を好んで使用したさまを検証した。そうした主張は、第二次世界大戦中、ファシズムに抗してイギリスを防衛した軍務に依拠していたのである。二〇〇九年五月にテレビの全国放送で流されたＢＮＰの政治放送は、包摂と排除の人種的条件の資格づけのために、ナショナルな過去のこうした側面がいかにして使用されるのかを明らかにしていた。それは次のような問いを提起することで行われる。正確な意味で誰がイギリス人なのか、我々はどうやってそれを知ることができるのか？

　映像は、愛国主義、一九四五年のナチス打倒、チャーチル、「イギリスが外国の侵略者〔…〕に圧倒されないよう獅子のごとく戦った」英雄たちのあいだの結びつきを強固なものとする導入から始まる（BNP 2009）。明滅しながら折り重ねられていくイメージが、一九三九年から四五年までの戦争を喚起し、ＢＮＰはナチスが自由の敵だったと考えていることを強調する。男性の声が歌うように述べる。「英雄たちは彼らの墓の下で身をよじっているに違いない。〔…〕移民は侵略者となった〔…〕」。その後、ＢＮＰ党首ニック・グリフィンが姿を現す。彼は自分のデスクに座り、その背後には複数の勲章が入ったケースが戦略的に配置されている。「人種主義の問題ではない」と彼は主張する。「誰が我々の国を作る助けとなったのかという問題だ」。画面が切り替わり、戦争記念碑に刻み込まれた名簿が映し出されるなか、彼は続ける。

結局のところ、どのような権利についてイギリス人を優先せねばならないかという問いの答えは、この国のすべての戦争記念碑の上に見いだされるだろう。すべての名前を思い起こそう。イングランド人の名前、スコットランド人の名前、アイルランド人の名前、我々イギリス人の名前だ。ほかの者たちのものではない。圧倒的に、我々の国のために戦い、死んでいったのは、我々の同胞（our people）なのだから。（Ibid.）

シティズンシップへの権利はイギリスのための軍務に由来すると確言した後、彼は繰り返す。「我らが先祖累々の血と汗と労苦によって勝ち取られた、この偉大なネイションの一部であることによってもたらされる利益を享受するのは、我らの権利、貴方《あなた》の権利、貴方《あなた》の家族の権利である」と（Ibid.）。放送のなかでのチャーチルの記憶の視覚的な配置は、

「チャーチル主義」に関するバーネットの分析と共鳴している。攻囲された島嶼としてのイギリスという幻影を持ち出しつつ、BNPは何ら悪びれることもなく、主流のイギリス政治のなかの頑丈な縦糸に、彼ら自身の政治的色彩を編みこんでいる。重要なことに、黒と白についての因習的な「人種主義的」言語は、帰属や権利、利益に関わるレトリックに取って代わられているが、侵略、血統、土地についての比喩的用法は手つかずのままである。だが、定住した移民が滞在を許可されるという形だけの受容は、「固有の種（indigenous stock）」という概念を強調するために、田園風景に並ぶ石造りの記念碑に刻まれるイギリス名を強調することと矛盾していくことになる。

Doing the right things

ヨーロッパ議会の選挙が、イギリスの軍事的な過去を感情的に想起する唯一の機会だったわけではない。二ヶ月後に迎えられた、一九三九年九月の対独宣戦布告から数えて六〇周年の節目には、当時の歴史を書き直し、置き換えるコメモレイション〔記念・顕彰行為〕が急増した。しかしながら、二〇〇九年に起きた他の一連の出来事は、第二次世界大戦のコメモレイションを、連合王国国民でない退役軍人の兵役の問題と、彼らがイギリスのシティズンシップの十全な利益を享受する諸権利についての問題に効果的に接続することになった。ヨーロッパ議会の選挙が行われた直後、俳優ジョアンナ・ラムレーが率いた「グルカ兵への正義を求めるキャンペーン（the Campain for Gurkha Justice）」は、それらの問題すべてに公衆の注意を向け、その過程で国の政府を打ち負かし、その面目を潰したのである。*5

メディアが大々的に報じた、グルカ兵の伝統的な刃物である大きなククリ（*kukri*）を振りかざすラムレーの姿は、居住と福祉の権利を求めたネパール人退役兵士の主張が勝利したこと以上のものを知らしめた。彼女の介入が予告していた

＊5　訳注――グルカ兵（Gurkha）とは、ネパールの山岳民族で構成される戦闘集団である。一九世紀初頭のイギリス・ネパール戦争の最中に、東インド会社軍の傭兵として雇用して以来、二一世紀に至るまでイギリス陸軍は多数のグルカ兵を雇用している。グルカ兵は一九世紀以降にイギリスが関わったほぼすべての戦争に派兵され、その植民地領土や海外権益の保持のための重大な軍務を担ってきた。本稿でのウェアーの議論にとって特に重要なのは、度重なるイギリスからの軍事干渉にもかかわらず、ネパール王国が主権を守った独立国であり、それゆえグルカ兵がイギリスからすれば「外国人傭兵」だという点である。なお、グルカ兵の募集の歴史、およびイギリス市民社会におけるかれらの地位と権利を考察した論文として、以下のものがある。本稿とともに併読されたい。上杉妙子「移民の軍務と市民権――1997年以前グルカ兵の英国定住権獲得をめぐる電子版新聞紙上の論争と対立」『国立民族学博物館研究報告』三八（四）、二〇一四年、五五五・六〇五頁。

のは、政治的な意思決定の過程が、普通の明らかに非政治的だが論破しえない大義を持っている人物がもたらす混乱に対して脆弱なものとなる短い期間――イギリスの国会議員の支出に関するスキャンダルが吹き荒れる直前に起きた――の到来だったように思える。テレビ放送されたシチュエーション・コメディ『アブソリュトリー・ファビュラス（*Absolutely Fabulous*）』のなかの放埒で道徳を超越したキャラクター、パッツィーを演じたことで築かれたセレブリティとしてのラムレーの地位は、彼女が年老いたグルカをきわめて倫理的な存在としてイギリス公衆の目に映し出すのに役立った。退役したグルカ兵と彼らの子孫たちは、連合王国との希薄なつながりから利益を得ようとしている望まれない移民というカテゴリーに入れられたりすることなく、ナショナルな集合体への加入に値する人たちであると見なされたのである。数多くのオンライン上の討論会や、視聴者電話参加番組、それから公衆の反応を伺った他の様々な情報源が、グルカへの支持の高さを証明していた。その評判は、様々なことを要求するくせに、その見返りに何の貢献も果たさない悪い種類の要求者と見なされる経済移民やたかり屋（spongers）に向けられる反応とは著しい対照をなしていた。ネパール人元兵士は、シティズンシップの諸権利への主張が認められたのである。彼らが自身の生命を賭した国で尊厳を持って余生を過ごす資格を得たわけではないのだが。彼らが受けている粗雑な扱いを明らかにする長いキャンペーンは、二〇世紀末にイギリスが行った数々の戦争におけるグルカ兵の果たした役割を、イギリス公衆に教える機会でもあった。その当時、たとえばフォークランド諸島や、ボスニア、コソボ、東ティモール、シエラレオネ、イラクでの戦争に対する彼らの積極的な関与にほとんど注意が向けられていなかったのだ。ラムレーの勝利のたった三日前の五月四日に起こった、ヘルマンド州でのクマール・プン伍長の戦死は、グルカ兵の部隊がアフガニスタンでのＮＡＴＯの作戦行動にとっても枢要であることを思い起こさせるものだった。

これら威厳ある外国人を擁護しているとき、ラムレーのカリスマ的な女性性が持った白人性の意義や、衆目の前で自分たちの声を上げる能力を奪われている彼らの沈黙とは好対照の、彼女の震える女性的な声について推論をめぐらせてみたくなる。彼女によって体現された白人の女性性は、ジェンダー、人種、植民地権力に関する歴史的記憶を確実に活性化した。彼女自身の父親が兵士だったという実際の記憶に基づき、またコミュニティとしてのグルカ人とのあいだに彼女が築いた家族的関係を確認し合うためになされた、「連隊の娘（dauter of the regiment）」だという彼女の主張は、帝国の赤子として彼女が成型されたことを認識した衰えいく同世代の人々から歓迎された。また、彼女が話すときに込められた情熱は、一九三九年から四五年にイギリスとその同盟国が行ったグローバルな軍事行動と、インド亜大陸に対するイギリスの帝国的な結びつき双方についての、深く根ざしたナショナルな記憶を喚起した。しかしながら、ラムレーの頬を伝った恥辱の、後には喜びの流涙は、残余的で時代錯誤的な植民地的合意を通じてイギリスに結びつけられている一団の人々に対して支払われるべき「敬意という道徳的負債」を承認させるための感情的な闘争から生み落とされた、というだけではない（Allen 2009）。それらは、ナショナリティやエスニックな起源にかかわりなく、ネイションに仕える兵士になることが何を意味するのかについての力強い観念の勝利を知らしめていたのである。しかしながら、この英雄的な言説のなかで女王と国のために流されるポストコロニアルな血は、BNPに好まれる人種的な血族関係（kinship）の拍動に合わせて脈打つ純化された血液と、簡単には混じり合わされないものなのだ。

軍事という蝶番

ネイションのために殉ずる、人を殺す準備ができていることは、ナショナルな帰属のイデオロギー的基礎であり、民主的なシティズンシップの物質的な諸利益を受けるための十分な資格要件でもありつづけている。「我らが軍についての国民の認識（National Recognition of Our Armed Forces）」に関する二〇〇八年の調査のなかで、ゴードン・ブラウンはこの互酬関係を強調した。

政府は、我々が我々の軍に負っている債務を痛感し、彼らが我々の国のために果たしている職務に対する感謝の念は、給与、免税対象の特別賞与、住宅、医療に関する最近の決断のなかに反映されている。〔…〕しかしながら、これらの個々の決断も重要なものであるとはいえ、それら以外にも、兵役に就いている男性や女性たち、とりわけ困難で危険な海外遠征に従事している者たちに不可欠なのは、彼ら自身の名の下に行っている職務を、イギリス全土（whole of Britain）が理解し、感謝しているのだと知り得ることである（Davis 2008）。

「イギリス全土」がイギリス軍に所属する男性や女性の後ろ盾になっているという、ブラウンが行った再保証は、陸軍教義のなかで以下のように定義されている不文律の軍事盟約（the Military Covenant）と共鳴するように意図されたものだ。「ネイション、陸軍、個々の兵士のあいだの相互義務、その歴史を通じて陸軍を支えてきたアイデンティティ、忠誠、そして責任についての断ち切れることなき結束」（British Army n.d.）。これは守勢に回った政府の一手で、政府がイラクにおける軍隊と本国にいる彼らの家族への財政的あるいは道徳的な支援を怠ってきたことに対する数ヶ月に及ぶ批判の末に現れたものだった。たとえば、二〇〇七年に『インデペンデント・オン・サンデー』紙は、多くの組織団体や、軍の高官、あらゆる政党の政治家を含む、多数の有力者たちの後援を受けて、軍事盟約を礼賛するよう政府に圧力をかけるキャンペーンを開始していた（Johnson 2007）。

こうしたことは、兵役を例外的な雇用として際立たせている市民社会で生じる発展のひとつにすぎない。キャンペーンを後援した諸勢力の結合が明らかにしたのは、兵士の形象はいかにネイションが構成されているのかを象徴的に示すということであった。その国が積極的な軍事行動に関わっている際には、特にそうなる。ここでも比較論的なアプローチが有用になる。合衆国の視点からクレーブスは、「軍事的なものは、国内政治と国際政治にまたがり、両者を調停する蝶番（hinge）のごとく要となる制度である」と論じている（Krebs 2004: 123）。こうした理論的一般化は様々な国民国家間に見られる大きな相違を不明瞭にしてしまうことにも留意せねばならないが、依然としてそれはヤヌスのように二つの顔をもつ軍事的諸制度の性質についての価値あるコメントであるといえよう。いかにその蝶番が包摂と排除のメカニズムとして作用するのかを探求しながら、クレーブスは、軍事的人員に関する諸政策が、シティズンシップの政治や、政治的共同体の定義、そしてナショナリティの諸境界の形成に関わっていると述べている。

> 軍隊はまぎれもなく社会的で、また機能的な制度である。社会的な諸構造や諸価値によって形作られ、それらを形作りもする。誰が兵役に就くのかをめぐる議論が激情を喚起しつづけるのは、部分的には、軍隊の人員に関する諸政策が、シティズンシップとナショナル・アイデンティティというおそらくは政治体の最も中心的な問題に重大な影響を与えるものであると広く考えられているからである。（Ibid.: 89）

シティズンシップとナショナル・アイデンティティの政治を研究する者にとり、戦争中である国の軍隊の人員に関わる政策と戦略に注意を向けることは、ネイションの諸境界――（催眠性の政治的理念とまではいわずとも）観念としてのネイションと、政策的な観点でのネイション両方の諸境界――を調査するための重要な方法となる。もし問題となっている戦争がポピュラーな支持を得ていない、あるいは軍隊での仕事の諸条件が様々な理由から魅力的だと考えられていない場合には、募集できるところで、志願兵を募集せざるをえない。相当数の非‐国民の雇用は、ナショナル・アイデンティティの形成における矛盾に満ちた諸規範を露呈させる。ヨーロッパ諸国の軍隊における兵士の雇用を長大な期間に及ぶ歴史的視野の下に置きながら、サラ・ペルシーは募兵の問題に対する受け入れられる解決策としての傭兵の使用について調査している（Percy 2007）。ここで彼女の分析が重要になるのは、それが様々な国々の文脈において、シティズンシップに孕まれる兵役、責務、義務についての態度が変遷してきたことを明らかにしているからである。

国家と市民のあいだの関係についての新たな観念が、傭兵の使用を不道徳とみる既存の発想を強化し、傭兵の使用は不可能になっていった。一九世紀後以降のヨーロッパで外国人戦闘員を使用するのは、あらゆる国家で用いられていた兵役のシステム全体を掘り崩してしまい、戦争と殺人がいかに正当化されうるかについての根本的な信念に挑戦することになった。傭兵の使用は、ナショナル・アイデンティティを掘り崩すことにもなる。市民たちに進んで国家のために戦い、殉じようという意志があるか否かが、世界という舞台で重要なプレーヤーとなっているかどうかを示す、国家の成功と地位の指標のひとつになったからである (Percy 2007: 165)。

グルカ兵もコモンウェルス出身兵のいずれもイギリス陸軍では傭兵とは資格づけられてはいない。彼らは国家の正当な管理の下にやってきているからである。しかしより重要なのは、「グルカ兵のために正義を求めるキャンペーン」が、ネパール人部隊はイギリスの戦争に参加することで国に対する彼らの忠誠を証明したのだから、彼らの「外国人性 (foreignness)」のためにシティズンシップの諸権利への資格を否定されはしないと証明した点である。ここにおいて、誰が値するのかという問題は、誰が兵役に就いたかという難題と切っても切り離せない。地理学者デボラ・コーウェンは、カナダの社会的シティズンシップの歴史的発展を論じるなかで、「戦争仕事 (war work)」への市民の関わりは、結果として大衆戦争 (mass war) の概念を変容させ、それに見合った権利が与えられるような奉仕 (service) へと変えたと主張する。「大衆戦争は国民のあいだに社会的権利の感覚を深く浸透させた」と彼女は書いている (Cowen 2008: 53)。これは本質的に国民皆兵制度と連関するものであった。また、近代的福祉国家の端緒を開いたイギリスのベファリッジ計画も、同様の諸前提に依拠していたともコーウェンは指摘している。一九三〇年代以来、「社会保障 (social security)」という用語が、国民 (people) の社会福祉に対する政府の責任を指すようになった。そして国民のほうは、その見返りとして、何らかの形態のナショナルな (通常は軍事的な) 奉仕を負担すると考えられてきた。ベファリッジがかつて説明したように、「社会保障は、国家と個人のあいだの協働によって達成されねばならない。奉仕と貢献に報いるため国家は保障を提供せねばならないのである」(Ibid.: 53 強調は原文)。

今日、国体 (nationhood) の諸境界を定めるために、一層厳格化される移民管理を正当化する政治的枠組みに関する何らかのコンセンサスは、誰が社会福祉を受ける資格を有し、その見返りとして、どのような形態の忠義（allegiance）あるいは義務が要請されうるのかを規定するための激しい交渉のなかから生まれてくるだろう。我々が見てきたように、強固なナショナル・アイデンティティについての、伝統的なルールは明白だ。国家からの保護を得る代わりに、国のために人を殺す用意が、死ぬ用意が、あるいは我が子を手放す用意がなければならない。しかし、国が長々と続き、コストのかさむ危険な戦争にかかずらわり、気乗りしないその国の市民たちのほうは、体重過多の不適格者で、世界のなかでの彼らの立場に確信を持っていないと見なされるようになっているとき、軍事的な人員募集の方法と射程は、いかなる問題を提起するだろうか。兵士の育成には時間を要する。集中的な訓練計画で最終的にはその能力を規定できるとはいえ、（軍事用語で言われるところの）パイプラインに入る原材料である新兵の品質の変動は、コストや損耗、保有の量を左右する。

シティズンシップを研究する学者たちが、効果的な軍事要員の「人員管理（manning）」（と維持）をめぐる諸過程と諸政治を観察するのに最良の時機を逃しているのは賢明ではない。国の軍隊の機能が、移民労働者の使用とエスニック・マイノリティの周到な取り込みに依存している今、ナショナル・アイデンンティティの基本設計を規定している概念的かつイデオロギー的格子としての白人性の価値と諸限界を精査するまたとない機会がもたらされているのだ。さらにいえば、移民－兵士という現象は、「シティズンシップの排他的な境界画定」の研究と、帰属していると考えられる者たちに授与される「利益、コスト、（もしあるとすれば）諸権利、そして義務」への焦点化のあいだに横たわる理論的基礎の厳格な再考を要請してもいる（Somers 2008: 21）。

軍への入隊

イギリス陸軍で行われているコモンウェルス市民の兵士採用は、兵役に就くための居住期間の制限が一般公務と同水準にまで引き下げられた一九九八年に開始された。新たな兵員の調達源が提供されたことは、深刻な新兵不足と在籍率の悪化の緩和に即座の効果があった。この手立てがあまりにも即座の成功を収めたために、二〇〇五年の『タイムズ』紙のリポートが（のちに誤報だと判明したのだが）、「入隊者の数が七年間で約三〇〇〇％増加したため、陸軍はコモンウェルスおよび外国出身の兵士の積極的な雇用を停止している」と主張するまでになった（Evans 2005）。一〇年にわたって様々な国から募集された兵数の変動は、数多くの要因に依存しており、なかでも陸軍の出先機関がカリブ諸国とフィジーで行った物議を醸す数々の活動の意味は大きい。しかしながら、二〇〇九年初めに兵数がピークに達したことを示すいくつかの兆候がある。同年四月、国防省が公表したデータは、常勤の陸軍兵士のなかには（連合王国を除いた）三八カ国の出身者がおり、連合王国以外の兵士の総数が一万四三〇名に至り、これは全兵力の一一％をほんの少し下回るにすぎないと明らかにした。この数字からはネパールで募集された三六〇〇名のグルカ兵が除外されている。フィジー人の数は二一〇〇名に達し、ガーナ人は七四〇名、南アフリカ人は八四〇名に及ぶ。かつては最多数の集団を構成していたジャマイカ人は、二〇〇六年の九三〇名から六〇〇名まで減少した (Foggo and Waite 2009)。重要なことに、コモンウェルス諸国からの募集兵の総数は、景気後退が始まるに伴って減少している。それによって連合王国生まれの応募者が急増したからである (Taylor 2009)。

二三歳のジャマイカ人、キャラルはイギリス陸軍の技術供給専門官で、当時は多様な背景を持つ兵士を募集するための部署（the Diversity recruiting unit）に配属されていた。筆者は、ロンドン近郊スラウにあるショッピングモールで彼女と面会する約束を取りつけた。その街で彼女は募兵のための出張所を運営するチームの一員として働いていた。間仕切りのない開放的なカフェに座り、彼女の同僚たちからの視線に晒されながら行った会話のなかで、彼女は自分がイギリス陸軍の兵士であることをジャマイカにいる家族はどのように感じているのか説明してくれた。「彼らは喜んでいるわ。結局のところ、それも一つの仕事にすぎないのだけど、実家に戻ったときは、その仕事を誇らしく感じられるのよ」。

筆者は彼女に、連合王国生まれの同僚たちのなかで、どのような種類の反応に会うのかを尋ねてみた。「多くの人たちは、コモンウェルス出身者が軍にいるのを新奇なことだと考えている。若い兵士たちは自分たちの歴史を知らないのよ。『なんでまたイギリス陸軍に入隊したんだい？』と彼らは訊いてくる。だから言ってやるの。『なぜいけないの？　女王は私たちの政府の元首で、私たちはイギリス的な価値と尺度を身につけている。建前としては、私たちはイギリス人、コモンウェルス出身のイギリス人なのよ』ってね」。

キャラルが持つ歴史的連続性への感覚は、部分的に、ジャマイカ市民としての視点に依拠している。彼女は陸軍が企画し、イギリスの戦争を担った植民地兵士の歴史的役割を記録した「我々はそこにいた（We Were There）」と題された展覧会のなかの、ブラック・ヒストリー月間のためのインタビュー取材を受けたとも話してくれた。しかしながら、募集員として働く彼女は、連合王国で生まれた若いイギリス人たち、とくにカリブや南アジアに出自を持つ人たちが、軍隊生活に惹かれていないこともよく分かっている。「エスニックな背景を持つイギリス人で軍に入隊している人たちはそれほど多くはない」と彼女は語った。彼女の同僚であるコモンウェルス出身の兵士たちが、それとは異なる姿勢を取っていることは彼女には明らかである。理由のひとつは次のようなものだ。「私たちには（ここでの）長い歴史がないから、入隊が簡単にできるのよ。イギリスのエスニック・マイノリティたちの募兵については、彼らの両親が大きな役割を果たしている。私の家族は連合王国で暮らした経験がない。だから私の頭のなかに邪魔になるものがなかったの」。

以上は長時間に及んだ会話からほんの短い抜粋をしただけだが、それだけでも、ここでの議論にとって重要な数多くの問題が提起されている。キャラルとのインタビューの最中、筆者は目の端で募兵グループを観察していた。途切れとぎれに会話しているが、退屈そうに見え、特に何をしているふうでもない通行人たちの関心を惹こうと、緑のユニフォームを着た三名の白人が最善を尽くしていた。筆者が愕然としたのは、彼らのところにキャラルが戻り、同じ制服を着た若い黒人女性が加わるやいなや、彼らの見え方が変容してしまったことだ。議論の余地なく、彼らは一層ダイナミックでモダンに見えるようになったのだ。それは募兵の手先としてのキャラルが持っている破格の値打ちを明示していた。同僚の耳が届かないところで、彼女は黒人、白人を問わず若者たちとした会話についていくぶん長めに語ってくれたが、それによって、なぜ彼女の役割が、募集のターゲットとなるマイノリティとの面会に限られていないのかがより明らかになった。彼女の話が表現していたのは、イギリスの国防軍での勤務にふさわしいのは誰か、どのような理由で彼らは受け入れられることになるのかといった事柄に関する数多くの複雑な諸計算であった。

イギリスのポスト帝国的な軍隊の職業化と近代化が始まるのは、一九六〇年に徴兵制度が廃止された時である。それは、同制度の廃止がネイションの道徳的および物理的な健康に及ぼす諸影響に関して長く苦悩に満ちた議論を行った末のことだった。一九四五年から二〇〇〇年までを射程に入れたイギリスのナショナル・アイデンティティに関する浩瀚な歴史研究のなかで、リチャード・ウェイトは人種が徴兵制度の廃止のキー要因だったと指摘している。そこでウェイトは、次のような懸念があったことに言及している。「移民の帰結として、大部分の黒人とアジア人が召集の責任を負うことになった。〔…〕職業的軍隊への黒いイギリス人の入隊は、偏見に満ちた選考によって制御しうるものだったが、法定の兵役義務となれば、話は別だった」[*6]（Weight 2002: 308）。このポストコロニアル期における、イギリス軍とその構成組織——陸軍、空軍、海軍——の多様化を先導した議論は、それらも国民保険サーヴィス（NHS：the National Health Service）やイギリス放送協会（BBC）のような公共セクターの一部であり、それゆえ雇用法規に制約されるという事実を反映していた。二〇〇一年の人種関係改正法（the Race Relations Amendment Act）は、差別を廃絶するだけでなく人種平等を促進するために積極的な措置を取る義務を、すべての公共団体に課した。人種主義、いじめ、ハラスメントをめぐる自身の悪評と格闘する閉鎖的な軍事機関である陸軍としても、平等な機会を提供する信望に足る雇用者としてのイメージを再構成するために、エスニック・マイノリティの大規模な採用が必要なのだ。

クリストファー・ダンデカーは、イギリス軍の人員にエスニック・マイノリティが募集された背景にあった政策転換について詳述している（Dandeker and Mason 2003）。現代のイギリス社会のエスニック構成を反映せよとの要件を満たす以外にも、他の諸要因が関係していた。それらは、より忠実に多様性を代表する人員の要求には、十分なビジネス上の理由も存在したことを示している。ダンデカーは、新たな被雇用者の獲得競争に乗り出すとき、陸軍がエスニック・マイノリティの採用を増やそうとした動機を三つ挙げている。第一に、彼らの雇用は兵員募集のためのより大きなプールを提供する。第二に、陸軍は広い分野に及ぶスキルと経験から利益を得られるようになる。第三に、それによって陸軍は平等な機会を提供する雇用者になるとの理念に沿い、その理念を志向できる。そうすれば、陸軍のイメージも改善され、募兵の助けにもなるだろう、と。

しかしながら、兵役とマイノリティの地位、そしてシティズンシップのあいだの連関は、重要な政治的な帰結をもたらすことにもなる。兵士－市民の理念の核心部分に及ぶものであるがゆえに、こうした議論はより複雑なものとなる。イギリスのエスニック・マイノリティのコミュニティが軍隊のなかで代表されれば、彼らの帰属への権利はより強固なものとなるだろう。だが、とダンデカーは問うている。彼らが入隊せず、自発的に彼ら自身を排除してしまうならば、このことはシティズンシップの諸権利を求める彼らの主張に影響を与えてしまうのだろうか。なぜ、こうしたことは、同じく兵役を拒否している白人とカテゴリー化される者たちに対しては適用されはしないのだろうか（Ibid.: 489）。これらの問いは、兵役に就いているが、連合王国の国民ではない者たちが置かれた窮状を照らし出している。イギリス陸軍は相変わらずイギリス生まれのエスニック・マイノリティの志願者を惹きつけ損なっている一方で、今では三五を超える国々から来た人員を雇用している。彼らの多くは、キャラルのように、二重国籍を保有している。他の者たちは将来のどこかの時点で「赤色のパスポート」の取得を望んでいる。しかしながら、かなりの割合を占める人々が、兵役中あるいは退役後に帰化申請を行おうという意志を持っていないのである。

＊6　引用文は、次のように続く。「陸軍評議会の報告書は、戦時における黒人とアジア人の兵士の忠誠は信頼しえないものであると結論づけている。要約すれば、陸軍に有色人を入隊させ、さらには、彼らにイギリス陸軍での任務を与えることは、陸軍評議会の見解では、陸軍の規律と福利厚生に脅威をもたらすことになり、そのことは戦時において非常に深刻な問題となるというのである」（Weight 2002: 308）。

募兵に向けた競争《レース》、あるいは募兵にとっての人種《レイス》

軍隊で非イギリス国民を雇用することに絡んだ、移民についての複雑な問題を吟味する紙幅の余裕がここにはないが、イギリスのポストコロニアルな未来に関するこうした議論の文脈のなかで要約しうるいくつかの問題がある。第一に、コモンウェルス諸国から来る労働者のこの厳格に制限されたプールの歴史的重要性を了解するとともに、それを戦後のイギリスの復興を支えるべく設計されたより早期の移民のパターンと接続することが重要である。一九四八年、クレメント・アトリーが率いた労働党政権は、イギリス国籍法(British Nationality Act)を可決させ、まだ植民地支配の下にあるか、新たに独立を達成したかにかかわらず、コモンウェルス諸国に属するすべての成員にシティズンシップの諸権利を授与した(Paul 1997: 17)。同法は、疑いもなく並外れた妥協の産物であり、コモンウェルス内部のナショナリズムに対する競い合う主張を満足させると同時に、コモンウェルス全領土を通じてイギリス臣民(British subjethood)の地位を保全するために設計されたものだった。必然的に、それはあらゆる政党の垣根を越えて政治家たちを分断させる論争を招く方策だった。ウェイトは当時の内務大臣が、その法案が「帝国の有色諸人種」を母国の人々と法的に同等に置くものと主張したことを回顧している。同時に、彼の解釈では、法案は「『文明』を定義し、それがイギリスの保護下にある人々によっていつ獲得されたのかを決定するイギリスの権利を留保する、ひとつの人種的ヒエラルキーの観念に基づいていた」(Weight 2002: 137)。

コモンウェルス諸国のあらゆる成員に対するイギリスのシティズンシップの拡張は、移民管理についての修正主義的説明のなかではしばしば忘れ去られがちになる。しかし、それは様々な政権が行った制限的政策に関するその後の交渉に、法的かつ憲政的な文脈を提供したのである。今日のアイロニーは、EU内部の労働市場を釣り上げることのほうを好んで、コモンウェルスからの移民の他のルートが封鎖されていく最中に、国防省が軍事的人員の源泉としてコモンウェルスに目を向けたことだ。一九三九年から四五年の戦争中にイギリスの植民地軍が担った協力的な役割が、歴史的連続性を強調し、そうした歴史的連続性がコモンウェルス出身者からの募兵を実現可能なものにしている。同時に、かつて彼らが敵として戦うことを求められたEU諸国の市民たちには、自由勝手な往来が許されているのである。

第二に、先に言及した軍事盟約は(British Army n.d.)、福祉(welfare)と戦争(warfare)の複雑な連関を浮き彫りにするだけでなく、兵士と社会の関係の互酬的な性質を明示している。兵士が移民でもあるとき何が変わるのかと問うことは、兵役はナショナルな集合体に帰属するための議論の余地のな

き資格であるとの考えを審問に付すよう要請する。「戦争の閃光」が一群の諸矛盾を明るみに出すのは、ここにおいてである。元グルカ兵たちに向けられた愛国主義な支援は、いかに「人種」やエスニシティの構築が、戦争と社会の相互関係のなかで改変されるのかを例証している。ネパール市民であるにもかかわらず、彼らは依然として「我々のボーイたち（our boys）」と見なされ、年金、無料の医療、イギリスに留まる権利を含めた、「我々」からの十全な援助に値すると考えられているのだ。兵士たちへの忠誠の論理と、白人だけを厚遇するアジェンダとの板挟みになったBNPは、次のように宣言することで矛盾を避けようとする。「グルカたちを、たとえば、アルカイーダと意気投合し、この国に忠誠を抱いていないこの国のムスリム住民のうちの非常に多くの部分と交換できたなら、我々は本当に幸せだろう」（*MailOnline* 2009）。

しかし、新兵募集で入隊への誘因としてシティズンシップを提供している合衆国とは異なり、すでに彼らの労働のために例外的な市民となるイギリスのコモンウェルス出身兵士は、同時に、例外的な移民のままに留まらされている。グルカ派遣部隊が個別の部隊として組織される一方、コモンウェルス出身の人員は、不均等に多様化され、されど統合されている軍事要員のなか、連合王国出身の同僚たちの傍らで訓練を行い、軍務に就いている。こうした兵士の大多数（彼らのなかには白人に指定されるものもいる）は、そうでなければEU外部からの不適格な熟練および非熟練移民として投げ出されたかもしれないとはいえ、彼らにはイギリス軍での雇用の条件としてシティズンシップが与えられているわけではない。シティズンシップの取得につながる道が用意されているわけでもない。彼らが申請を望んだとしても、「軍務に就く」準備のために早急に処理されてしまうのだ。移民‐兵士の形象は、英雄とたかり屋（scrounger）という二つの強力な言説的伝統の交差点に立っていると言っても過言ではない。両者ともにイギリスの独特な歴史的形成から生まれたものだ。しかしながら、ポストコロニアルな強い紐帯でイギリスと結びついた移民‐兵士の雇用は、肌の色や土着性の概念によって我々の政治的共同体の諸境界を画定する「常識（common sense）」的な人種主義に挑戦するものである。

第三に、ポストコロニアル・メランコリアに関するギルロイの最近の診断によってアップデートされている、フォークランド戦争以来のチャーチル主義に関するバーネットの分析は、今もって妥当なものである。第二次世界大戦の記憶は、今日のイギリスにおける排除と権利資格をめぐるナショナリストの諸言説の基盤であるからだ。BNPのような人種主義的組織は、「エスニック」なイギリス人たち（Brits）が島国の防衛のために英雄的に戦ったというナショナルな過去の幻想に依拠しているが、現在のイギリス陸軍におけるコモンウェルス諸国出身の男性や女性の存在は、「移民たち」は国のために自分たちの命を危険に晒す準備ができていないという古式ゆかしい人種主義者の非難を根底から掘り崩している。同時に、イギリス陸軍が相当数の連合王国市民の兵士をエスニック・マイノリティのコミュニティから首尾よく集められていないことは、ネイションに奉仕する非常に象徴的仕事としての兵役の強力な意味に注意を向けてくれる。また、人種主義、排除、アイデンティティ、帰属に関する社会学的な調査のなかで、イギリス軍を考慮に入れる必要性を強調してもいる。

本稿は、アフガニスタンでの現今の戦争の閃光が、二一世紀のイギリスのナショナル・アイデンティティが争われる地勢を露出させていると議論してきた。理論的および方法論的批判の双方に常に開かれている白人性の概念は、シティズンシップのパラダイムを異なる学問分野の視野から調査するための必須の分析道具でありつづけている。とりわけ、ソマースの用語でいうところの、「内側／外側」と「内側／内部」の重なり合いを扱う学術研究においてはそうである（Somers 2008）。人工的で自主規制された学問分野の諸境界のせいで、戦争と社会のダイナミックな関係がしばしば見過ごされるのに対して、募兵を統括する諸実践と諸政策は、社会的なものと軍事的なものの圏域が重なり合う重要なゾーンを指し示している。様々な国々における兵士－市民と兵士－移民という二卵性の双子の姿に慎重な注意を向ければ、ナショナル・シティズンシップの変わりいく諸次元を追跡する手段が提供されるだろう。今日におけるこうした問いの妥当性を把握するには、兵役の歴史が、市民と支配者とのあいだで長きにわたって争われ、また争われうる契約（pact）として理解される必要がある。クレーブスが言うように、「今日、皆兵制度に基づく大衆の軍隊（mass army）は敗走中で、民営化された治安部隊が帰還の途上にある。〔…〕しかし誰が兵役に就くのかは重要な問いでありつづけている」（Krebs 2004: 124）。アフガニスタンでNATOが主導した国際治安支援部隊（ISAF）の占領における民間会社と民営治安人員の圧倒的な増加を念頭に置くなら、こうした問いの探求は、永続的な戦争と軍事化、そして人種主義に対峙するより効果的な連帯のあり方を模索する、トランスナショナルな比較の（共同作業とはいえずとも）対話のための価値ある機会をも提供してくれるのだ。

参考文献

Allen, Vanessa. (2009) Treachery! The government unveils new residency test for Gurkhas... that almost NONE of them can pass. *Mail Online*, 24 April 24. Available at: http://www.dailymail.co.uk/news/article-1172758/Treachery-The-government-unveils-new-residency-test-Gurkhas-NONE-pass.html

Barkawi, Tarak. (2005) *Globalization and War*. London: Rowman and Littlefield.

Barnett, Anthony. (1982) Iron Britannia. *New Left Review* 134(special issue) (July–August).

Best, Keith. (2009) A longer journey to citizenship. *The Guardian*, 3 August. Avaialable: http://www.guardian.co.uk/commentisfree/2009/aug/03/citizenship

BNP. (2009) Party poltical broadcast, aired May. Available at http://tv.bnp.org.uk/2009/05/european-elections-broadcast-2009/

British Army (n.d.) *The Military Covenant*. Available at: http://www.army.mod.uk/join/terms/3111.aspx

Brogan, Benedict. (2008) Miliband compares Afghanistan to 'defending white cliffs of Dover in WWII'. *Daily Mail*, 10 June. Available: http://www.dailymail.co.uk/news/article-1025065/Miliband-compares-Afghanistan-defending-white-cliffs-Dover-WWII.html

Cowen, Deborah. (2008) *Military Workfare: The Soldier and Social Citizenship in Canada*. Toronto: University of Toronto Press.

Dandeker, Christopher & Mason, David. (2003) Diversifying the uniform? The participation of minority ethnic personnel in the British Armed Services. *Armed Forces & Society* 29: 481–507.

Davis, Quentin, Clark, Bill & Sharp, Martin. (2008) *Report of Inquiry into National Recognition of Our Armed Forces*. Available at: http://www.ppu.org.uk/ref/recognition_of_our_armed_forces.pdf

Evans, Michael. (2005) How British Army is fast becoming foreign legion. *TimesOnline*, 14 November. Available at: http://www.timesonline.co.uk/tol/news/uk/article589974.ece

Foggo, Daniel & Waite, Roger. (2009) Commonwealth cousins prop up the British Army. *The Sunday Times*, 26 April 26. Available at http://www.timesonline.co.uk/tol/news/politics/article6168981.ece

Foucault, Michael. (2003) *'Society Must Be Defended': Lectures at the College de France 1975–1976*. London: Picador. （＝(2007) 石田英敬・小野正嗣訳『社会は防衛しなければならない：コレージュ・ド・フランス講義１９７５－１９７６年度』筑摩書房）

Gilroy, Paul.(2005) *Postcolonial Melancholia*. New York: University of Columbia Press.

Goldberg, David Theo. (2009) *The Threat of Race: Reflections on Racial Neoliberalism*. Oxford: Wiley Blackwell.

Hewitt, Roger. (2006) Seeing whiteness through the blizzard: Issues in research in white communities. *Athanor* 10(2006–07): 41–50.

Jacobson, Matthew Frye. (1998) *Whiteness of a Different Color: European Immigrants and the Alchemy of Race*. Cambridge, MA: Harvard University Press.

———. (2006) *Roots Too: White Ethnic Revival in Post-civil Rights America*. Cambridge, MA: Harvard University Press.

Johnson, Andrew. (2007) IoS campaign: Honour our troops. Cameron backs • IoS' call to honour the Military Covenant. *Independent on Sunday*, 2 September. Available at: http://www.independent.co.uk/news/uk/politics/ios-campaign-honour-our-troops-401184.html.

Krebs, Ronald R. (2004) A school for the nation? How military service does not build nations, andhow it might. *International Security* 28(4): 85–124.

———. (2009) The citizen-soldier tradition in the United States: Has its demise been greatly exaggerated? *Armed Forces & Society* 36(1): 153–174.

MailOnline (2009) BNP leader Nick Griffin: Lots of Hindus, Sikhs and ethnic minorityBritons support my anti-immigrant views. *MailOnline*, 20 October. Available at: http://www.dailymail.co.uk/news/article-1221234/BNP-leader-Nick-Griffin-Lots-Hindus-Sikhs-ethnic-minority-Britons-support-anti-immigrant-views.html#ixzz0mUOYq45t.

Paul, Kathleem. (1997) *Whitewashing Britain: Race and Citizenship in the Postwar Era*. London: Cornell University Press.

———. (1998) From subjects to immigrants. In: Weight R, Beach A (eds) *The Right to Belong: Citizenship and National Identity, 1930–1969*. London: LB Taurus, 223–248.

Percy, Sarah. (2007) *Mercenaries: The History of a Norm in International Relations*. Oxford: Oxford University Press, 2007.

Pfaffenzeller, Stephan. (2010) Conscription and democracy: The mythology of civil-military relations. *Armed Forces & Society* 36(3): 481–504.

Somers, Margaret R. (2008) *Genealogies of Citizenship*. Cambridge: Cambridge University Press.

Squire, Vicki. (2008) Accounting for the dominance of control: Inter-party dynamics and restrictive asylum policy in contemporary Britain. *British Politics* 3: 241–246.

Taylor, Matthew. (2009) Army recruitment surge due to patriotism and recession. *The Guardian*, 27 September.

Weight, Richard. (2002) *Patriots: National Identity in Britain 1940–2000*. London: Macmillan.

特集〈戦争〉

戦争と「女性の活用」
――「母」をめぐるメディア・イメージ

竹田恵子

序

安倍内閣は「女性の活用」をうたっている。女性活躍担当相がおかれ、「女性活躍推進法案」が閣議決定された。現政権は、憲法解釈変更による集団的自衛権の行使容認に続き、改憲へ動きを強めている。このような今日の状況は、戦争を知らない子供であるわたしにとってさえ、「戦時下」の、少なくとも前段階を連想してしまう。また、「武器を用いた戦争」だけではなく、経済的な優位を勝ち取る「経済戦」もまた、産業構造のなかに蔓延しているように思える。「ブラック企業」問題と呼ばれる、労働者にとって過酷な労働条件も既に社会問題化している。

二〇一四年六月二四日には、「輝く女性応援会議公式ブログ」が開設された。安倍首相の笑顔とともに「SHINE」の文字が踊っている(図1)。

しかしSNS上では、この「輝く女性~」ブログに踊る「SHINE!(シャイン)」をローマ字風に「死ね」と読み替えた大喜利が見られた。奇しくも、「輝く女性~」ブログ開設とほぼ同時期に放映された味の素のCMでは、働きながら家事・育児をする母親と何もしない父親が登場し、いわゆる「炎上」の対象となった。これらの反応を「大げさだ」と捨て置くことはたやすいだろう。

しかし、前記のような反応が起こったのは、それだけ当事者のワーキングマザー、およびその予備軍の状況が厳しく、危機感が強いということの証ではないのだろうか。現在の「女性に活躍してほしい」という政府の思惑は、それが可能な支援が十分でなければ、非現実的なものに終わってしまいかねない。実際、いまだに「母になること」と「働くこと」との間には深刻なジレンマが確認できる（中野 2014）。

図1

現在における状況とは、国家／産業に寄与する労働力として「女性を活用」するいわば「総動員体制」なのだ。そして、国家総動員体制は、皮肉なことに女性の社会進出を（一面的には）促進する。さらに――もちろん――同時に現政権は「少子化解消」もうたっている。戦時下と同様、子供は国家の資源、貴重な「労働力」になるからである。

ここで、戦時下における「母親」として、そして「労働者」としての両輪からなる「女性の活用」がどのようになされてきたかを改めて見直すことで、現在の母親と女性をめぐる状況を逆照射することができるのではないだろうか。

戦時下の視覚的プロパガンダを研究した若桑みどりは「政策や法は国民を物理的に動かすが、内面からは動かさない。内面から国民を動かすには『文化』を動員しなければならない」（若桑 1995：61）と述べる。例としては、有名人の言説、ジャーナリズム、芸術、軍国映画、軍国絵画、軍国文学や漫画が挙げられる（若桑 1995: 62）。

筆者の意見も若桑に準じる。制度・政策のみならず、「文化」によって統制は完成する。文化は――大衆的なものであるなら、なおさら――国民の生活の隅々に浸透し、人々を方向づけるからである。本稿では、制度も含めた戦時下の女性動員のありようとその結果を概観した後、現在の状況における「女性の活用」の問題点を、メディア・イメージを起点として提示したい。

なお、本稿では広く一九三一（昭和六年）年満州事変から一九四五（昭和二〇）年のポツダム宣言受諾までの、いわゆる一五年戦争の時期を「戦時下」として扱うが、特に一九三八（昭和一三）年、国家総動員法が制定された後、終戦までの期間にもっともその特色を強くするものとしたい。

1 戦時下における「働く身体」と「産む身体」の相克

男は国外の〈前線〉に、女は国内の〈銃後〉に――。侵略戦争のための総力戦のなかで、これまで〈家〉の内と外に分けられていた性別役割分業は、その規模を、一挙に国家大にまで拡大したのだ。（加納 1987－1995: 67）

高橋は、戦時体制下の女性動員を①戦闘員、②労働力、③戦時下の生活と三区分している（高橋 1992）。しかし、①の戦闘員としての女性を考えると、女子通信隊や従軍看護婦などは、戦闘の後方支援部隊でしかない。一七歳から四五歳までの女性も兵士として参加することを可能にした義勇兵役法が公布されたのは一九四五年六月という、戦争末期のことであった。基本的に、女性を戦闘員として採用するという傾向は、低かったようである。

代わって女性は、家計管理とともに、「母として」多くの健康な国民を産み育てることが期待されていた。制度的な面からみても「人口増産」を目的とする措置は徹底している。これは前記の三区分のなかでは③にあたる動員であろう。

日中戦争がはじまった翌年の一九三八年一月一日に「母子保護法」が施行され、ほぼ同時期に厚生省が設置された。一月一三日には、「産児制限相談所」が警察命令で閉鎖。一九四〇（昭和一五）年五月一日には、「国民優生法」が公布。これは「国民」にとって「不適切」とされる精神分裂病や反社会的性質の遺伝を防止するために、出産を調節する目的を伴っている。同年七月、人口問題研究所が、女性は二〇歳前後での結婚を奨励するなどの「人口増加政策」を制定。一九四一（昭和一六）年には結婚の早期化、出産奨励。そのための家族制度の強化維持を柱とする「人口政策確立要綱」が決定された。

同年、「厚生省優生結婚相談所」が編集した『結婚と迷信』によると、結婚についての指導方針が「結婚十訓」として次のようにまとめられている。[*1]

＊1　本稿では引用文献の旧字旧かなは新字新かなに改めて用いる。

一、一生の伴侶として信頼出来る人を選べ
二、心身共に健康な人を選べ
三、お互に健康証明書を交換せよ
四、悪い遺伝のない人を選べ
五、近親結婚はなるべく避けよ
六、なるべく早く結婚せよ
七、迷信や因縁に捉はれるな
八、父母長上の意見を尊重せよ
九、式は質素に届は当日
一〇、生めよ育てよ国の為
（厚生省優生結婚相談所 1941　強調筆者）

これらの十訓からわかることは、国家による純粋で健康な「国民」の「質・量の向上」を目指した、結婚と性の管理である。第一〇項は、そのまま、「生めよ増やせよ国の為」という有名な標語になる（若桑 1995）。

しかし一方で、人的資源の枯渇から、女性は労働者としても期待されていた。ある意味での「女性解放」を促進させるのも、戦争の一側面なのである（上野 2009）。

したがって、当然ながら「働く身体」と「産む身体」の相克が俎上に載せられる。[*2] 金野美奈子によると一九三〇年からの一〇年間で、事務職従事者は四四万人から一九一万人へと増加し、それに伴って女性の九・一%から二三・四%へと増加している。この女性の職場へ進出は当然、兵器や弾丸、航空機部品工場等の職場にも起こったが、[*3] 事務職などのホワイトカラー層にもっとも顕著なものであった（金野 2009: 267）。

しかしながら、銀行員を対象に調査した金野によれば、これらの女性の労働自体が「ジェンダー化」されてしまったという帰結があった。男性行員の行っていた仕事も本格的に担当させなければならないといった理念がありながらもその職務自体を「女性に合致」させるような「簡単な事務」を担当させるものとした。

ここでは「簡単な事務」は仕事の属性ではなく、「女性」の属性としてとらえられている。つまり、「女性」の仕事が「簡単な事務」なのであり、その逆ではない（金野 2009: 271）

さらには、女性は家族のために尽くすべきという「家族イデオロギー」の強さにより、この女性の職場進出も一時的なものに終わっている。一九四一（昭和一六）年一二月一日、政府は「国民勤労報国協力令」を施行し、一四歳から二五歳未満までの未婚の女たちに対して、原則として一年に三〇日間以内の勤労奉仕を課した。しかし、同年に制定された前記の「人口政策確立要綱」では「女子の被傭者としての就業につきては二〇歳を超ゆる者の就業を成る可く抑制する方針を採ると共に婚姻を阻害するが如き雇傭及び就業条件を緩和又は改善せしむる如く措置すること」とある（厚生省人口問題研究所 1941: 184　強調筆者）。すなわち、未婚の女性は働いてもよいが、結婚を阻害してはいけないというのだ。そして当然結婚には、資源となりうる子供の出産が含意されている。ここに、戦時下の「女性活用」の論理が見られるだろう。未婚女性は「労働者」として動員されるが、何よりも「母」となるために結婚することが推奨された。

結局、戦時下においては女性の社会進出は達成されなかった（上野 1998）。何よりも重視されていたのが、「母」たる女性であったからである。

2　戦時下のメディア・プロパガンダ
——聖母のイメージ

もっとも、「母性」の尊重は、戦時体制下になってはじまったわけではなく、日本近代化に伴う「良妻賢母」の思想が国家的要請と一致し、戦時体制下における「母」のイメージへつながっていった。ここでいう「良妻賢母」とは、「家」を守り貞淑で忍耐強く、調和のとれた女性のことである（中嶌 1984）。

一九〇四（明治三七）年からはじまった小学校の国定教科書では、日清戦争時の戦艦高千穂の乗組員とその母親の「美談」が繰り返し登場している。母子家庭の母親が一人息子にたいして「一命を捨てて君恩に報いよ」という手紙を送り、それを知った海軍大尉がおおいに感動するというものである。つまり、「お国のため」に手塩にかけて育てた息子を惜しげもなく戦争に差し出す母の姿が美談となったのである（中西 1988）。

また、航空要員の補充が急務となった一九四二（昭和一七）年の年末ごろから、軍国美談には少年飛行兵とその母親が目立つようになる。長谷川倫子による分析では、軍や戦争関連の映画はいずれも[*4]、母親が育て上げた息子を国家に捧げるけなげな女性として描かれている共通項が存在した（長谷川 2005）。

若桑みどりは、戦時下の女性誌の口絵、表紙の図像を分析することで戦時下の視覚的プロパガンダがどのように行われ

＊2　雑誌『主婦の友』一九四二年一月号「婦人の徴用と働く娘の生活を語る座談会」、一九四二年二月号「働く娘の結婚促進座談会」等、既に「産む身体」と「働く身体」の相克に関する記事や対談が出現していることが確認できる。

＊3　厚生省はこれらの工場で女性を雇用するにあたって以下のような配慮を促している。一、女子への作業から計画その他の頭脳的要素を削減し、なるべく決った仕事を与えるように改めること。二、女子の受持仕事を分割して、これを幾人かに割当て、各自の仕事は単純な反復作業に改めること。従って女子はなるべく小物の大量生産または取扱に当てること。三、女子には、なるべく専門家した単純機械をあてがい、または機械の操作を単純化し仕事を簡単にすること（加納 1987: 67）。

ていたかを明らかにしている。若桑は、女性誌の口絵に見られる女性像の原型を「母」的なるものとし、キリストと聖母マリアの図像との類似性を指摘している。母の顔に悲しみは描かれない。なぜなら、自分の子はすなわち皇国の御子なのであり、高貴な使命を帯びて戦地に赴くのであり、死後は「神」になるからである。

　このように若桑は、戦時中、日本の女性に与えられたイメージは、戦争そのものを表現する戦意高揚絵画ではなく、男子を抱く母性の像、すなわち「聖母子」の系譜にあるとする（図2）（若桑 1995）。

図2

出所：『主婦之友』1941（昭和16）年5月号より

> かれらは、家父長制そのものにおける女性にもとめられる至高の女性像としての「母」イメージこそ、もっとも有効な視覚プロパガンダであることを知っていたのである。それは戦時において女性のなすべきこと、人的資源を生み育て、男性の戦争を助け、応援することを教えた（若桑 1995: 244）

なお、このような母とは、「強さ」と「優しさ」という性質を兼ね備えている。

> 「母」の像は二つの理想的な特質を兼ね備えている。それは、第一に、本来もっとも女子的なものとされている絶対的な「優しさ」——これは無私であり、報酬を期待せず、無条件的な愛とされる——である。いかなる愛も、「母の愛」にまさることはない。なぜならば、それはいかなる報償も期待しない無私の献身だからである〔…〕。「母」像はまた、第二の理想的特質を備えている。普遍的なあの言説、「母は強し」である。〔…〕それは性的魅力の不可欠な要素である受動性を阻害し、男性から諸権利を奪い取るような危険性をもつ強さではなく、あくまでもその子供〔…〕を保護育成するために発揮される強さである（若桑 1995: 242）

しかし、当時の政治思想にそぐわない発言を収録していた雑誌『特高月報』はありのままの母親の声を伝えてくれる。

「私等の如きものが一人息子を招集されては今後の生活に困るから税金は納めぬ」（一九三七（昭和一二）年八月　六三歳）（内務省警保局 1937）

この母親の意見はもっともであり、一家の働き手たる一人息子が招集され挙げ句に死んでしまったのでは、経済的にたちいかないだろう。現実には、このようなプロパガンダによって動員されない女性たちも、当然ながら存在している。しかし、彼女たちの言説は当時検閲によって公では決して語られなかった。

3　現代の「働く女性」と「母」

それでは、翻って現代における「女性の活用」はどのような様相を呈しているのだろうか。「働く身体」と「産む身体」の相克は、また、流通するメディア・イメージはどのようになっているのだろうか。男女雇用機会均等法が施行されて、約三〇年経つ。しかし国立社会保障・人口問題研究所の「第一四回出生動向基本調査」（二〇一〇年）では、二〇〇五年〜二〇〇九年に出産した夫婦への調査で、妊娠時に就業していた女性のうち、出産後（第一子が一歳時点）も就業を継続していた割合は、三八・〇％である。[*5] つまり、よく知られている通り、約六割もの女性が、出産後に退職している状況にある。

前回の第一三回調査（二〇〇〇年から二〇〇四年に出産した夫婦が対象）では、出産後就労を継続した女性は三九・八％となっているので、退職する女性の割合は増えていることになる（同調査　表5-1:14）。妊娠前から無職、つまり専業主婦の割合は、第一四回調査では全体の二四・一％と、今までもっとも低くなっている。[*6] 一方で、就業を継続しない割合が高くなっているため、就労継続している女性の割合は結果と

＊4　情報局により時局にふさわしいとされるばかりではなく、軍部の協力や支援を得て制作された映画作品は、①戦場が舞台となる〈戦争映画〉、②日本や中国を舞台に活躍するスパイを扱った〈防諜映画〉、③主として日本を舞台として出征兵士とその家族を扱った〈愛国映画〉、④産業増産を扱った〈増産映画〉、⑤満州での農業開拓を扱った〈開拓映画〉の五種に分類できるが、例えばヒット作『ハワイ・マレー沖海戦』（一九四二）、『君こそ次の若鷲だ』（一九四四）などがある（長谷川 2005）。

＊5　対象は初婚どうしの夫婦で、現在妊娠中の妻を除く、第一子が満一歳〜一五歳の夫婦である。

＊6　第一一回（一九八五年〜一九八九年に出産した夫婦が対象）調査の時点では、妊娠前から就労していない女性が三五・五％であったことを考えると、女性の労働市場への参入は確実になされてきているとは、いえよう（同調査：14）。

してほとんど変わらない（同調査 図5-3:14）。

育児・介護休業法は一九九一年の制定以来、三度の改正が行われている。二〇〇一年には短時間勤務制度の対象が三歳まで延長された。二〇〇五年には、保育園に入れなかった場合などに育休が一歳六ヶ月まで延長できるようになり、二〇〇九年の改正では男性の育休取得を促す「パパ・ママ育休プラス」が導入された。第一子出産の妻全体のうち、育休を利用した就業継続女性の割合は前回調査の一四・八％から一七・一％へと増加している。制度は整いつつあるが、正社員であっても、第一子出産後に五二・九％と半数近くしか、仕事を継続していないことがわかる（同調査 表5-1:14）。

母親たちの就労継続を阻害する要因とはなにか。冒頭で味の素のCMについて述べたが、ここで補助線として、一九八九年に放映された栄養ドリンク「リゲイン」のCMについて触れておこう。「二四時間戦えますか」というキャッチコピーが秀逸である。「企業戦士」たる男性主人公が華々しい活躍をするシリーズCMだ。

「企業戦士」という言葉は非常に象徴的である。三浦雅士は著書『肉体の零度』でもって見事に、産業革命以降の画一化された労働者たる男性の身体が軍隊をモデルにしていたこと、働く身体から「女性の身体」が排除されていったことを描き出している（三浦1994）。しかし、リゲインのCMの歌詞には「有給休暇に希望をのせて」とある。経済的成長を基盤とした「頑張れば報われる」という希望にあふれていることがうかがえる。有給休暇は本来、法的に正当な権利のはずであり、「頑張らなくとも」取得できるはずだ。ここに、日本における「企業戦士」の働き方の問題点をかいま見ることができる。「頑張れば」有給休暇を取得できた時期を経て、今ではさらに状況が厳しくなっている。「頑張っても」有給休暇を堂々と取得できない会社員――いわゆる「ブラック企業問題」――は社会問題化しているし、おそらく次に確認する味の素のCMに登場するワーキングマザーは、そういった「頑張っても」報われるかどうかわからない時代の会社員であろう。

さらに巧妙な点は、シリーズの一部で主人公の妻と思しきキャラクターを登場させ、BGMで「この星のために、いいえ、わたしのために勇気のしるし」と女声で歌わせているところだ。CMの最後には「あなたの、リゲイン」という妻側からのつぶやきが確認できる。妻のために自分は仕事で頑張るのだ、という正当化、すなわち性別役割分業の正当化が含意されていると考えられる。

しかし、そのリゲインのCMも二〇一四年にはキャッチコピーが「三、四時間戦えますか」と控えめになっている（https://www.youtube.com/watch?v=1TbzRq6QmWE）。この新リゲインのCMは、バブル期のように二四時間「戦う」つもりで労働に従事する、いわゆる「モーレツ」社員のような働き方を推奨するようなメッセージは発していない。

一方でYoutubeの味の素ＫＫ公式チャンネルに載っていた動画は、二〇一四年七月には見られなくなっていたが、どのようなものだったか。主人公の女性は朝起きて弁当の用意、洗濯ものを干し、子供を着替えさせ、保育園まで送り、そして仕事をこなしてからまた迎えに行く。女性は相当疲れているらしく、電車の中で居眠りをしているようだ。あわただしい朝の風景のなか、父親は何をしているかというとパジャマのままパソコンをいじっているだけ。ＢＧＭは「毎日まいにちごはんをつくる。何十億人ものお母さんが続けてきたこと。いつかは巣立ってゆく、そうあなたの幸せを願いながら」という歌詞だ。「現在」のストーリーであろう、坂井真紀演じる母親の映像に挟み込まれるかたちで、原始時代から順に時代を追って三組の母子が登場する。母親はいずれも子供にご飯をつくっている。一番目はアニメであるが、二番目、三番目の母親はいずれも坂井が演じており、その連続性から、原始時代から現在にいたるまでずっと母親が子供のために家事をしていたような錯覚を起こさせる（図3）。

図3

当該ＣＭはある意味では見事である。なぜなら、現在、女性に有形無形かかわらず、期待されていることを見事に描き出しているからである。「産め、働け、育てろ」と。さらに当該ＣＭには単純な間違いが指摘されている。瀬地山角も指摘しているが、家事労働は先進国では女性だけのものではなくなった（瀬地山 2014）。さらに、「母親」がもっぱら家事労働を担うようになったのは、そんなに昔ではない。近代以降である（上野 2009）。

このＣＭのレトリックは、実は戦時下とさほど変わらない。「母は強い」が、家父長制を揺るがせる強さではなく家父長制に都合のよいかたちの強さを、「母は優しい」が、これは子供と夫に尽くす滅私的な優しさであるというメッセージが「美談」風に伝えられる。このレトリックを考慮に入れると、なぜあのように味の素ＣＭに関して拒否反応が起こったのかがわかるだろう。

家族社会学、ジェンダー論が専門の永田夏来は、現在の保育や育児に関する現行制度や労働環境があまりにも多くの問題を抱えることになったのは、専業主婦の「見えない貢献」に企業や行政が依存し続けた結果であると述べる（永田 2015）。

このアンペイド・ワークともシャドウ・ワークとも呼ばれる「見えない貢献」によってなされていたタスクを企業や行政が肩代わりすることなく、「女性の活躍」だけを念じることには、無理があるだろう。おそらく「有事」たる戦時下において、「母性の」強調——「母は優し／母は強し」——は、もっとも有効かつ、もっとも都合のよいかたちでの女性動員のためのレトリックであった。

　しかし現在、このレトリックは早くも反発を招いている。戦時中よりも「労働者」としての女性の領分はずっと大きくなっているからだ。もっとも、「産む身体」と「働く身体」の相克は、既に江原由美子や、大日向雅美によっても指摘され、女性に自然に備わる性質とされる「母性」は批判にさらされてきた[*7]（井上・上野・江原（編）1995; 大日向 2000; 江原 1995）。しかし、中野円佳は、均等法世代と現在の女性たちの状況の違いを明確に示している。均等法第一世代とは異なり「(子供と過ごすための）制度があるのに使わない（で仕事をする）ことは、制度がなかったばかりにそうするしかなかった世代と比べて、母親の罪悪感を格段に高める。また、選択肢が示されていることがただちに救いとなるわけではなく、育児と就労のどちらもできているような人たちに対して「相対的剝奪感」を高める。

　均等法第一世代のなかで生き残った数少ない「上澄み」であるスーパーウーマンが「わたしのときは……」と武勇伝を語ったところで、「私には無理」と考えてしまいがちである（中野 2014: 326-327）。大和証券の女性役員の働き方を報じたウェブサイトに対して注目が集まった現象にも納得がいく[*8]。さらに、二〇歳以降の若者は、かつてのほどよく日常生活も大切にしつつ、経済活動に従事するといったバランスの良い働き方の志向を見せており、こういった動きも無視することはできないだろう（永田 2015）。

　上の世代からの変化もあり、働く女性の裾野も広がった「育休世代」の「働く身体」「産む身体」の相克をどのように解消できるかは、当の女性の個人的努力のみの問題ではなく制度のみの問題でもない。とすれば、人々を方向づける、いわば文化的側面である言説やメディア・イメージが、重要な役割を果たすのではないか。今後はこういったメディア言説が「何を意味しているのか」だけではなく「何をなす」のかに注目していかなければならない。

参考文献

Anonymous (1942)「婦人の徴用と働く娘の生活を語る座談会」『主婦之友』一九四二年一月号：80-85

—— (1942)「働く娘の結婚促進座談会」『主婦之友』一九四二年二月号：82-87

江原由美子 (1995)『装置としての性支配』勁草書房

長谷川倫子 (2005)「映画臨戦体制下の少年飛行兵映画に描かれた母性」『メディア史研究』一九号

井上輝子・上野千鶴子・江原由美子（編）（1995）『日本のフェミニズム 5 母性』岩波書店
輝く女性応援会議（2014）「輝く女性応援会公式ブログ」（http://ameblo.jp/kagayaku-josei-blog/archive2-201406.html）二〇一五年四月七日確認
金野美奈子（2009）「ＯＬの創造より 戦時下の事務職」天野正子・伊藤公雄・井上輝子ほか（編）『新編 日本のフェミニズム10 女性誌・ジェンダー史』岩波書店
加納実紀代（1987）『女たちの〈銃後〉』インパクト出版会
厚生省人口問題研究所（1941）『人口政策の栞：統計数字から見た日本の人口』（http://kindai.ndl.go.jp/info:ndljp/pid/1439290/98?viewMode=）二〇一五年五月二五日確認
厚生省優生結婚相談所（1941）『結婚と迷信』厚生省予防局優生課内国民優生連盟（http://kindai.ndl.go.jp/info:ndljp/pid/1054794）二〇一五年五月二五日確認
国立社会保障・人口問題研究所（2010）「第一四回出生動向基本調査 結婚と出産に関する全国調査 夫婦調査の結果概要」（http://www.ipss.go.jp/ps-doukou/j/doukou14/doukou14.pdf）二〇一五年四月七日確認
三浦雅士（1994）『身体の零度 何が近代を成立させたか』講談社
内務省警保局（1937）『特高月報（復刻版）』昭和十二年八月分、政経出版社
中嶌邦（1984）「国家的母性――戦時下の女性観」女性学研究会（編）『女のイメージ（講座女性学1）』勁草書房
中西敏夫（1988）『軍国美談と教科書』岩波新書
永田夏来（2015）「女性が輝く社会」に専業主婦は不要か」『プレジデント』二〇一五年五月一八号：14-15
中野円佳（2014）『育休世代のジレンマ 女性活用はなぜ失敗か』光文社
信田さよ子（2011a）『さよならお母さん 墓守娘が決断する時』春秋社
――（2011b）『重すぎる母 無関心な父「いい子」という名のアダルト・チルドレン』静山社文庫
女たちの昭和史編集委員会（1986）『女たちの昭和史』大月書店
大日向雅美（2000）『母性愛神話の罠』日本評論社
瀬地山角（2014）「味の素が流した「とんでもない」性差別ＣＭ」東洋経済ONLINE（http://toyokeizai.net/articles/-/43365?page=2）二〇一五年四月七日確認
鈴木亮（2015）「大和証券 子育ても仕事も自然体で役員に」『日経ＤＵＡＬ』（二〇一五・四・八配信）（http://dual.nikkei.co.jp/article.aspx?id=4986&page=1）二〇一五年四月七日確認
高橋三郎（1992）「戦争と女性」戦時下日本社会研究会『戦時下の日本』行路社：247-275
田房永子（2012）『母がしんどい』中経出版
上野千鶴子（1998）『ナショナリズムとジェンダー』青土社
――（2009）『家父長制と資本制』岩波現代文庫
若桑みどり（1995）『戦争がつくる女性像 第二次世界大戦化の日本女性動員の視覚的プロパガンダ』筑摩書房

＊7 いっぽうで「毒母」、「毒親」などという概念化によって子供（とくに娘）にとって支配的な母親の存在が明らかになってきた。声を上げている当事者は、専業主婦がもっともポピュラーな存在となっていた団塊世代の子供である。彼女たちもまた、母親とともに、「存在感のない父親」「子育てに非協力的な父親」について指摘している（信田 2011a, 2011b; 田房 2014）。

＊8 当該記事は二〇一五年四月にウェブサイト『日経ＤＵＡＬ』に掲載された。大和証券で六人目の役員となった白川香名が取り上げられた。「子育ても仕事も自然体で女性役員に」という見出しとなっているが、実際は、第二子妊娠八ヶ月まで誰にも告げず、予定日の一ヶ月前に破水などとても自然体とは思えない働き方が示されている（鈴木 2015）。

特集〈戦争〉

三万回の「ラスト・ポスト」へ向かって

——メニン・ゲートと第一次世界大戦の記憶

霜鳥慶邦

1 第一次世界大戦一〇〇周年

第一次大戦一〇〇周年という歴史的瞬間を迎えている今、大戦に関与した国々では、アカデミズムの内外でさまざまな動きが展開している——多数の研究書の出版、国際学会の開催、ミュージアムの改築・新築、文学・芸術作品の発表、一〇〇周年記念行事、ツーリズム産業の充実化など。二〇一四年から二〇一八年の五年間は、これまでの大戦理解を現代のグローバルな文脈において根本的に問い直し、新たなステージへと向かうためのきわめて重要な時期になることは間違いない。我々は今、大戦の記憶の大きなうねりの中にいる。この歴史的現象をリアルタイムで目撃し体験し、さらにこの記憶のうねりに文学・文化研究のポジションから積極的に介入すること——これが、私が現在取り組んでいるプロジェクトであり、本稿はその一部である。[*1]

本稿は、第一次大戦で壊滅的な被害を受け、その後廃墟の状態から見事に復興を遂げたベルギーのイーペルという地方都市[*2]に焦点を当て、この都市における大戦の記憶の継承の歴史と現在、さらには記憶の今後の行方について論じる。

2 メニン・ゲート ——「ラスト・ポスト」の儀式と大戦の記憶

イーペルを代表するモニュメントが、市の中心部の東側に建つメニン・ゲート（正式名称 The Menin Gate Memorial to the

Missing）だ（写真1）。
一九二七年に建設されたこの巨大な門には、第一次大戦に出征しイーペル周辺で命を落とし遺体が未発見あるいは身元不明のイギリス連邦兵士のうち、約五万五〇〇〇人の名前が

写真1

メニン・ゲート（2014年3月10日撮影）

刻まれている。このモニュメントの最大の特徴は、一九二八年以降、第二次大戦中の一時期（ナチス軍による占領期）を例外として、毎晩二〇時に一時通行を止めて、イーペル市民によって、ベルギーのために犠牲となったイギリス連邦兵士たちへの感謝と追悼の儀式が行われている点だ。地元市民による簡素な内容から始まったこの儀式は、毎晩粛々と行われ続けた。やがて一九八〇年代後半あたりから諸外国の注目を集め始め、イギリス連邦を中心に世界各国から人々が儀式に参加するようになり、儀式の内容が拡大され、世界的に有名な儀式へと成長した。

　さまざまな国の団体が参加するため、儀式の内容も毎晩ヴァリエーションに富んでいるが、基本的なパターンは一貫しており、次の二つの内容が必ず行われる。ひとつは、ラッパ隊による「ラスト・ポスト」[*3]の演奏（写真2）。もうひとつ

＊1　本稿以外の筆者による近年の主な研究成果として、拙論「最後のトミー、すべてのトミー」、「『第一次世界大戦世代』不在の時代に」、「記憶の継承、歴史の教育、詩の功罪」がある。

＊2　ただし復興を遂げた現在でも、イーペル周辺の一見緑に覆われた土地には、第一次大戦で戦場に没した多くの兵士たちの死体と不発弾が埋まっている。最近のある新聞記事によれば、二〇一四年三月に、建設現場に埋まっていた不発弾の爆発により二人のベルギー人作業員が死亡し、同年一一月に、七体のドイツ兵の遺体が発見された（Cranston 2015）。

は、代表者による次の言葉の朗誦だ。

They shall grow not old, as we that are left grow old:
Age shall not weary them, nor the years condemn.
At the going down of the sun and in the morning
We will remember them.
（残された我々は年老いていくが、彼らが年老いることはない。
齢が彼らを疲弊させることはなく、歳月が彼らを咎めることもない。
陽が沈むとき、陽が昇るとき、
我々は彼らを思い出すだろう。）

写真2

「ラスト・ポスト」の演奏（2014年８月30日撮影）

代表者の言葉に続いて、参加者全員が'We will remember them'という一文を繰り返し、一分間の黙祷に移る。上の引用は、もともとはイギリスの詩人ロレンス・ビニョンが戦場で死んだ兵士たちを悼んで創作した「戦没者のために（一九一四年）」という詩の第四連であり、メニン・ゲートを含めて多くの追悼儀式で引用される一節である。

ここで立ち止まって考えてみたいのは次の点だ。ビニョンの詩において、'We will remember them'というフレーズの'we'がイギリス国民を指し、'them'が戦没者を指すことは言うまでもない。ではメニン・ゲートでこの言葉が毎晩反復され、時間の経過とともにオリジナルのコンテクストから遊離していくとき、「我々」とはいったい誰を指すことになるのか？　そして「かれら」という代名詞で「我々」は誰を思い描くのか？　この門に集まるのは、戦場に没した兵士の子孫、諸外国からの訪問団、学生の集団、研究者、ツーリスト、地元住民など、実にさまざまだ。この雑多な集まりが、「我々」という均質的集合体になり得るのか？　そして共通の「かれら」を思い描けるのか？　二一世紀の今、メニン・ゲートはいったい何を記憶するのか？　本稿は、この一連の問題意識を起点として、メニン・ゲートという記憶の場における大戦の記憶のダイナミクスについて考察することを目的とする。

3　メニン・ゲートにおける「我々」と「かれら」

「ラスト・ポスト」の儀式を運営するラスト・ポスト協会のホーム・ページを見ると、時代の変遷に伴い自らの使命を意識的に変化させてきている様子が分かる。当初の目的について、協会はこう明記する――「一九一四年から一九一八年の大戦で命を捧げたイギリス帝国の兵士を称え記念／記憶すること」。だが「時間の経過とともに、儀式の意味が拡大し深化し」、「イギリス連邦の戦没者」だけでなく、「ベルギー、フランス、その他多くの連合軍国家の同志たち」をも記念／記憶することを意図するようになったと記す。そしてこう締めくくる――「我々は、中間地帯の向こう側で戦死した多くの者たちをも記念／記憶する。かれらはかつて敵であったが、現在の統合ヨーロッパのパートナーだ。この意味で、『ラスト・ポスト』はヨーロッパの悲惨な過去を映す鏡であると同時に、我々全員の未来へのかがり火でもある」(Last Post Association 2015)。

ラスト・ポスト協会は、時代の変遷とともに‘We will remember them’の‘them’の指示対象を意識的に拡大し普遍化し、メニン・ゲートを和解と平和のための場として意味づけ機能させている。

メニン・ゲートの儀式が長い歴史を超えて、今でも今日的アクチュアリティに満ちた場として継続・発展しているのは、それが単に過去の記憶の貯蔵庫としての静的な場ではなく、過去と現在と未来の時間性が共存し相互作用し、自らの意義を柔軟に変化させ得る動的な場として存在しているからだろう。実際にメニン・ゲートでは、第一次大戦の英独兵士の生存者の和解の儀式や、マザー・テレサやローマ教皇の訪問など、時代を反映したさまざまな行事が催されてきた。

ピエール・ノラが指摘するように、「記憶の場が存在するのは、その意味がたえず変化し、その枝が予期できないかたちで茂るなかで、変化に対して適応力をもっている」からだ(ノラ 31)。そして記憶の場の意味がたえず変化するように、そこで共有される記憶もまたたえず変化する。ロバート・イーグルストンによれば、「集合的記憶はユングの『集合的無意識』のような怪しげでスピリチュアルなものではなく、つねに集合的実践として行動化されている、もしくは物質そ

＊3　イギリス軍の消灯ラッパ、葬儀ラッパ。

の他の形を与えられているもの」であり、「行為遂行的」なものなのだ（イーグルストン 2013: 108）。メニン・ゲートにおける「我々」という集団も、そこで共有される「かれら」についての「記憶」も、つねに更新され再構築され続けているといえる。そしてこの過程が反復的に加速度化していけば、「一緒に記念／記憶する行為そのものが、共通の記憶になり得る。ともに記念／記憶する行為がいったん儀式化されると、その儀式自体が共有され記念／記憶されるべき出来事になるのだ」（Young 1993: 7）。

記憶の場とは、決して真正な過去の表象の場ではない。むしろ私たちがその場に積極的に関わることで現在と過去の対話から新たな知が生成する場といえるだろう。米山リサが広島について論じた次の一節は、メニン・ゲートという記憶の場にもぴたりと当てはまる。

> 過去を知るためのよりどころとする手立て――映像、記憶、語り、遺跡、慰霊碑、スローガン、記念式典、モニュメント、等々――によって伝えられる知が、すでに幾度も人の手を介したものであり、真正な過去を私たちに直接に伝えているものではないことを認識することによってはじめて、広島の被爆という未曾有の大惨禍が、「いま、ここ」で進行中の事態にとって切実な意味をもつものとして語られていることに、私たちは気づくだろう。そのときようやく、ヒロシマの被爆体験という記号が、二一世紀の今に積極的に関与するものとなる。表象の真正さや、過去の純粋な再‐提示ではなく、失われたものは二度と十全なかたちで取り戻すことはできないという認識こそが、知の充足性への批判的態度を生むからである。過去を知る手立てが損なわれていることを嘆くのではなく、むしろその二次的な様態に気づくことに、あらたな思索と想像力の契機がひそんでいるとは考えられないだろうか。（米山 2005: xi）

記憶の場とは、そこに集った人々を過去との接触へとぎりぎりまで誘いつつ、その達成不可能性を自覚させ、さらに記憶の間接性と二次性自体の意味と重要性を意識させ、新たな歴史意識と批評的知とともに「いま、ここ」へ瞬時に導くワームホール的空間と言えるだろう。

さて、'We will remember them' の「かれら」（'them'）の指示対象が時代の流れとともに拡大・普遍化してきた様子を先ほど確認したが、では「我々」（'we'）の中身はどうか。その手がかりは、メニン・ゲートに設置されたプレートに確認できる（写真3）。

プレートにはイギリス・フランス・オランダ・ドイツの四言語で同一の内容のメッセージが書かれている。英語のメッセージを引用する―― 'Visitors are reminded that the Last Post is sounded every evening at the Menin Gate Memorial at 8 p.m. Everyone is invited to the Ceremony.'（訪問者のみなさまへ。メニン・ゲート記念碑では毎晩八時に「ラスト・ポスト」が鳴り響きます。すべての人々を儀式に歓迎します）。「すべての人々を儀式に歓迎します」という最後の一文。メニン・ゲートは、他者を排除する閉鎖的な場ではなく、逆にあらゆる人々――そこには、ベルギー人、イギリス人、巡礼者だけでなく、ドイツ人やツーリストなども含まれる――に自らを開き、記憶の場とそこでの儀式に歓迎することで、「我々」という共同体に取り込むことを意図している。このプレートが設置された年についてラスト・ポスト協会に確認したところ、正確な記録は残っていないが一九九六年か一九九七年であるとの回答を受けた。この比較的最近に設置されたプレートが示すように、ラスト・ポスト協会は、「かれら」の指示対象を意識的に拡大・普遍化させてきたのと同様に、「我々」の定義をも積極的に拡大・普遍化させ、メニン・ゲートという記憶の場とそこでの儀式を普遍的な象徴性に満ちたものへと発展させることを重視していることが分かる。

写真 3

LAST POST
Bezoekers worden uitgenodigd tot het bijwonen van de "Last Post" plechtigheid die iedere dag om 20 uur aan de Menenpoort plaatsvindt
Visitors are reminded that the Last Post is sounded every evening at the Menin Gate Memorial at 8p.m. Everyone is invited to the Ceremony
Les visiteurs sont invités à assister à la cérémonie du "Last Post" qui a lieu chaque soir à 20 heures au Mémorial de la Porte de Menin
Die Gäste werden höflich eingeladen der "Last Post" Zeremonie welche täglich um 20 Uhr am Denkmal des Menentores stattfindet, beizuwohnen
The Last Post Ceremony at the Menin Gate Memorial was inaugurated in 1928.

メニン・ゲートに設置されているプレート（2009年 9 月18日撮影）

　ジェイムズ・E・ヤングは、モニュメントの機能について、「本来ばらばらの体験と理解を共通の空間的枠組みにくくるための共同の空間を作り」、「共通の記憶の幻想を醸成する」ことと述べる（Young 1993: 6）。メニン・ゲートはまさに記憶の場での儀式の力によって、「我々」（'we'）＝「すべての人々」（'everyone'）という普遍的共同体を作り上げようとする。

　ただここで、次のような問題意識が浮かび上がる。'we'＝'everyone'という等式は、確かに「我々」という集団の普遍性を意味するが、同時に、その普遍性ゆえに、「我々」という集団が明確な輪郭をもたない曖昧性と匿名性に満ちた存在であることをも暗示する。また、「本来ばらばら」であるはずの体験と理解を「共通の記憶の幻想」へと回収し均質化する過程は、メニン・ゲートに集まった人々に本来存在するはずのローカル性と多様性と差異を消去・忘却する過程ともいえるはずだ。メニン・ゲートという記憶の場が普遍性へと向かうがゆえに、そこからこぼれ落ちてしまう要素も存在するのではないか。

本稿は、あえて記憶の集合化と普遍化のプロセスの一歩手前で踏みとどまり、儀式によって不可視化されるはずの雑多な要素にこだわりながら、メニン・ゲートという記憶の場を見つめ直してみたい。その際に特に注目に値する存在が、「我々」の一部（あるいは異物）として記憶の場に存在するツーリストである。聖性を汚す俗的要素としてしばしば批判と軽蔑の対象として取り上げられるツーリスト――もちろん私もその一部である――は、まさにその俗的属性ゆえに、記憶の場の神聖で厳粛な雰囲気に満ちた儀式に対するクールでクリティカルな視点の提供者として機能し得ると思われるからだ。

4　記憶の場における
ツーリストへの／からのまなざし

メニン・ゲートにおけるツーリストの存在について考察する前に、まずはイーペルとツーリズムの密接な関係について概観しておこう。大戦一〇〇周年を契機に、イーペルでは現在「ツーリズム・ブーム」が起きている――複数のミュージアムの改築・増築、ホテルの増築、「パッシェンデール・ビール」[*4]の発売、さまざまな土産の販売など（Storer 2015）。ツーリストはイーペルにとって重要な観光収入源として重視される一方で、「ツーリズム・ブーム」への懸念と批判の声も上がっている。あるイーペル市民は、「ラスト・ポスト」の儀式が「観光アトラクション」になり「商業化」されることに懸念を示す（Shute 2013）。別の者は、「ラスト・ポスト」の演奏は「エンターテインメント」ではなく「儀式」であることを強調し、それがツーリズム的な「楽しい気晴らし」へと堕すことを批判する（Sadler 2015）。

大戦一〇〇周年の今とまったく同じ現象を、イーペルは大戦終結後の時代にも体験している。一九一九年、イギリスのウィンストン・チャーチルは、大戦によって壊滅的に荒廃し多くのイギリス軍兵士が没したイーペルを、イギリスにとっての「聖地」（‘sacred place’）と呼び、町全体を廃墟のまま保存したいと望むほどだった（qtd. in Dendooven 2013: 21）。戦後、イーペルには多くの遺族が巡礼の旅に出かけた。同時に、未曾有の悲劇の現場は、格好の観光地と化した。休戦後すぐに多くのツーリスト集団がイーペルに押し寄せ、イーペルのツーリズム化が進んでいった――入場料を徴収する整備された塹壕、土産産業、観光客向けのビール、次々に建設されるホテルなど。特に戦場を体験した者たちや戦没者の遺族たちは、自分たちの「聖地」を汚すツーリストとツーリズム化に対して嘆きと憤りを覚えた。たとえば大戦で父を失った作家クリストファー・イシャウッドは、イーペルの様子を見てこう言った――「この町はたしかに『永遠のイングランド』だ。汚らしい小さな軽食堂、いんちきの土産、客引きだらけのイングランドだ」(qtd. in Eksteins 2000: 158)。

大戦後のイーペルの歴史は、聖地/観光地、巡礼/ツーリズムの両極の間で揺れ動くアイデンティティの歴史といってもよいだろう。ツーリズムはまさに「諸刃の剣で、利益をもたらす一方で、適切に計画・管理されないと、破壊的要素になり得る」(Jansen-Verbeke and George 2013: 283)。この指摘はメニン・ゲートにも当てはまる。つまり、ツーリストは「我々」という想像の共同体の拡大・普遍化に貢献する重要な存在であると同時に、適切に管理されないと、たちまち儀式の聖性と厳粛さを妨害する要素になり得る。

メニン・ゲートに集まるツーリストを痛烈に非難するのが、『ウォールストリート・ジャーナル』の二〇一四年七月二三日付の記事だ――「たくさんの騒がしいイギリス人学生たちがいて、近くの大人に注意されたときだけ静かになる。学生たちの多くは儀式の途中で参加者たちの後ろへ行って、携帯電話をいじっていた。明らかに、儀式に感動している様子はまったくなかった」(Yost 2015)。これが記憶を共有しているはずの「我々」の実際の様子だ。私も同様の光景を何度か見たことがあるが、本稿がこのようなツーリスト的存在に焦点を当てようとするのは、彼ら彼女らの言動を道徳的に批判するためではなく、記憶の場におけるノイズ的存在――実際に話し声や着信音やシャッター音などの雑音を発する――としての彼ら彼女らこそが、(もちろん本人の意図とは別に)均質的・単声的共同体への安易な同一化の過程に待ったをかけ、そこから一定の距離を置くことを可能にしてくれる存在だからだ。

メニン・ゲートにおける「我々」は、もともと「我々」なのではなく、本来ばらばらの群集が記憶の場で'We will remember them'の言葉を共時的に共有することで、行為遂行的に「我々」になる。この集団の一定の割合を占めるツーリストたちの一人としての私自身の感覚について率直に述べれば、儀式に参加し「我々」の一員となることへの感動を確かに味わうと同時に、この厳粛な追悼の儀式に、第一次大戦とまったく関係のない自分が好奇心で参加することへの後ろめたさと違和感に近い感覚も確実に抱く。自身の中にあるこのツーリスト的要素をいったん否認・忘却し、記憶の場に集った者

＊4　パッシェンデールは、第一次大戦の激戦地の町の名称。

たちとともに同じ言葉を発することで初めて、私は「我々」の共同体へと自らを融合・同一化させることができる。このように考えると、先ほど引用した、「我々」に完全に融合・回収されないノイズ的存在としての学生たちは、「我々」が否認・忘却したはずの本来のばらばらな姿であり、いわば「我々」のネガ的鏡像といえる。このとき、ツーリスト批判は、自己批判として「我々」にはね返ってくる。

　こうしたツーリストへの／からの批判的まなざしは、私たちの思考を酒井直樹の「共感の共同体」論へと導く。酒井はアメリカ映画『ディア・ハンター』の分析を通して、死者の追悼に基づく共同体の形成のメカニズムを批判的に明らかにする。ヴェトナム戦争に従軍し戦死した友人を悼むために集まった登場人物たちは、皆で「美しいアメリカ」を合唱する。「合唱、つまり同時に歌うという共時性（*synchronicity*）に基づくパトス（pathos）の共有の儀礼を通じて、彼らは共感（sym-pathy）を達成する」（酒井 2007: 111）。こうして生まれる「個人と集団（主として国民あるいは民族）の融合合一の空想」を酒井は「共感の共同体」と呼ぶ（同書 22）。それは「自己憐憫の集団的な共感と批判意識の徹底した抑圧」からなる共同体であり、「忘却の技術によって創出される共感の共同体」である（同書 113）。

　メニン・ゲートの「我々」は、まさに‘We will remember them’の合唱という共時的行為によって形成される「共感の共同体」といえるだろう。そしてそうだとすれば、「我々」のなかにも「抑圧」された「批判意識」と「忘却」された何かが存在することになるはずだ。ノイズ的存在としてのツーリストたちは、高揚感に満ちた「融合合一の空想」に介入し、そのことに気づかせてくれる。では「我々」は何を批判し損ない、何を忘却しているのか。逆にいえば、「我々」は自己批判精神とともに何に眼を向けなければならないのか。私の個人的感覚についてはすでに述べたが、次の最終節で、この問題をより大きな歴史的枠組みの中で考察しながら議論を締めくくることにしたい。

5　三万回の「ラスト・ポスト」へ向かって
——記憶の未来と歴史からの問いかけ

　今年二〇一五年は、第一次世界大戦一〇〇周年に当たると同時に、メニン・ゲートにとって記念すべき年となる。一九二八年以来、毎晩メニン・ゲートで鳴り続けてきた「ラスト・ポスト」が、今年の七月九日に、ついに三万回に達するのだ。ラスト・ポスト協会は、当日の儀式の様子をさまざまなメディアを利用して「世界中の諸地域」（‘communities around the world’）に伝えることで、「参加者の間の連帯感」（‘the feeling of solidarity between the participants’）を強める意思をホーム・ページで表明している（Last Post Association 2015）。また、iPhone と iPad 用アプリ‘The Last Post’がリリースされている。

メディアを最大活用した大戦の記憶と追悼のためのこの世界規模の企画を、私は過去の二つの出来事を想起しながら見つめてみたいと考えている。ひとつは、一九二八年の八月に、メニン・ゲートでのイギリス退役軍人会主催の大規模な巡礼行事（三〇〇〇人の遺族を含む約一万一〇〇〇人が参加）の様子がＢＢＣラジオにより生中継されたという出来事と（高橋 2014: 2）、さらに同年の一一月、ロンドンの戦没者記念碑での休戦記念日の儀式が初めてＢＢＣラジオによって放送されたという出来事だ。これにより、イギリスの地方の人々はラジオを介して、国家そして帝国の象徴的儀式をリアルタイムで体験・共有することができた。休戦記念日の儀式のラジオ放送の意義について、ある研究者はこう指摘する――「ラジオによる黙祷の放送の決定的な特徴は、実際の放送自体よりも、ラジオの聴取者が、まさに同じ行為をしている何百万もの人々の中の一人であることを自覚できることだった」(Gregory 1994: 136)。メディアの共時性による共同体の形成の力を示す出来事だ。

三万回目の「ラスト・ポスト」の儀式は、まさにこの現代版・ハイテク版・グローバル版といえるだろう。イーペルというローカルな場で催される儀式が、あらゆるメディアを通じて、地域の枠、そして国家の枠を超えてリアルタイムでグローバルに伝えられるとき、いったいどのような「連帯感」が実現し得るのか。メディアの力は、「我々」というグローバルで普遍的な共同体を実現できるのか。

普遍的連帯を目指すラスト・ポスト協会の動きは、さらに別の歴史的事実と教訓を思い出させる。それは、戦没者の埋葬と追悼と墓地管理を目的として一九一七年に設立された帝国戦争墓地委員会（一九六〇年にコモンウェルス戦争墓地委員会に改称）に関する出来事である。この委員会の基本理念は個別性と平等性と統一性であり、戦没者の地位、階級、人種、宗教に関係なく、同じ大きさと形の墓石によって追悼することを徹底している（写真４）。

だが近年の研究によって、大戦終結後の植民地主義的状況においては、人種と宗教に対する扱いには複雑な歪みが含まれていた事実が明らかになってきている。たとえば当時植民地大臣だったウィンストン・チャーチルは、一九二一年に直轄植民地総督へ宛てた手紙のなかで、「すべての者の墓を平等に扱うこと」の重要性を強調する一方で、植民地の先住民に関しては、個別の墓石ではなく記念碑を建設することを提案する (qtd. in Barrett 2013: 302)。チャーチルは「すべての者」の平等性を重視したが、バレットが指摘するように、彼のいう「すべての者」('all') には、そもそも植民地先住民は含まれてはいなかった (Ibid.)。

アフリカでの戦死者への人種主義的政策はあからさまだった。白人戦没者の遺体は調査され掘り起こされ、個別に埋葬されたが、黒人戦没者の遺体は調査すらされなかった。植民

写真 4

タイン・コット共同墓地（2014年 8 月30日撮影）

地当局は、黒人戦没者の調査は公共資金の無駄遣いである、黒人文明は個別の埋葬・追悼を理解できる段階に達していない、などの理由により、戦没者の数も名前も刻印されない記念碑を町中に建設させた (Barrett 2013: 302-03; Olusoga 2014: 419-23)。

アフリカ先住民の記念碑の台座には、帝国戦争墓地委員会の一員であったラドヤード・キプリングによる言葉が刻まれている —— 'This is to the memory of the Arab and Native African troops who fought; to the Carriers and Porters who were the feet and hands of the army; and to all other men who served and died for their King and country in Eastern Africa in the Great War, 1914-1918. If you fight for your country, even if you die, your sons will remember your name.'（戦闘に参加したアラブ人兵士と先住アフリカ人兵士、軍隊の手足として貢献した運搬人と労働者、一九一四年から一九一八年の大戦において東アフリカの地域で国王と国家のために奉仕し没したその他すべての者たちを記念して。国家のために戦った者は、たとえ命を失っても、その名を子孫たちによって記憶されることだろう）(qtd. in Barrett 2013: 306)。バレットは、植民地主義的状況におけるこの碑文の皮肉な意味を鋭く読み取る ——「キプリングは、かれらが遺族によって記憶されなければならないことの必要性を十分に理解していた。なぜなら植民地当局も帝国戦争墓地委員会も、かれらの名に死後の生を与える意思などなかったのだから」(Ibid.)。

碑文の最後の一文（'your sons will remember your name'）とバレットの指摘は、私たちの思考を「ラスト・ポスト」の儀式の 'We will remember them' という言葉へと批判的に立ち返らせるだろう。アフリカ先住民戦没者を記憶するのは、なぜ

「我々」（'we'）ではなくかれらの「子孫」（'your sons'）に限定されなければならないのか？　時間の流れとともに普遍的概念へと発展してきた「我々」（'we'）と「かれら」（'them'）の中に、植民地先住民をはじめとする周縁的存在は、どの程度、どのようなかたちで含まれているのか？　あるいはチャーチルの手紙のなかの「すべての者」（'all'）にそもそも植民地先住民が含まれていなかったように、「我々」（'we'）と「かれら」（'them'）の場合も、大前提としてかれらは不在なのか？

約五万五〇〇〇人の'the missing'の名前が刻まれたメニン・ゲートに立つとき、「我々」はつねに次の事実を思い出すべきだろう――戦場に粉々に埋もれ'the missing'となってしまった者たちがいる一方で、「我々」の記憶の奥深くに意図的・差別的・強制的に埋められ隠され'the missing'の立場へと追いやられた者たちがいることを。

こういった自己批判意識とともに「ラスト・ポスト」の儀式を見つめ直すとき、メニン・ゲートで毎晩反復される'We will remember them'というフレーズは、痛烈な批評精神を含む言葉として響くだろう。つまりこのフレーズの合唱は、記憶の場に集まった群集を「我々」という想像の共同体へと回収し均質化する過程であると同時に、まさにその過程自体がメタ的に「我々」の歴史理解と想像力と記憶への姿勢を問うクリティカルな瞬間となるのではないか。換言すれば、メニン・ゲートという記憶の場は、批判意識の抑圧と忘却を伴う「共感の共同体」の形成の場であり得ると同時に、そしてまさにそうであるからこそ、私たちの歴史理解と想像力と記憶のあり方が試される場でもあると言えるだろう。

二〇一五年七月九日、メニン・ゲートから発せられる三万回目の「ラスト・ポスト」の音色は、世界にどう響くのだろうか。あえて逆説的な、そして理想論的な発言をすれば、私は、もし「ラスト・ポスト」の音色が美しく世界に響いたとしたら、それは決して三万回記念の儀式の成功を意味しないと考えている。逆に、イーペルというローカルな場からグローバルに鳴り響く「ラスト・ポスト」の単一の音色が、世界の諸地域のローカルな歴史・記憶・想像力との摩擦・交渉・対話によって予期せぬポリフォニックな音色と化し（場合によってはノイズと不協和音を含みながら）、「我々」に大戦の体験と記憶の多様性について気づかせる契機となってこそ、「ラスト・ポスト」がグローバルに鳴り響く真の意義があるのではないだろうか。そしてそのときにこそ、「我々」は歴史理解に基づく真の意味での「連帯感」へと近づけるのではないか。そのような思いを抱きつつ、私は三万回目の「ラスト・ポスト」の音色に耳を澄ませてみたいと考えている。

引用文献・ウェブサイト

Barrett, Michèle. (2013) 'Afterword: Death and the afterlife: Britain's colonies and

dominions'. *Race, Empire and First World War Writing*. Ed. Santanu Das. New York: Cambridge UP, 301-20. Print.
Cranston, Frances. (2015) 'Following in family's footsteps'. *The Canberra Times*. 7 Mar. Print.　＊資料を提供してくださった辛島理人氏に感謝申し上げる。
Dendooven, Dominik. (2003) *Ypres as Holy Ground: Menin Gate and Last Post*. Trans. Ian Connerty. Kiksijde: De Klaproos. Print.
Eksteins, Modris. (2000) 'War, Memory, and the Modern: Pilgrimage and Tourism to the Western Front'. *World War I and the Cultures of Modernity*. Ed. Douglas Mackaman and Michael Mays. Jackson: UP of Mississippi, 151-60. Print.
Gregory, Adrian. (1994) *The Silence of Memory: Armistice Day 1919-1946*. Oxford: Berg. Print.
Jansen-Verbeke, Myriam and Wanda George. (2013) 'Reflections on the Great War Centenary: From Warscapes to Memoryscapes in 100 Years'. *Tourism and War*. Ed. Richard Butler and Wantanee Suntikul. London: Routledge, 273-87. Print.
Last Post Association. (2015) Web. 17 Feb. 2015.
Olusoga, David. (2014) *The World's War*. London: Head of Zeus. Print.
Sadler, John. (2014) 'Ypres isn't a tourist destination; the Last Post is not meant to be applauded'. *The Journal*. 12 Nov. 2014. Web. 20 Mar. 2015.
Shute, Joe. (2013) 'Last Post will always be played in Ypres'. *Telegraph*. 8 Nov. 2013. Web. 9 Nov. 2013.
Storer, Jackie. (2013) 'WW1 anniversary means battlefield business for Belgium'. *BBC*. 10 Nov. 2013. Web. 20 Mar. 2015.
Yost, Mark. (2014) 'Crowding Out the Memories'. *The Wall Street Journal*. 23 July 2014. Web. 20 Mar. 2015.
Young, James E. (1993) *The Texture of Memory: Holocaust Memorials and Meaning*. New Haven: Yale UP. Print.
イーグルストン、ロバート（2013）田尻芳樹・太田晋訳『ホロコーストとポストモダン —— 歴史・文学・哲学はどう応答したか』みすず書房
酒井直樹（2007）『日本／映像／米国 —— 共感の共同体と帝国的民主主義』青土社
霜鳥慶邦（近刊予定）「記憶の継承、歴史の教育、詩の功罪 —— 第一次世界大戦一〇〇周年と戦争詩人」『ポストコロニアル・フォーメーションズX』
——（2013）「最後のトミー、すべてのトミー —— Harry Patch, *The Last Fighting Tommy* と第一次世界大戦の記憶」『英文学研究 支部統合号』五号（二〇一三年一月）：61-70
——（2013）「「第一次世界大戦世代」不在の時代に —— Carol Ann Duffy, 'Last Post' と傷の記憶／記憶の傷」『英文学研究』九〇号（二〇一三年一二月）：1-18
高橋章夫（2014）「犠牲者の記憶と加害者の記憶」、日本ロレンス協会第四五回大会シンポジウム「第一次世界大戦の記憶におけるロレンスの位置」（相模女子大学、二〇一四年六月八日）配布資料.
ノラ、P（2000）「記憶と歴史のはざまに —— 記憶の場の研究に向けて —— 」『思想』九一一号（二〇〇〇年五月）：13-37
米山リサ（2005）小沢弘明・小澤祥子・小田島勝浩訳『広島 —— 記憶のポリティクス』岩波書店

＊　本稿は、カルチュラル・トラジェクトリー（二〇一五年二月二一日、大阪大学）でのスピーチ原稿に大幅な加筆修正を施したものである。多くの貴重な意見を提供してくださった司会、コメンテーター、参加者の皆様に心より感謝申し上げたい。また本稿は、科学研究費補助金「第一次世界大戦勃発一〇〇周年のために —— 現代イギリスにおける大戦の記憶の行方」（若手研究（B）、研究課題番号：一〇四〇〇五八二、二〇一二-二〇一四年度）の助成を受けている。

特集〈戦争〉

冷戦のカルチュラル・スタディーズのために

――ロックフェラー史料館とアメリカ民間財団資料

辛島理人

はじめに

第一次世界大戦、第二次世界大戦、冷戦、この三つの戦争を無視して二〇世紀を語ることはできない。二つの大戦を経て出現した冷戦は、世界規模での戦争のない半世紀を歴史にもたらした。しかし、冷戦は、武力による戦争（熱戦）を地域的・時期的に局限したものの、「経済戦」「文化戦」「思想戦」……と、これまでの総力戦をしのぐ数多くの領域が戦場となった世界大戦といえるだろう。冷戦期における「文化」という戦場は、カルチュラル・スタディーズにとって重要な対象であり、これまでも映像など表象の分析、あるいは地域研究批判などイデオロギーの検証といったことが行われてきた。しかし、文学、映画、思想、学知、それぞれのテキストや言説は焦点化されてきたものの、それら諸領域を冷戦に動員するメカニズムやダイナミズムへの関心、つまり、それら文化を取り囲む政治経済学ともいうべき試みはそれほど多くはない。

冷戦の中で文化を利用し動員する最大の主体は、国家（政府）であり資本（企業）であろう。冷戦文化を考えるうえでその両者を無視することはできないが、他にも注意すべき存在がある。冷戦期、それだけでなく、二〇世紀の世界においてもっとも覇権的なアクターであるアメリカにおいて、政府や企業とともに影響力を誇ったのがロックフェラー財団、フォード財団などのフィランソロピーである。アメリカの民間財団は、一族経営かつ市場を独占・寡占した企業の収益をその原資としており、政府とも人材や情報を交換していた。その意味で、国家や資本と切り離せないものである。しかし、必ずしも国家や資本と一心同体なものではなく、それゆえに政府の規制や企業の干渉にさらされる時もあった。本稿では、近年になって公開が進みつつあるアメリカのフィランソロピーに関する資料の状況を、日本・アメリカ関係に焦点をあてて紹介しながら、表象や言説にとどまらない「冷戦文化のカルチュラル・スタディーズ」の可能性について論じたい。

アメリカの民間財団

鉄鋼、石油、自動車、これら二〇世紀を彩った主要産業の歴史は、フィランソロピーの歩みそのものでもある。三つの産業による富が、カーネギー、ロックフェラー、フォードといった、アメリカ（つまり世界）でもっとも活動的な民間財団を生み出したからである。本来であれば、化学産業もそのなかに加えるべきであろうが、化学工業の代表、デュポン家は、ニューディール批判の急先鋒であった共和党系組織、アメリカ自由連盟（American Liberty League）を主導するなど社会政治活動に無関心ではなかったが、二〇世紀を代表するような民間財団を設けることはなかった。

アメリカの巨大財団でもっとも古いものの一つは、スコットランドで生まれ鉄道や鉄鋼で財を成したアンドリュー・カーネギー（一八三五―一九一九）によるものである。カーネギーはアメリカ全土のみならず世界各地に図書館を寄付するだけでなく、複数の財団を立ち上げて二〇世紀前半の国際関係に大きな影響をもたらした。カーネギーのフィランソロピーは、第二次世界大戦後も活発であったが、その海外活動は公式の歴史（Patricia L. Rosenfield: *A World of Giving*）が示すようにアフリカを重点地域として展開されている。アンドリュー・カーネギーやその関連団体に関しては、コロンビア大学に「カーネギー・コレクション」としてまとめられている。カーネギーの関係団体はアメリカ・アジア関係では他の財団ほどの存在感を示していない。しかし、アフリカ、例えば、アパルトヘイト問題などを研究するうえで欠かせない資料があるはずである。

ロックフェラー財団

アメリカのアジア（日本）関与を考えるうえで欠かせないのが、カーネギーと同時期に活動を始めたロックフェラー家のフィランソロピーである。石油事業で財を成したジョン・ロックフェラー（シニア：一八三九―一九三七）は、一九世紀後半からシカゴ大学（一八九〇）や医科学研究所（一九〇一）などの設置を支援してきたが、二〇世紀に入ると自身の社会活動を再編し、一九一三年にロックフェラー財団を創設している。当初は公衆衛生や医学が重点領域であったが、一九二〇年代後半から社会科学や人文学にも関心を広げ、国際関係、公共政策、経済学などが手厚く支援されることとなった。

ロックフェラー一族のフィランソロピーにとって、アジアは重要な地域であった。二〇世紀前半には太平洋問題調査会（IPR）、アジア協会、ジャパンソサエティなどの設立に関与した。また、野口英世の黄熱病研究を支援し、一九二三年の関東大震災で打撃を受けた東京帝国大学の図書館再建に寄付を行っている。ロックフェラーのフィランソロピーは、カーネギーとともに戦間期の国際主義の原動力となった。

ロックフェラー一族に関する資料は、ニューヨーク市の郊外にあるロックフェラー史料館（Rockefeller Archive Center）に収蔵されている。そこには、一族のビジネスに関連する資料やロックフェラー財団などのフィランソロピーに関するものから、ニューヨーク州知事・副大統領（フォード政権）を歴任したネルソン・ロックフェラー（シニアの孫）の政治活動記録などが保存されている。ロックフェラー家の避暑用邸宅を利用した同館は、常時一〇名以上のスタッフを抱えており、世界各国から訪問者を集めている。現在は資料のデジタル化とウェブ公開にも熱心に取り組んでいる。

ロックフェラーの資料は、一族の活動に注目したアメリカの経済史・経営史、政治史の研究者による閲覧のほか、科学史・医学史家がこれまで熱心に利用してきた。ロックフェラーによるフィランソロピーの科学や医学への莫大な資金投下とその分野にあたえた影響が研究者、特に歴史家の関心を集めてきたのである。しかし、これからは経済学などの社会科学、文学などの人文学、地域研究やアメリカのアジアへの関与など、広い意味での「文化」「科学」「知識」といったものを対象としたカルチュラル・スタディーズが、ロックフェラー史料館を用いて冷戦期を含む二〇世紀の文化を検証できると思われる。次にいくつか事例を紹介しながら問題提起しよう。

冷戦とロックフェラー

下斗米伸夫は、冷戦の起源を「大日本帝国」崩壊後の空間をめぐる米ソ英中の地政学的なせめぎあいのなかに示し、冷戦が東アジアからグローバル化したものだという議論を展開している（『日本冷戦史』）。そのような歴史的文脈をふまえると日本を自陣営に抱え込もうというアメリカの戦略が、第二次世界大戦後の世界で重要な意味をもったことがわかる。松田武は、知識人への働きかけなど、ロックフェラー財団の戦後の活動を検証することで、日本の「半永久的依存の起源」を探求しようとしている（『対米依存の起源』）。

実際、戦後のロックフェラー家・財団、特に当主となったジョン・D・ロックフェラー三世の活動にとって、日本は重要な地域であった。トルーマンが一九五一年に講和使節団を派遣した際、ロックフェラー三世は、ロックフェラー財団の理事でもあった団長のジョン・フォスター・ダレスに請われて訪日団に同行し、政財界の指導者や鶴見親子（祐輔・和子・俊輔）ら日本の要人と面会している。ロックフェラー三世はその後もたびたび日本を訪れ、ニューヨークではジャパンソサエティの再建、東京では国際文化会館の設立などに大きな役割を果たした。

また、拙著『帝国日本のアジア研究――総力戦体制・経済リアリズム・民主社会主義』で言及したように、ロックフェラーは太平洋問題調査会などの戦間期で培った国際主義者のネットワークとライシャワーら日本研究者を動員し、一九五〇年代の日本で活発な活動を展開した。日本社会がエリート主義的で権威主義的であると考えたため、日本の知識人への働きかけを重視したが、そのインテリ層が共産主義の影響を受けやすいことが憂慮された。そこで、大学をドイツ型の「象牙の塔」からアメリカ型の実学志向へと転換することが企図され、マルクス主義の影響下にある学問、例えば経済学や歴史学で親米的な人間を増やすことが試みられた。具体的には好ましい人物に留学機会や研究助成があたえられた。新古典派経済学（「近代経済学」）、近代化論、地域研究、といった理論や言説がどのように戦後日本に定着していったか。このような問題がロックフェラー財団の資料の解析を通じて今後さらに議論されることが望まれる。

大学人を通じて論壇に影響をあたえようとしたように、文学者に働きかけを行って文壇の人間にアメリカ訪問経験をあたえたのもアメリカの民間財団である。例えばロックフェラー財団のプログラムによって作家の安岡章太郎（『アメリカ感情旅行』）や児童文学者・翻訳家の石井桃子（尾崎真理子『ひみつの王国』）らがアメリカ生活を体験している。アメリカの民間財団によって結びついた文壇とアメリカの関係、そして日米交換船で帰国し戦後も日米の媒介者となった坂西志保の役割など、これについても今後の研究されるべき課題といえるだろう。

フォード財団

後発であったものの、戦後の日本社会、特に一九六〇年代に活発な動きをみせたアメリカの民間財団にフォード財団があげられる。フォード自動車の創業者であるヘンリー・フォード（一八六三―一九四七）の相続税対策のために一九三六年に発足したフォード財団は、自動車産業の拡大とともにその資産を急膨張させ、一九五〇年代から世界平和、民主主義、経済問題、教育、人間の科学的研究の五つのテーマを柱として活動を本格化させた。第二次世界大戦後にヨーロッパ再建やドイツの非ナチ化を推進したアメリカ政府高官を組織の中枢に招いたフォード財団は、ロックフェラー財団の後を追うかたちで一九六〇年代に日本でもっとも影響力のある民間財団となった。

現在、フォード財団の文書を保管・公開しているのも、ロックフェラー史料館である。ロックフェラー史料館は、他にも社会科学研究評議会（Social Science Research Council）やSSRCをロックフェラー、フォード、カーネギーとともに支えてきたラッセル・セージ財団の資料も収蔵している。ちなみに、ビル・ゲイツのフィランソロピーについても、ロックフェラー史料館の専門家が文書の保管方法を助言しているので、ビル&メリンダ・ゲイツ財団の資料がこれから同館に寄贈される可能性がある。

ロックフェラー財団は日本研究者のバートン・ファーズを終戦直後に幹部として招き入れ、当主のロックフェラー三世が訪日するなど、知日派を組織内に抱えていたが、フォード財団は内部にヨーロッパ通が多く、日本を含む北東アジアに関しては、戦時期に陸軍将校として日本語を学び日本占領に携わった日本研究者ハーバート・パッシンを外部顧問として重用した。パッシンは、フォード財団の潤沢な資金を背景に、一九五〇年代後半に社会党右派の活動家に声をかけて「日本文化フォーラム」を結成し、雑誌『自由』を創刊するなど、反共的なリベラル・社会民主主義者を組織化するなどしている。パッシンは、戦後日本の論壇や文壇など、文化政治にアメリカ側からもっとも影響をあたえた人物の一人と考えられるが、その活動には謎も多く、残された資料も少ない。そのなかで、ロックフェラー史料館に保管されているフォード財団文書がもっとも彼の足取りを見せているといってもよい。

フォード財団は、戦間期国際主義の色彩を帯びたロックフェラー財団に比べてアメリカ民主党とより近く、より政治的・冷戦的性格を帯びていた。ハーバード大学教授から転身してケネディおよびジョンソン政権の大統領補佐官を務めていたマクジョージ・バンディは、一九六六年にフォード財団理事長となっている。理事長就任直後に行われたバンディの訪日は、当時の日米関係、特にアメリカの民主党に近いリベラルたちの日本への関わり方を示している。駐日アメリカ大使となっていた元同僚のエドウィン・ライシャワーの接遇を受け、バンディは社会党や民社党の幹部、労働組合指導者、経済同友会の首脳、官庁エコノミストらと積極的に会談した（拙稿「アメリカのリベラルと日本の社会民主主義」）。自民党や財界主流とは異なる、社会民主主義に親和的な政財官学のリーダーに働きかけを行ったと考えられるが、これについてもフォード財団資料などを精査しながら研究をする余地があるだろう。

まとめ

ロックフェラー史料館に残されたアメリカ民間財団の資料は、アメリカの学知や文化がどのようなメカニズムで日本に輸入されようとしたのかを示している。さまざまな研究の可能性が残されているが、一方で注意も必要である。いうまでもなく、戦後の日本はアメリカの思想や言説を一方的に受け入れたわけでない。むしろ、敗戦までの帝国の遺産を活用し、すみやかにアジアに再進出してアメリカに対抗しようとするなどの試みがみられた。例えば、植民政策学や昭和研究会など総力戦で培われた知が、戦後にアジア研究や民主社会主義などのかたちで再建されることとなった（拙著『帝国日本のアジア研究』）。そして、そのような資源をアメリカが横領しようとし、その装置がアメリカ民間財団であったという面も見逃してはならないのである。また、現在では想像することが困難なほど強力で、ときにはアメリカをしのぐほどであったソビエトや中国ほか共産圏の文化的影響力も同時に検討されねばならないだろう。

アメリカから戦後日本に何かが一方的に注入されたのではなく、帝国日本のネットワークや知識を乗っ取ろうとしたがゆえに、アメリカ民間財団の活動はときに反発を受けることにもなった。例えば、一九六〇年代にアジア財団（この組織はＣＩＡから資金援助を受けており、過去の資料も公開していないためもっとも実体の把握できないアメリカの「民間」財団である）とフォード財団から、日本の中国研究（東洋文庫）と東南アジア研究（京都大学）に資金援助がなされようとしたとき、研究者や学生から大規模な反対運動が展開された。また、アメリカの反共リベラルがカウンターパートとして期待した日本の民主社会主義は、戦後政治のなかで大きな勢力とはならなかった。このようなアメリカ民間財団の日本社会への介入に対する反応や反作用、そしてそれがもたらす意図せざる結果を探求することも必要とされているのである。そして、その作業は冷戦の政治経済史におさまらず、一種のカルチュラル・スタディーズとなるであろう。

投稿論文

チェルノブイリ事故後の放射能測定運動と民主主義

生活クラブ神奈川の実践を中心に

安藤丈将

概要

本稿では、チェルノブイリ事故後、生活クラブ生協神奈川の組合員が中心に行った食品の放射能測定を求める運動に関して、次の二つの問いを考察している。一つめの問いは、いかなるフレームと組織が運動への動員を可能にしたのかということである。まず、フレームの形成に関しては、広瀬隆と甘蔗珠恵子が執筆した影響力のある著書を考察の対象にした。かれらのフレームによって、生活クラブの組合員が原発と放射能の問題を実感をもって理解し、そこからライフスタイルの変革につなげることを可能にしたと論じている。次に、動員を可能にした組織に関していえば、班と支部という生活クラブの地域組織が資源として利用されたことを示した。原子力資料情報室のような調査・政策提言グループの講演を遠出して聞きに行った活動的な組合員が、そこで得られた知識を地域組織の中で広め、さらにそれが組合員の友人知人にまで広がっていくという動員の構造を明らかにしている。

二つめの問いは、組合員が食品の放射能汚染の測定にいかなる意味を込めていたのかということである。放射能測定を要求する運動のねらいは、安全性の追求だけにあるのではない。組合員が自分たちの食べる物について深く知り、仲間と話し合いながら、いかなる食べ物を選ぶのかを自ら決定していくというのが、そのねらいに含まれていた。本稿は、この食べ物をめぐる自己統治の営みが、民主主義、それも選挙を通しての代表の選出に限定されない、直接民主主義の運動としての性格を持つ点を強調した。加えて、この放射能測定を求める運動が、その後、生活クラブの枠を超えて地域に広がり、さらに「ニューウェーブ」と呼ばれるストリートでの脱原発運動へと連なっていったことを明らかにしている。

キーワード　脱原発運動、民主主義、生活クラブ生協、放射能測定

はじめに

一九四五年八月に広島と長崎への原爆投下で多数の被ばく者を生み出し、高度経済成長期には水俣病など公害の犠牲者を生み出してしまった日本で、なぜ再び放射能汚染という深刻な公害事件が起きてしまったのか。福島第一原発事故後、国内外でこのような問いが議論されている。

原発事故をめぐる問いに対する社会科学的なアプローチとして、「原子力ムラ」と呼ばれる政治家、官僚、企業家、学者、メディアなどの利益共同体の分析（吉岡 2011、長谷川 2011、有馬 2008、開沼 2011）や「原子力の平和利用」言説の分析（吉見 2012、山本 2012）を挙げることができる。それと同時に、原子力政策を規制したり、変更させたりする社会運動（の効果）を分析することも、この問いを考えるうえで欠かせない。それは、運動が「原子力ムラ」の影響力を抑え、原子力政策を変更させる可能性を持つ政治的行為者だからである。

日本の反／脱原発運動[*1]の研究では、原発の存在にもっとも大きな影響を受ける原発現地を対象に優れた調査が行われてきた（船橋ほか 2012、中澤 2005、伊藤ほか 2005）。しかしヨーロッパの事例を見ると、こうした現地の声がメディア上の言説を変え、原子力政策を変更させるまでには、現地の運動の力だけでなく、それが都市の運動と連なるプロセスがある（安藤 2013：5章）。それにもかかわらず、少数の例外を除けば（高田 1990、本田 2005：6章）、都市の脱原発運動に注目したものは多くない。

日本の都市部の脱原発運動の歴史を振り返ってみると、一九八八年というのは特記されるべき年である。それは、一九八六年四月、旧ソ連で起きたチェルノブイリ原発事故から二年後のこの年に、運動の動員がこれまでにない規模と広がりを見せたからである。『日本労働年鑑』の一九八九年版によれば、一九八八年に開かれた脱原発の集会は前年の約三・三倍の一三一八回で、警察庁のデータでは、参加者が約三・七倍の一六万五〇〇〇人に膨れ上がっている。一九八八年には、それまでの運動で目立たなかった都市の女性が参加し、「反

原発ニューウェーブ」と呼ばれた。この「ニューウェーブ」の動員は、「〔労働組合のような〕既成の組織でない新しい層の、しかも個人的なつながりによる参加」[*2]と説明されることが多い。しかし、個人ということが強調されるため、いかなる組織が動員を媒介したのか、いかなる「フレーム」[*3]が人びとを動かしたのかということが十分に論じられない傾向にある。そこで本稿では、組織とフレームの特徴を検討することで、この動員の内実を明らかにしていく。

以下では、一九八八年以前に行われた食品の放射能汚染の測定を求める運動に注目する。本稿で論じていくように、その後の脱原発運動を導いたのは、放射能汚染に対する不安を抱いた人びとが食品の測定を要求することであったからである。具体的な考察は、地域での測定を求める運動にいち早く、そして精力的に取り組んだ生活クラブ生協神奈川を対象とする。生活クラブでは「自主運営・自主管理」という運動文化が共有されていたため、測定を求める運動も「自分たちの食べる物がいかなる物であるかを自分たちで知り、討議したうえ、何を食べるかを決める」という自己統治の思想を色濃くしていた。したがって、考察に際しては、「民主主義」をキーワードにしながら、単なる安全の確認にとどまらない意味が測定に込められていたことを明らかにしていく。

以上のように、本稿は、「ニューウェーブ」の運動を対象にし、チェルノブイリ事故というグローバルな出来事に対するローカルな場での対応を検証していく。これは、日本の原子力政策を規制する政治的行為者としての脱原発運動には、

＊1　「脱原発」とは、チェルノブイリ事故後に使われるようになった言葉である。それ以前には、主に原発現地の農漁民とかれを支援する労働組合の活動家が原発推進に異議申し立てをする運動を担っており、「反原発運動」と呼ばれていた。一九八八年に都市部在住の女性を中心とする運動の担い手が登場するなか、チェルノブイリ事故以前と以後の運動の違いを強調する言説が広がる。反原発運動という呼称は使われ続けるが、脱原発という言葉が「ニューウェーブ」の新しい担い手を指すものとして用いられるようになった。本稿では、チェルノブイリ後の運動を対象にするため、主に「脱原発」という言葉を使用していく。

＊2　『朝日新聞』一九八八年二月一八日、四面。

＊3　フレーム（frame）とは、解釈の図式である。それは、諸個人が出来事を自らの生活空間や世界全体の中に位置づけ、知覚し、認識し、レッテル貼りすることを可能にする（della Porta and Diani 1999: 69）。フレームは様々な学問領域で使われる概念であるが、本稿では社会運動論の使用法に依拠している。この使用法では、政府、企業、主流メディアのような強力な政治的行為者が生産する「マスターフレーム（master frames）」を特定し、社会運動の中でそれとは異なるフレームが生み出されていることに注目する。いかなる支配的なフレームが構築されていて、それに対して運動がどうマスターフレームを読みかえるのか。このフレームをめぐる争いを考察するのが、社会運動論のフレーム分析の焦点である。

いかなる射程があったのかという、福島第一原発事故後に関心を集めているより大きな問いを考察する作業の一部に位置づけられる。

1　チェルノブイリ事故と生活クラブ

チェルノブイリ事故と食品汚染

一九八六年四月二六日、旧ソ連のチェルノブイリで原子炉に事故が発生した。この事故によって多量の放射性物質が拡散し、周辺の住民は避難を強いられ、放射能汚染はヨーロッパ中に広がった。しかし汚染に境界はない。四月末から遅くとも五月二日には、放射性物質が日本に到着したといわれている。放射能の雲は中国大陸から海を渡って日本列島本州中央部の日本海側に到達し、斜め北の方向に進んで北海道から太平洋に抜けていった。途中雨があったところでは、放射能が雨と一緒に地表に落ちて、降下量が大きくなった（寺島・市川 1989: 32）。四月二九日、科学技術庁長官を本部長にして放射能対策本部が設置されている。この対策本部は、国内の放射性物質の拡散状況を調査し、六月六日には放射能レベルが十分に低くなったとして「安全宣言」を出した（笹本 1999: 280）。

放射能汚染は、空気、水、土に広がったが、それだけでなく、影響は農作物にまで及んだ。日本政府が食品の放射能汚染にいかなる対応をしたのかを確認しよう。厚生省は一九八六年一一月、専門家を集めて組織した「食品中の放射能に関する検討会」の報告をもとに、一キロあたり三七〇ベクレルという暫定基準を決め、この数値を超えた食品の輸入を認めない方針を打ち出した（高木・渡辺 2011）。この基準で輸入食品の検査が実施されると、いくつかの食品で基準値を上回る数値を記録した。トルコ産のベーゼルナッツ、月桂樹葉、セージ葉、フィンランド産の牛胃、スウェーデン産のトナカイ肉。一九八七年の一月から二月にかけての検査では、これらの輸入食品から基準値を超えるセシウムが検出され、基準値超えの食品は積み戻しされた（同書: 79-80）。

検査は、輸入届け出件数一〇件につき一件が抜き取られる方式で行われている。この一件に選ばれた場合、ロットごとに五検体を採取し、合わせて一キログラムにして調べられた。膨大な量の輸入食品のごく一部を調べるだけというのが、検査体制の実態だった（同書: 83）。また、国の暫定基準値は三七〇ベクレルに設定されていたが、同じく事故が起きた場所から距離のある東南アジア諸国、たとえばタイやフィリピン、シンガポールなどと比べても、日本の基準はゆるいものであった（同書: 91）。

生活クラブ神奈川の動き

食品の放射能汚染を早い時期に問題にしたのは、生活クラブ生協の組合員である。生活クラブは一九六五年に東京の世田谷区で牛乳を共同購入することに始まり、チェルノブイリ事故後の一九八八年当時は、九つの地域ごとの組合（単協）から構成されていた。もともと食の安全性に疑問を持ち、牛乳、卵、肉などの共同購入を行っていた消費者たちが、放射能汚染の影響の問題に取り組んだ。

生活クラブのなかでも、もっとも早く、そして精力的に動いたのが、神奈川の組合であった。生活クラブ神奈川は、一九七一年、横浜市緑区に住む東急電鉄の職員たちが、すでに活動を始めていた東京の生活クラブから品物を共同で購入したことをきっかけに始まる（『生活クラブ二〇年誌』編集委員会 1991: 24）。最初の名前は「みどり生活協同組合」であったが、一九七七年に生活クラブ神奈川に名称を変更した。一九八八年の時点での組合員数は五万五四五世帯、出資金は二五億三一三八万円、供給高は一四七億四一〇〇万円であった（同書：126）。これは当時の生活クラブ全体のなかでは、東京に次いで二番目の規模である。生活クラブ神奈川には県内に九つのブロックがあり、横浜は東西南北の四ブロック、川崎は二ブロック、他には三浦、県央、湘南にブロックが組織されていた。ブロックの下の単位である支部は神奈川全体で五〇、デポーと呼ばれる生活クラブの商品（「消費財」と呼ぶ）を販売する店舗は一六というのが当時の組織状況であった（同書：122-23）。

一九八八年に書かれた佐藤慶幸を中心とする共同研究の成果『女性たちの生活ネットワーク』が明らかにしたように、生活クラブの活動は、三〇～四〇歳代の女性、それも主婦が中心的な担い手であった（佐藤 1988: 27）。神奈川で放射能汚染を問題にしていったのも、女性である。大河原さきは、当時、横浜の瀬谷に住み、事故直前に生まれた子どもを育てる主婦であった。チェルノブイリ事故が起きた時には、事故を遠いところの話のように感じていた。しかし高校を出てから通っていた養護学校時代の友人に放射能汚染がどれだけ深刻かを聞き、驚かされた。そこで東京の新橋まで足を運び、原子力資料情報室の高木仁三郎の講演会に参加した。彼女は、会場が満員だったので、子どもを背負いながら後ろで立って話を聞いたことを覚えている。さらに、集会の現場でイベントのチラシや、原発や放射能に関するパンフレットを入手して情報を集めた。その後、学んだことを地域の仲間に伝えた。[*4]

生活クラブの地域組織

放射能汚染に関する知識を広める際に重要な役割を果たしたのは、生活クラブの地域組織である。生活クラブはコミュニティを基盤にして展開してきた生協なので、地域には確固とした組織基盤とそれを支える担い手が存在した。この地域

＊4　大河原さきさんインタビュー、二〇一四年七月二日。

組織の基礎単位になっていたのが、「班」である。生活クラブ神奈川では、当時、平均で五・三世帯から一つの班が構成されていた（「生活クラブ二〇年誌」編集委員会 1991: 140）。

班単位の購入の手続きを見てみよう。班長は、毎月の締め切り日までに班員全員の予約を取りまとめて、生協に発注する。注文された品物は、翌月に各配送センターからトラックで所定の班員の家に届くが、その後、班員間で配達の仕分けをし、各自の注文品を持ち帰る。班長は、班員各自の注文品の集計を行い、集金した後に班全体としてまとめて代金を支払う（佐藤 1988: 40-41）。このように、生活クラブでは購入に関わるあらゆる活動が班単位で行われた。班は、基本的に同じ団地やマンションで暮らす近隣住民から構成されており、ちょっとした会話をしたり、お互いの家を行き来したりして、日常的なコミュニケーションをとるのが一般的であった。

生活クラブの組織構成上、班の上の単位が支部である。当時、支部は、一〇〇〇世帯を基準としてつくられていた（「生活クラブ二〇年誌」編集委員会 1991: 139）。チェルノブイリ事故の頃、各支部で選ばれる委員の数は、約一五人である（同書 : 138）。支部の活動は、班のような日常的な活動とは異なっていた。その活動のなかには、支部全体でどれだけの新規組合員を増やしていくかを考える拡大活動、生活クラブの地域イベントである「生き活きまつり」の準備、合成洗剤をやめてせっけんを使用するような環境保護活動、生活クラブの政治代表である代理人を出すための活動といったものが含まれる。支部委員の活動を通して、組合員は、主婦の日常生活では遭遇することのない出来事に出会い、これまでとは異なった時間を過ごすようになる（佐藤 1988: 371-72）。このように、生活クラブの組合員は、地域の問題、さらにはより広い社会の問題へと導かれていったのである。

生活クラブの地域の担い手

以上のように、放射能汚染を問題にしていくうえで重要な役割を果たした生活クラブの資源の一つめは、地域組織であった。二つめは、地域組織を支える担い手である。生活クラブの日常的な活動の中心は、組合員の仲間を増やすための「拡大」、消費財の「利用結集」、運営に必要な資金の拠出である「出資」であり、この三つは「三角錐体」と呼ばれた（「生活クラブ二〇年誌」編集委員会 1991: 127）。それでは、生活クラブでの地域活動は、組合員たちにいかなる変化をもたらしたのだろうか。

相模原市に在住していた外川洋子は、創成期の相模原支部に所属する組合員である。彼女が在住していた地域は、十分な数の組合員がいなかった。そのため、魚の注文を受けつけられなかったので、組合員数を増やすのが課題であった。見ず知らずの人の家を訪問して勧誘する拡大活動を苦手とする組合員も少なくなかったが、外川はこの活動を気に入っていた。彼女は次のように振り返っている。「最初に（人の家の）ドアフォンを押す時はドキドキしました。自分の子どもを連れていくと、子どもがを押してしまったのです。それで家から人が出てきたので、話をしなくてはならなくなりました」。「（拡大活動の際には）自分たちがなぜ生活クラブに入ったのかを話します。怪訝な顔をする人もいますけど、仲間が増えるのがとてもうれしかったです。（勧誘した相手から）『生活クラブを教えてもらってよかったわ』と言われると、とてもうれしいものです[*5]」。

外川の話から、地域活動の効果をうかがうことができる。まず、エンパワーメントである。生協に入らなければすることのなかった様々な活動を経験し、組合員はそのなかで自分の力に自信をつけていく。拡大活動を成功させるには、自分で生活クラブの組織、活動、消費財を説明できなくてはならない。それには学習が必要である。学習の積み重ねで成果が出れば、達成感を持つことができる。こうして、自分の活動、さらには自分自身に対する自信につながっていく。次に、リーダーシップである。エンパワーされた組合員は、地域活動にリクルートされ、集まりを主催する側に回る。消費財の利用計画を立てるとか、せっけん運動を広げるといったテーマを話し合う。集まりの中で、アイディアを出し合い、異なる意見をまとめ、仕事を割り振り、行動に移すといった地域活動の組織化に必要な技術を身につけていく。

先に言及したように、当時の生活クラブの中心を担っていたのは、三〇～四〇歳代の主婦である。戦後、高等教育が拡充するなかで、彼女たちの多くは、高等教育機関を修了している。しかし女性の就職は依然難しく、就職できたとしても、働き続ける環境が整備されておらず、結婚や出産を機に仕事を辞めていくなどの場合が多かった。知識や時間はあるけれども、それを生かす機会が不在のなかで、生活クラブの地域活動は、女性たちの力を引き出していく場になっていた。

脱原発知識人とグループの役割

以上のように、生活クラブの地域活動は、組織と人という二点で、放射能汚染に関する知識を広める資源を提供した。知識の広がりを考える際には、生活クラブが提供する資源だけでなく、「脱原発知識人」や原子力資料情報室のような政策提言グループの役割も見落とせない。生活クラブは、チェルノブイリ事故以前、組織として熱心に原発や放射能汚染の問題に取り組んできたわけではなかったので、組合員の多くはその問題にそれほど詳しくはなかった。漠然と原発に不安を抱いている場合でも、その根拠を明確に述べるには至らないことが多かった。大河原の事例のように、精力的な組合員

＊5　外川洋子さんインタビュー、二〇一三年一二月一三日。

が地域外で行われる学習会や講演会に参加し、そこで脱原発知識人の話を聞く。それによって原発への違和感や放射能への恐怖が強くなり、得られた知識を自分の班や地域の友人のところに運んでいったのである。

さらに「反原発出前のお店」も、その知識を広げるのに貢献した。出前学習会は、最初は脱原発知識人の講演を聞くばかりだった人びとが、自ら学習して知識を自分のものにし、最終的には講師になって要請に応じて地域の学習会で話をするというものである（高木、反原発出前のお店 2011）。原発について話すことのできる講師は少数で多忙なので、地域の小さな学習会のすべてに来てもらうことはできない。そこで最初は生徒であった人が出前学習会の講師になることになった。出前学習会の講師養成講座は、一九八七年一月に始まり、その後も不定期で行われた。一九八九年一一月の時点で一二〇名が講師として北海道から沖縄までの各地に出向いている（反原発出前のお店（関東）1990: 204）。

この出前学習会の効果は、多方面にわたっていた。まず、講師の側は、教えるという立場に置かれるので、原発について自分なりに理解し、それをかみ砕いてわかりやすく説明しなくてはならない。これには、難解な科学的知識を専門家に独占させるのではなく、人びとに開くという意義を有していた。また、学習し、伝え、フィードバックをもらうという過程を通して、講師は自分の達成に誇りを持つようになり、エンパワーされていく。出前講座を受ける側からすれば、地域にいながらにして原発や放射能についての学びの機会を得ることになり、家事や子育てに追われて地域を離れることのできない女性たちの参加のハードルが低くなった。

脱原発知識人は、原発問題に関して、いかなるフレームを提示したのだろうか。作家の広瀬隆は、元メーカーの技術者としての経験を生かし、原発に関する執筆活動や講演活動を行ってきた。原発をめぐる隠された事実を暴くスタイルは人気を博し、チェルノブイリ後、全国各地から講演会の依頼が多数舞い込んだ。広瀬の著書を読んだり、話を聞いたりして脱原発運動に参加する人びとが続出し、『朝日新聞』の一九八八年二月二一日の朝刊で「ヒロセタカシ現象」と呼ばれるほどであった。以下では、チェルノブイリ後に脱原発運動の参加者の間でよく読まれた『東京に原発を！』と『危険な話――チェルノブイリと日本の運命』を取り上げて、その特徴を考察する。特に『危険な話』は、一九八八年七月の段階で、二四万部を売り上げるほどのベストセラーであった。[*6]

広瀬の提示したフレームの特徴を、支配的なフレームと比較しながら見ていこう。まず、原発をめぐる利益集団を「原子力シンジケート」と呼び、それを特定していることにある。彼は、原発の推進が「投機業者によって仕組まれた世界的陰謀」と主張する（広瀬 1986: 22）。原発の原料となるウランのメジャーは、ロックフェラー財閥とモルガン財閥の連合体に組み込まれている。日本でも、原子力委員会、経済団体連合会、メーカーの要職を担う財界人、学者、技術者たちがこの「原子力シンジケート」の一端を担っている（同書：25）。広瀬は「原子力発電の目的は、金であ」ると強調している（同前）。

原子力政策をめぐる議論は、高度に科学的である。それゆえに、原発の運営に関わる経済性やリスクなどは、科学者や企業家など専門家の議論に委ねられてきた。さらに、たとえ専門家が誤った方向に走り出したとしても、政府が専門家を監視し、方向づけをすることが想定されていた。すなわち、統治エリートが公正かつ的確に原発を管理しているという前提があり、それが国民の間に原発に対する信頼を支えていたのである。広瀬の主張は、このエリートに対する暗黙の信頼に疑問を呈した。原発の世界では、専門家たちは内外の利益集団に関わっており、政府も中立公正な審判ではなく、この利益集団の一部を構成している。彼が提示したのは、このようなフレームであった。

第二の特徴は、「原子力シンジケート」によって隠された原発に関する真実を明らかにしていることである。広瀬によれば、チェルノブイリ事故は収束しておらず、内部はメルトダウンでるつぼの状態である。猛烈な勢いで放射能のガスが噴き出しており、その上部にフタをしているので、第二の大爆発が起きる恐れがある（広瀬 1987：30）。事故による爆発で出た「死の灰」は、ガス、液体、チリ、金属などの形で全世界に広がっている。そのなかでも、ヨウ素、プルトニウム、ストロンチウム、セシウムが人体に吸収され、そこで放射線を出し続け、人体を破壊する（同書：57-63）。それにもかかわらず、実際に放出された放射能汚染の現実よりも、ひと桁かふた桁も小さい数字がメディア報道されている（同書：20）。このように広瀬は、原発に関する安全キャンペーンが推進され、チェルノブイリの事故をできるだけ小さく見せて、日本の原発に影響が及ばないようにしているという。

原発に関しては、政府がその情報を公開しており、政府にとって都合の悪い情報があったとしても、メディアが人びとに伝えるということが暗黙の前提とされていた。すなわち、メディアの情報公開に対する信頼も、原発推進を支えていたのだ。しかし広瀬は、原発に関する情報の透明性に疑問を呈した。『朝日新聞』のような大手メディアでさえも、「原子力シンジケート」の見解をそのまま掲載するだけで、正しい情報を提供していないからである。メディアというもう一つの政治的権威に対する不信も、広瀬の提示したフレームの構成要素であった。

第三に、チェルノブイリ事故が日本でも起きる可能性を強調している点である。事故すぐ後の一九八六年四月三〇日、

＊6 『朝日ジャーナル』一九八八年七月二九日、三二頁。

原子力安全委員会の御園生圭輔委員長は、事故を起こした原子炉がソ連独自で開発した黒鉛減速軽水冷却炉なので、日本の原子炉とは構造が違うということを強調した。原子力安全委員会が設置した「ソ連原子力発電所事故調査特別委員会」は、一九八七年五月二八日、日本の原発の安全性が十分に確保されており、現行の規則や慣行、原子力防災体制を変更する必要はないという最終報告を出している（本田 2005: 202）。このように、チェルノブイリの原発事故の原因は、ソ連の技術力や管理能力の低さにあり、その能力に優れる日本では同じような事故が起こらないというのが、支配的なフレームであった。

これに対して、広瀬は、日本も原発事故と無縁ではないという見方を提示した。日本では飛行機事故が頻発しているが、事故の原因は、航空機をアメリカの技術者に言われた通りに輸入し、使用しているところにある。輸入技術への依存は原発も同じであり、日本の原発管理者たちは、アメリカのエンジニアの仕様通りに図面を引いてきた。かれらは不具合が起きてもその原因を特定できないであろうから、不具合が大きな事故につながる可能性は高い（広瀬 1987: 207）。

以上のように、脱原発知識人としての広瀬のフレームの特徴は、原発をめぐる利益集団の特定、透明性の欠如、日本での事故の可能性の三つから構成されていた。先に言及したように、原発の議論では、科学者の間の高度に専門的な議論になりがちである。しかし広瀬は、科学的な真偽ではなく、原発をめぐる政治的不正に主な問題関心を移し、多くの人びとに理解されやすいシンプルな図式を示すことで、原発をめぐる議論を広く開かれたものにした。

2　放射能測定と自己統治

生活クラブ自主基準の設定

以上のような特徴を持つフレームを介して、原発や放射能に対する知識が地域の組合員にまで広がり、食品の汚染に対する不安の声が高まった。相武台デポー支部の三一歳の女性は、四人の子どもに牛乳と葉菜類を一切与えなかった。夫には「そんなに気にしてもしょうがない」と言われたが、「それは違う」として議論になったという。[*7] 汚染に不安を感じる組合員は、生活クラブとしての対応が遅いことにいらだちを示した。生活クラブの事業を担う職員側は、食品の放射能汚染が前例のない事態だったので、政府発表を判断する材料を持ち合わせていなかった。かれらは、どう対応すればよいのかわからず、困惑していた[*8]。

こうした状況のなか、不安の声を抱えた組合員のなかから、自主的に測定に乗り出す者が出てくる。横浜北部ブロックの緑支部に所属していた福山みどりは、その一人である。彼女は、原子力に詳しい物理学者の藤田祐幸の話を聞き、輸入食品の危険性を知った。藤田の紹介で京都大学工学部に生活クラブの消費財であるイタリア産スパゲッティの検査依頼をしたところ、一キロあたり六〇ベクレルを検出した。そこで生活クラブに急いで対応するように求めている。[*9]

測定で具体的に汚染の証拠が突きつけられると、安全性に対する不安の声は確信に変わっていく。鈴木真知子は、当時、横浜北部のブロック長であり、神奈川全体の会議に参加する立場にあった。福山が依頼した測定でイタリア産スパゲッティ一キロあたり六〇ベクレルという数字が出たことを受けて、ブロックの経営会議で供給停止について話し合った。スパゲッティの分の収入減は、他の麺類や米などの消費を増やせば、ブロックの経営に影響はない。このような判断のもと、まずはブロックだけでもスパゲッティの供給を停止することを決めた。[*10]

横浜北部ブロックは、本部にスパゲッティの供給停止を要請したが、これが生活クラブ全体での停止につながっていく。[*11]生活クラブの各単協を統括する連合事業委員会は、供給停止だけでなく、さらなる対応を検討し、一九八七年四月八日、「生活クラブのチェルノブイリ放射能汚染対策」を出した。それは、第一に、輸入食品の安全性追求、第二に、自主的な調査および検査の実施、第三に、行政および内外企業のデータ公開要求、第四に、当面の供給基準値は、国際機関および国の基準値の一〇分の一以下にすること、第五に、原発の凍結および廃止を課題とする、という五項目から構成されていた。[*12]

当時、生活クラブ連合事業委員長を務めていた折戸進彦によれば、食品の放射能汚染の問題に光をあてたのは、神奈川の組合員の力である。神奈川からの要請を受けた連合事業委員会は、当時、任意の団体にすぎなかった。スパゲッティを含む消費財は、各単協の独自品とされていたため、連合事業委員会は品物に対する権限を持たない。しかし具体的な汚染の数値が出ている以上、放置するわけにはいかず、連合事業委員会は対策を迫られた。[*13]

そこでデータを集め、連合事業委員会内でも議論を重ねた。その結果、「一キロあたり三七〇ベクレルまで」という厚生省の数字は、メーカー、世界の基準、日本の状況を合わせて妥協的に出た数字という見方に達する。そのうえで、三七〇

＊7　『生活と自治』二二〇号、一九八六年一〇月一日、六頁。
＊8　同前、七頁。
＊9　『生活と自治』二二〇号、一九八七年八月一日、一頁。
＊10　鈴木真知子さんインタビュー、二〇一三年一一月二九日。
＊11　『生活と自治』二二〇号、一九八七年八月一日、一頁。
＊12　『生活と自治』二二〇号、一九八七年七月一日、六頁。
＊13　折戸進彦さんインタビュー、二〇一三年一一月一三日。

ベクレルの一〇分の一の三七ベクレルにして、それを生活クラブの自主基準値として定めた。その後、様々な形で放射能測定が行われる。生活クラブの発足当初から取引してきた千葉の新生酪農の牛乳が、一九八七年五月一〇日の測定で、一リットルあたりヨウ素131が原乳で四・八ベクレル、製品で五・六ベクレルを検出するというケースも見られた（高杉 1988: 204）。

「自主運営・自主管理」の文化

　なぜ自主基準値は、三七ベクレルに設定されたのだろうか。折戸は、私の取材に対して、「三七という数字に、根拠はない」と言い、次のように続けた。「原則論でゼロにしろという意見もありました。しかしゼロというのは無関係論です。自然的な放射能も含めれば、ゼロというのはあり得ません。（それゆえに）三七ベクレルというのは、限りなくゼロに近いわけです。（問題は）数字をゼロに設定してしまうと、頭が動かなくなってしまうのです。（組合員の間の）問題意識を消してしまいます。（組合員が）『うちは安全よ』となってしまうのが、一番怖いことです。自分たちは安全ですと言ったことはありません。もちろん、安全を目指していますし、市場の不安を意識してはいますけれども。安全をどうやって求めていくのか。これが基本的な考え方です。三七というのは問題をぎりぎり発生できる線でした」[*14]。なぜゼロにしないのか。それが物理的に不可能ということもあるが、何よりも折戸は、ゼロに設定することで組合員が自分たちの口にする食べ物の安全について思考停止になってしまうことを懸念していた。

　折戸の発言の背景には、「自主運営・自主管理」という生活クラブに固有の文化の存在がある。一九七四年度の生活クラブ東京の総代会で、本部策定の包括的な活動方針案を踏まえながら、各支部の運営委員会がその基本計画を決定するという、後に「自主運営・自主管理」と呼ばれるようになる方針が決定された（佐藤 1988: 134）。同じ時期に神奈川でも、消費委員会や部会の構想がつくり上げられ、行政区ごとに支部をつくって、支部ごとの自主運営、自主管理を目指す方針が決められている（「生活クラブ二〇年誌」編集委員会 1991: 31）。このようにして、職員ではなく組合員が主導して決定するという生活クラブの組織の方針が定められた。

「自主運営・自主管理」は抽象的な題目ではなく、共同購入という食べ物を扱う局面で具体的なものとして出てくる。たとえば、生活クラブ神奈川で、山形県庄内地方にある平田牧場の豚を産直で購入するというプロジェクトが行われていた。規模の小さい支部で共同購入するには、豚を一頭買いするのが条件である。まず、バラが余ったりロースが足りなかったりすることのないよう、一頭から何がどれだけとれるのかを勉強する（生活クラブ協同組合神奈川 1981: 171）。誰がどの部位をどれだけ注文したかを集計する作業のやり方を学び、講習会を開き、ニュースを出し、地区ごとに配送の車に添乗する人を選んで配送員に道案内をするよう呼びかける（生活クラブ協同組合神奈川 1981: 173）。豚肉の量を増やすには、班のメンバーが普段あまり使わない部位も料理できるようにならなくてはならない。豚を一頭買うわけなので、自分たちの好きな部位ばかりを利用できるわけではない。脂の多いところもあれば、少ないところもある。豚肉という具体的な食材を前に、自分が学び、考え、伝える。その行為こそが「自主運営・自主管理」の意味するところであった。

　以上のように、自分たちの食べる物がいかなるものであるのかを学び、そのうえで何をどう食べるかを自分たちで決定していくという考え方が、生活クラブの活動の根幹にある。「自主管理」という言葉は、主に労働運動の中で、職場（工場やオフィス）での労働者の決定に用いられてきた。その言葉を消費のような暮らしの領域での実践に用いたのが、生活クラブのユニークなところである。しかし、組合員たちの実践は、消費領域での自己決定にのみ限定されるものではなく、消費を通して生産や流通を変え、さらには社会全体の決定を自分たちでコントロールすることまで視野に入っている。この点を考えれば、生活クラブの活動には、民主主義理論の「自己統治（self-government）」という言葉を用いて論じるのが適当であろう。

　アダム・プシェヴォルスキは、「自己統治」を、「自由」と「平等」と並ぶ民主主義の理念と見ている（Przeworski 2010: 1）。彼は、自己統治が、個人ではなく、集合的な意思決定に関わるという点を強調している（Ibid.: 18）。ベンジャミン・バーバもまた、自己統治を民主主義の根幹にある思想と見ている。彼は、自分たちが単なる投票者でも、政府の顧客でも、被保護者でもなく、自分や共同社会に関わる事柄の統治者であるというのが自己統治の意味であるという（Barber 1984: 33）。このように、自己統治が民主主義の理念に据えられてきたという点を考えれば、組合員の放射能測定を求める運動は、日常的な食べ物に関する「生活の民主主義」の営みであったといえよう[＊15]。

測定を通しての自己統治

「生活の民主主義」は、通常の民主主義といかなる点で区別されるのだろうか。古代ギリシャのアテナイの民会がしばしば想起されるように、民主主義は、国家のような公的領域での集団的議論と意思決定に関わるものとして理解されてきた。他方、放射能汚染食品をめぐる自己統治は、食べるという私的領域に属する行為についての議論と決定に関わっており、

＊14　同前。

ここに「生活の民主主義」の特徴がある。「自主運営・自主管理」という生活クラブ流の自己統治は、その中心的な理念であった。しかし生協の組織が拡大するにつれ、ただ安全な食べ物を求めるだけの組合員が増えていて、その理念は忘れられがちであり、折戸もそのことを懸念していた。三七ベクレルという自主基準値の設定には、組合員の間の学習と議論を促し、食に対する自己統治を取り戻すための仕掛けという意味を持っていたのである。

以上の議論は、リスクと熟議という問題領域と深く関わる。ウルリッヒ・ベックは、チェルノブイリ原発事故後に書かれた本の中で、放射能汚染を現代社会の生み出した「リスク」の一つであると見ている。それは、科学技術が人間のコントロールできる範囲を超えて発達した結果として顕在化した。ベックによれば、自分がどれだけのリスクにさらされているのかを判断するには、科学的知識が必要である。なぜならリスクは、人間の知覚能力を超えているので、見たり嗅いだりしても、その存在を判別できないからである。しかし、何ベクレルといった科学的数値は、それが危険なのか、安全なのかを教えてはくれない (Beck 1986=1998: 36)。

平川秀幸によれば、近年、科学者のような専門家が科学技術に関する物事の決定を独占することが困難になってきたのには、次の二つの背景がある (平川 2010: 76-77)。第一に、科学の不確実性が増大している。そもそも、科学的な知識には、「状況依存性」がつきまとう。その正しさや確かさは、特定の理論的な前提や実験や観測の条件のもとで成り立つものだからだ (同書: 112)。科学的知識を社会や環境の関係がより複雑な現実世界に応用した場合、狭い範囲に限定した実験の段階では、予想もしなかった影響を及ぼすことがある (同書: 119)。不確実性は、科学に内在する問題であるが、知識が政策決定の根拠に使われ、その影響が大きくなるにつれ、不確実性の引き起こす帰結が深刻になっていく。

第二に、科学だけでは解けない問題が出てきている。これは、科学や技術が社会の中の利害関係や価値観の対立と深く関わるようになったために生じている。遺伝子組み換えのリスクに関して、人びとの間で問われているのは、安全かどうかという科学的な争点に限定されない。リスクを誰が評価するのか、政府はいかにして管理するのか、意思決定をどう構築するのか、問題が起きた時にいかに対処するのかといった、政治や法にも関わるより広い問題を含んでいるのだ (同書: 161)。

リスクをめぐる安全と危険の線引きの困難さという問題を、生活クラブの消費財に当てはめて考えてみれば、まるごと食べる物、出汁を取る物、それぞれで放射能の人体への影響は違うだろうし、おとなと子どもでも影響の度合いが違う。これは、科学的に安全だと示すことができても、心理的な安心を得られるわけではないという、放射能をめぐってよく交わされる議論とは異なる。そもそも科学的に安全であるとお墨付きを出すこと自体が不可能なのである。それゆえに、連合事業委員会が三七ベクレルを境界線と定めたとしても、それが即安全ということにはならない。放射能汚染の危険と安全の境界を明確に定めることができないならば、どうすればよいのか。科学的な知識を踏まえながら、境界となる基準値がいかにして設定されているのかに注意を払い、そのうえで数値の意味を人びとがともに考え、話し合い、判断していかなくてはならない。

民主主義の理論家たちは、このプロセスを「熟議」と呼んできた。熟議とは、相互の考えや価値観を交換し合う、政治的なコミュニケーションである（Dryzek 2000: 1-2）。熟議が普通の話し合いと違うのは、それが、自分の選択、すなわち、「選好」への反省を促すという点である。他者の意見や世界観を知り、それを判断材料に加えることで、以前ならば考えもしなかった選択に至ったり、そこまで行かなくても、自分の選択の根拠に変化が生じたりする（Ibid.: 2）。熟議民主主義論では、討論を通しての合意形成に重きが置かれがちであるが、リスクと熟議という問題領域では、熟議を通して人びとの選択の理由に厚みが増すという点が重要である。実際に自分で測定して、食品の放射能汚染について学び、知らないままに選択するのではなく、何を食べるかを自分で決めていく。三七ベクレルという自主基準値は、理由の積み重ねを促し、学習を深め、自己統治を実現するための方法と見なされたのである。

自主基準値を設定した側の意図は、測定を求めて熱心に活

＊15 「生活の民主主義」は、資本主義の再生産に不可欠な消費部面と関わるがゆえに、市場経済を全面的に否定するものではないが、それに規制を加えることをめざす。特に生活クラブの活動は、様々な協同組合のなかでも資本主義の規制という性格を強くしている。生活クラブでは消費という言葉を使う時、「オルタナティブ」という言葉が同時に使われてきた。企業の提供する「商品」を盲目的に受け入れるのではなく、自分の使う「消費財」を主体的に選び、それに関わりたいという組合員の思いが、その言葉に示されている（天野 1995: 51）。また、消費は個別的な行為なので、人と人を切り離し、連帯の契機を奪いがちであるが、生活クラブの消費は、「協同」の行為と位置づけられている。そこでは、私的な利害を基盤にしながらも、自分の望む消費財を手に入れるには、他者とともに生産や流通のあり方を変えることが求められてきた（同書: 53）。このように、「生活の民主主義」は、資本主義の規制と密接不可分であった。資本主義の規制は、生協だけでなく、協同組合全般の活動に特徴的である。協同組合の先駆的な事例として知られるのが、一八四四年に発足したイギリスのランカシャーのロッチデール公正先駆者組合であるが、この組合の発足は、食料品や衣類など生活必需品の価格高騰と品質悪化に直面した労働者が、公正な価格での生活必需品の販売を始めたことに端を発している。労働者が資本主義経済から自ら防衛し、そのために同じ境遇にある者と「協同」するというのが、協同組合という組織の起こりだった。

動していた組合員の思いと重なるところが多かったようである。この時期、湘南ブロック藤沢支部の組合員であった片平京子は、自治体に食品の放射能汚染の測定を求めていた。彼女は、「測定器を使って関心を持ってもらうことが大事で、測ること自体が目的ではありません」と言っている。「数字が先行するのを恐れていました。これ以下だと安全、これ以下だと危ないというように、数字で切られてしまうからです。自分自身はそこまで数字にはこだわりませんでした。それ以前に誰がどういうふうにつくったものなのかを知るのが大事なことです。みんなに考えてもらい、問題意識を持ってもらうため、数字を道具として使うことを考えていました」[*16]。片平のような組合員の間にも自己統治としての測定という理解を得られたのは、生活クラブの「自主運営・自主管理」の文化の影響が大きかったと考えられる。このように放射能測定は、組合員の間に議論、学習、自己決定を促したのである。

3　放射能測定から脱原発へ

生活クラブの枠を超えて地域へ

生活クラブ神奈川の組合員による放射能測定を求める運動は、地域に広がっていった。生活クラブでは食品の検査がなされたが、それ以外の場所で食べる物、特に子どもの学校給食に関しては、放射能について学んだ活動的な組合員から見れば、満足な検査にはほど遠かった。学校給食を測定するのは、組合の中にとどまっていてはできないので、組合の資源を利用しながらその枠を超えていくことになる。

県内の七ブロック一七市町村で、放射能汚染の情報公開を求める請願署名運動が展開され、この署名は、一九八七年一二月から一九八八年三月にかけて市町村議会に提出された。横浜市の署名は三二万二二四七人分に達し、市議会も無視することはできず、一部内容を変更し、「食品に係る放射能汚染対策の強化等に関する要望書」として首相と厚生大臣あてに提出している（「生活クラブ二〇年誌」編集委員会 1991: 193）。藤沢市では、生活者ネットの代理人である藤村久子の助言を受けて作成された請願書への署名は二九七一人にまで達した。この要望を受けて、議会は市で放射能測定器を購入することを決め、市民による「藤沢市放射能測定器運営協議会」が食品の放射能測定をすることになった（同前）。

組合員の枠を超えた地域展開に際しては、一九七〇年代後半から八〇年代初めにかけて、生活クラブ神奈川で合成洗剤追放に関して直接請求運動をやった経験が生きた（小塚 1980: 93）。特に一九八〇年には、合成洗剤のたれ流しによる川の汚染を止めるため、組合員が中心になって県内各地で直接請求運動を起こし、自治体に合成洗剤の利用規制を求めている。直接請求制度は地方自治法に定められており、一ヶ月以内に自筆の署名を有権者の総数の五〇分の一集めた場合、自治体の長は直接請求の発議から二〇日以内にこれを議会にかけなくてはならない。この時は、横浜市、川崎市、大和市、海老名市、座間市、鎌倉市、藤沢市など、県下で二二万人の署名を集め、結果的にはすべての市で否決されたが、川崎市では「合成洗剤審議会」、藤沢市では「洗剤対策協議会」の設置という成果もあった（「生活クラブ二〇年誌」編集委員会 1991: 43）。

放射能測定を求める運動のなかから、今度は脱原発の地域グループが生まれていった。大河原は、横浜市の瀬谷地区の人びとを中心に「グループ コア・ら」を組織している。この名前は、「コアラ」という響きと、何かをやっていく「核（コア）」になろうという意味の両方から付けられた[*17]。月一回の頻度で発行されていた通信からは、活動の内容がうかがえる。『ドキュメント・チェルノブイリ』や『ウインズケース・核の洗濯場』のような核や原発に関するビデオをグループで持っていて、郵送料を払えばそれを無料で貸し出していた[*18]。一九八八年六月には、原子力資料情報室の西尾漠を招き、原子力発電に関する法律についての講演会を開いている[*19]。

生活クラブの相模原支部で活動していた外川は、仲間とともに一九八六年一二月、地元に「ラ・パコ（La Paco）」というグループをつくった。ラ・パコはスペイン語で「平和」という意味であり、活動の中心を担っていたのは、厚木市や大和市、相模原市を含む生活クラブ県央ブロックの有志である。このブロックには、米軍基地やキャンプ座間があるので、身近な問題のなかから平和を考えることを目指し、自分たちで学習会やツアーを企画した。一九八九年三月一四日の『朝日新聞』の神奈川県面には、ラ・パコが高木仁三郎の講演会「脱原発法の実現にむけて」を主催するというニュースが掲載されている。

外川たちは、生活クラブで生協の日常活動を行う一方、脱原発の活動をラ・パコで行うという形で線を引いていた。しかし署名をしたり、イベントをしたりする時には、相模原支部に協賛を依頼し、生活クラブのネットワークを使っていた[*20]。このように、脱原発運動は生活クラブの枠を超えて地域に広がっていったが、その際には生活クラブがコミュニティに蓄積した資源が効果的に利用されたのである。

組合員の動員を促すフレーム

組合員が地域で脱原発の活動をする際に、利用可能なフ

*16 片平京子さんインタビュー、二〇一三年一二月四日。
*17 大河原さきさんインタビュー、二〇一四年七月二日。
*18 『コア・ら通信』一五・一六号、一九八八年七月二五日号、七頁。
*19 『コア・ら通信』一七号、一九八八年九月一〇日号、四頁。
*20 外川洋子さんインタビュー、二〇一三年一二月一三日。

レームも形成されていた。それをよく示すのは、甘蔗珠恵子の『まだ、まにあうのなら』である。甘蔗は、福岡県で二人の子どもを育てる主婦であり、チェルノブイリ事故前までは、「原発」の略称の意味も知らなかった。しかし広瀬隆の講演を聞き、原発の恐ろしさに驚き、機会あるごとに原発に関する講演会や集まりに出席し、関連書を読みあさるようになる。知人にあてた手紙を地湧社の編集部が注目して、『まだ、まにあうのなら──私の書いたいちばん長い手紙』が一九八七年七月に出版された（甘蔗 2006: 7）。『日本労働年鑑』一九八九年版によれば、この本の販売数は、二〇数万部に達したといわれている。

甘蔗のフレームの特徴の一つめは、経済至上主義に対する痛烈な批判である。戦後日本では、経済成長が国策の最優先事項に位置づけられてきた。それは生活の貧しさを脱するのに有効な手段であると見なされたがゆえに、広く社会的な合意を獲得していた。特に一九七三年の第一次石油危機後、日本政府内で原子力政策を中心となって管轄する役割を担っていたのは、通産省（現・経産省）である。通産省は、産業界を規律、方向づけして戦後日本の経済発展をけん引してきた。それゆえに、通産省が原子力行政を管轄したのは、原発が経済発展を支えるエネルギー源と見られていたことを示している。したがって、経済成長は未来の生活の改善をもたらすがゆえに不可欠であり、経済成長のエンジンである原発もまた不可欠であるというのが、支配的な見方であった。

これに対して甘蔗は、経済発展のあり方に対する根底的な疑問を呈している。彼女によれば、日本の食品の放射能チェック基準が甘いのは、日本が原発大国で、原発が経済機構に深く組み込まれているからである。日本の原子力政策では、経済を優先する政策が人間の「いのち」を脅かしている。このように甘蔗は、原発と暮らしの関係に触れたうえで、経済至上主義が必ずしも生活を良くしないというフレームを示した。「いのち」という言葉は、その後、脱原発運動のなかで流行語となり、「原発いらない、いのちが大事」というコールが街頭行動のなかで聞かれるようになる。

二つめの特徴は、一つめに深く関連するが、女性＝母親の立場からの脱原発である。通産省のような官庁の指導が果たした役割が大きかったとはいえ、戦後日本の経済発展の主役は、まぎれもなく民間企業であった。そして企業を中心となって支えたのは、長時間労働を積極的に引き受けた男性である（天野 2006）。したがって、企業の成長のエンジンである原発を推進する論理にも、男性の企業戦士の経済至上主義が色濃く表れていた。このように、原発を支配するのが男性的な文化であったのに対して、甘蔗は、女性の位置から原発を見るフレームを提示した。

『まだ、まにあうのなら』は、「何という悲しい時代を迎えたことでしょう」という嘆きから始まっている。それは、自分の子どもや家族に、将来、必ず効果が出てくる放射能という「毒」を含む食事を出さなくてはならないという嘆きである（甘蔗 2006: 8）。このフレームに従えば、原発に反対する理由は、家族に安心して食事を提供できるようにするため、母親として子どもを守るためということになる。戦後初期には、「子どもを二度と戦場に送らない」という思いから、女性たちが反戦平和運動の担い手になっていった。このことに示されるように、母親からの視点は、子どもを持つ女性の動員を促す効果を有していたが、甘蔗のフレームにもこの視点を見て取れる。

三つめは、経済至上主義批判が自分の暮らしの点検に行き着くところである。戦後日本で原発は、原子力エネルギーを「平和利用」するという建前のもと、推進されてきた。一九五五〜五七年にかけて全国各地で開かれた「原子力平和利用博覧会」に象徴的に表れているように、原発は、その導入の時期から、アメリカ的生活様式の幻影と結びつきながら、「未来の便利な生活」というバラ色のイメージをつくり出してきたのである（吉見 2012: 290）。当時の新聞を見ると、鶏卵の改良、家畜の飼育の進歩、農作物の改良、土壌改良、病気や老衰の克服、飛行機、汽車、汽船などが、原子力エネルギーの使用法として挙げられていた（同書 : 139）。

原発の「平和利用」というマスターフレームに対して、甘蔗は、「未来の便利な生活」の追求の裏側に目を向けている。自分たちが「もっと便利に、もっと快適に、もっと速く、を求めて突っ走」り、原発のエネルギーを使った結果、空気、水、そして地球の汚染、危険な放射性廃棄物の未来世代への先送りにつながったと言う（甘蔗 2006: 60）。すなわち、原発は、自分たちの暮らしだけでなく、地球環境や未来世代の選択肢までも脅かすというのだ。ここで彼女は、経済至上主義を外側から批判するのではなく、一人ひとりの暮らし方の変革を求めている。このように、彼女のフレームは、原発の安全性やコストの問題だけでなく、原発に依存した大量消費型のライフスタイルを問題にしている。

甘蔗のフレームは、誰を引きつける構成になったのか。第一に、子どもを持つ女性である。広瀬隆のフレームは原発に関する隠された真実の暴露という性格があり、本を読んだり講演を聞いたりした人びとが衝撃を受けるには十分だが、生活感覚までは距離がある。経済至上主義に対する批判的な視点を残しながら、それを女性、より限定していえば母親を強く引きつける言葉を使うことで、従来の反原発運動とは異なる層を巻き込むフレームを構築した。そして生活クラブの組合員は、主に子どもを持つ女性から構成されていたので、このフレームは組合員に受け入れやすいものであった。

第二に、食品汚染や環境破壊の問題に関心を持つ人びとである。甘蔗のフレームは、家庭での食事の供給者と位置づけられた女性＝母親が食品の放射能汚染の観点から原発に反対するという立論になっている。生活クラブでは食の安全性や環境保全の追求に精力的に取り組んでいたことを考えれば、甘蔗のフレームは、生活クラブの組合員に共鳴しやすいものであった。

第三に、大量消費のライフスタイルの変革を実践する人びとである。食の安全よりも経済効率性を優先させている社会のあり方を批判的に捉えることは、日本の企業社会の周縁に置かれていた女性に受け入れられやすい。経済を批判するだけでなく、それを構成している自分の暮らしのあり方を反省するというのは、合成洗剤追放運動のなかで「生き方を変える」というスローガンを打ち出した生活クラブの運動と重なるものであった。

このように甘蔗のフレームは、生活クラブの組合員の多くに影響を及ぼしたと考えられる。たとえば、緑支部に所属する三九歳の女性の組合員は、原発の危険さを多くの人びとにわからせるものがないかと思っていたところ、甘蔗の本に出会い、それを読んで共感した。周囲の人に口コミで伝えると、さらにその人が周りに宣伝するという形で、本の評判が広がっていった。放射能の恐怖を知り、一週間吐き気が止まらなかった母親もいたと言う。こうしたなかで、子どもが通う保育園では、母親の間に放射能や原発を問題にする動きが出てきたと報告している。[*21]

「反原発ニューウェーブ」へ

甘蔗のフレームは、生活クラブの組合員以外の人びとにも響く可能性を持つものであった。それは、チェルノブイリ事故の前後に、日本の企業社会を批判的に捉えて、会社に雇われるのとは異なる生き方を目指す人びとが増えていたからである。かれらは、生協、フェアトレード、八百屋、リサイクルショップ、自然食レストランのような、市民運動とビジネスを合わせた「草の根ビジネス」と呼ばれる仕事をつくり出していった。[*22]「草の根ビジネス」は多種多様であるが、共通しているのは、単なる営利事業にとどまらない社会的活動を行うことである。その点で、「草の根ビジネス」は、「ビジネス」ではあるが、企業とは一線を画す組織のあり方を模索していた。

ここまで論じてきた地域で放射能測定を求め、原発依存の暮らしを反省的に捉える運動が、「反原発ニューウェーブ」を下支えしていた。「ニューウェーブ」の登場のきっかけといわれるのが、愛媛県の伊方原発の出力調整実験に対する抗議の署名運動である。署名は六〇万人分を超える数となり、一九八八年一月二五日、高松市中央公園での集会に一五〇〇人が集まったことがメディアに報道された。[*23]

この行動を端緒にして脱原発の波が広がっていったが、生活クラブ神奈川の地域活動は、この波に影響を受け、同時に自ら波をつくり出していった。その一つの象徴が一九八八年四月二六日、県内の各ブロックでの脱原発デモである。横浜北ブロックは、約一〇〇人が参加し、たまプラーザ駅前で「反原発のための美しいデモ」を行い、西部ブロックでは、コア・らとの共催で「脱原発歩こう集会」を開き、約一五〇人の参加者が旭センターから沢渡公園まで歩いた。湘南ブロックでは、四月二六日にちなみ、四二六人がビラを配り原発停止を訴え、県央ブロックではラ・パコが中心となり、東京日比谷で行われた一万人行動に参加している（『生活クラブ二〇年誌』編集委員会 1991: 194）。このように、放射能汚染に不安を抱く生活クラブの組合員の声は、食品の測定を求める地域の活動を経由して、脱原発を求めるストリートの運動につながっていったのである。

おわりに

本稿では、チェルノブイリ事故後の生活クラブ神奈川の動きを追いながら、「ニューウェーブ」の運動をめぐる二つの問いを考察した。一つめに考察した問いは、いかなるフレームと組織が脱原発運動への動員を可能にしたかということである。運動のフレームの形成に大きな影響を及ぼしたのは、広瀬隆の著書や講演である。原発をめぐる隠された真実を暴露していく広瀬のスタイルは、事故以前には原発にさしたる関心を寄せていなかった生活クラブの組合員に衝撃を与えた。そして甘蔗珠恵子の著書は、原発をより組合員の日常に近い言葉で語ることで、組合員が原発と放射能の問題を実感を持って理解し、ライフスタイルを変えるという形の実践につなげることを可能にした。

次に、動員を可能にした組織に関していえば、班と支部という生活クラブの地域組織が資源として利用された。原子力資料情報室のような調査・政策提言グループの講演を遠出して聞きに行った活動的な組合員が、そこで得られた知識を地域組織の中で広め、さらにそれが組合員の友人知人にまで広がるという構造である。インターネットがなく、通信手段といえば電話とファクスが中心の時代に運動が拡散していったのは、この地域組織の存在によるところが大きい。

二つめ目に考察した問いは、組合員が食品の放射能汚染の測定を求めることの意味である。それは、単なる安全性の追求のためだけでなく、自分たちの食べる物について深く知り、それについて仲間と話し合うことをねらいにしていた。放射能汚染というリスクは、安全と危険の境界を明確に確定できないが、その測定は、熟議を高める効果を有していた。測定を通して食品の放射能汚染について議論や学習を重ね、そのうえでいかなる食べ物を選ぶのかを自分たちで決定していく。

＊21 『生活と自治』二二七号、一九八八年三月一日、九頁。
＊22 『朝日ジャーナル』一九八七年七月二四日、八〇・八三頁。
＊23 『朝日ジャーナル』、一九八八年二月五日、九三頁。

こうした食べ物をめぐる自己統治は、生活クラブにそれ以前から根づいていた「自主運営・自主管理」の文化から育まれたものである。

プシェヴォルスキーが言うように、自己統治が民主主義の根幹となる理念の一つであることを考えれば、食品の放射能測定は、民主主義、それも選挙を通しての代表の選出に限定されない、直接民主主義の運動であったといえる。この放射能測定を求める運動は、その後、生活クラブの枠を超えて地域に広がり、さらにはストリートでの脱原発運動へと連なっていった。

「ニューウェーブ」の運動はその後、どこに向かったのだろうか。相模原で署名活動を行い、食品の放射能測定体制の整備などを求めた外川たちは、市の図書館に原発問題に関する図書を入れることと以外のほとんどの項目を実現させることができなかった。[*24] これを受けて、地域の運動の担い手から、脱原発には議会政治を変えなくてはならないと考える者が出てくる。[*25] 放射能測定を通しての民主主義は、代表制を通しての民主主義にいかにして接合できるのだろうか。この脱原発と議会政治の接合というのが、「ニューウェーブ」の直面した次の問題である。

謝辞

取材にご協力いただいたみなさまにお礼を申し上げます。また、紹介の労をとっていただいた槌田博さん、柳下信宏さん、山嵜哲也さんにも感謝を申し上げます。

参考文献

天野正子（1995）「『生活者』概念の系譜と展望 ― 生活者運動の形成に向けて」、佐藤慶幸・那須寿・天野正子編『女性たちの生活者運動 ― 生活クラブを支える人びと』マルジュ社
天野正子（2006）「『男であること』の戦後史 ― サラリーマン・企業社会・家族」阿部恒久・大日方純夫・天野正子『「男らしさ」の現代史』日本経済評論社：1-32
有馬哲夫（2008）『原発・正力・ＣＩＡ ― 機密文書で読む昭和裏面史』新潮新書
安藤丈将（2013）『ニューレフト運動と市民社会 ― 「六〇年代」の思想のゆくえ』世界思想社
伊藤守・松井克浩・渡辺登（2005）『デモクラシー・リフレクション ― 巻町住民投票の社会学』リベルタ出版
小塚尚男（1980）「合成洗剤追放直接請求の思想と運動 ― 神奈川県の直接請求運動の現場」『技術と人間』9-10: 92-103
開沼博（2011）『「フクシマ」論 ― 原子力ムラはなぜ生まれたのか』青土社
甘蔗珠恵子（2006）『まだ、まにあうのなら ― 私の書いたいちばん長い手紙』地湧社
笹本征男（1999）「チェルノブイリ原発事故と日本への影響」中山茂・後藤邦夫・吉岡斉（編）『通史日本の科学技術５－１』学陽書房：279-291
佐藤慶幸（編）（1988）『女性たちの生活ネットワーク ― 生活クラブに集う人びと』文眞堂
生活クラブ協同組合神奈川（1981）『生き方を変える女たち』新泉社
「生活クラブ二〇年誌」編集委員会（1991）『生き活きオルタナティブ ― 生活クラブ神奈川二〇周年のあゆみ』生活クラブ生活協同組合

高木仁三郎監修、反原発出前のお店（編）（2011）『反原発、出前します——原発・事故・影響そして未来を考える高木仁三郎講義録』七ツ森書館
高木仁三郎・渡辺美紀子（2011）『新装版 食卓にあがった放射能』七つ森書館
高田昭彦（1990）「反原発運動ニューウェーブの研究」『成蹊大学文学部紀要』二六：131-188
高杉晋吾（1988）『主婦が変われば社会が変わる——ルポ・生活クラブ生協』海鳴社
寺島東洋三・市川龍資（編）（1989）『チェルノブイリの放射能と日本——原子炉事故の教訓と対策』東海大学出版会
中澤秀雄（2005）『住民投票運動とローカルレジーム——新潟県巻町と根源的民主主義の細道１９９４－２００４』ハーベスト社
長谷川公一（2011）『脱原子力社会へ——電力をグリーン化する』岩波新書
反原発出前のお店（関東）（1989）「いろんな人から『元気』をもらって、増殖中」、三輪妙子・大沢統子編『原発をとめる女たち——ネットワークの現場から』社会思想社：204-226
平川秀幸（2010）『科学は誰のものか——社会の側から問い直す』NHK出版
広瀬隆（1987）『危険な話——チェルノブイリと日本の運命』八月書館
広瀬隆（1986）『東京に原発を！』集英社文庫
船橋晴俊・長谷川公一・飯島伸子（2012）『核燃料サイクル施設の社会学——青森県六ヶ所村』有斐閣
本田宏（2005）『脱原子力の運動と政治——日本のエネルギー政策の転換は可能か』北海道大学図書刊行会
山本昭宏（2012）『核エネルギー言説の戦後史１９４５－１９６０——「被爆の記憶」と「原子力の夢」』人文書院
吉岡斉（2011）『新版 原子力の社会史——その日本的展開』朝日出版社
吉見俊哉（2012）『夢の原子力——Atoms for Dream』ちくま新書

Barber, Benjamin. (1984) *Strong Democracy: Participatory Politics for a New Age*, University of California Press.（＝(2009) 竹井隆人訳『ストロング・デモクラシー——新時代のための参加政治』日本経済評論社）
Beck, Ulrich. (1986) *Risikogesellschaft: auf dem Weg in eine andere Moderne*, Frankfurt am Main: Suhrkamp.（＝(1998) 東廉・伊藤美登里訳『危険社会——新しい近代への道』法政大学出版会）
della Porta, Donatella and Mario Diani. (1999) *Social Movements: An Introduction*, Oxford; Malden, Mass.: Blackwell.
Dryzek, John S. (2002) *Deliberative democracy and Beyond: Liberals, Critics, Contestations*, Oxford: Oxford University Press
Przeworski, Adam. (2010) *Democracy and the Limits of Self-Government*, New York: Cambridge University Press.

＊24　外川洋子さんインタビュー、二〇一三年一二月一三日。

＊25　フェミニズムの政治理論で指摘されているように、議会のような公式の政治領域は、男性が強い影響力を有している。生活クラブでは、公式の政治領域から周縁化された女性が、消費という非公式の政治領域を舞台に自己統治の実践に取り組んできた。当初、「生活の民主主義」は、議会の民主主義と必ずしも接続されていなかったが、放射能測定の実践を深めるなかで、前者には後者が不可欠であるという認識を組合員が共有するようになり、その認識が地方議会に代理人を出す運動につながっていく。一九七〇年代後半から八〇年代初めにかけての合成洗剤追放の直接請求運動は、「生活の民主主義」が代表制を通じての民主主義に接続される最初のきっかけであり、チェルノブイリ後の放射能測定運動は、代理人運動の最初の波を経験していなかった組合員にまで議会政治を変える必要性を学ぶ機会を与えた。

Radiation measuring movement and democracy after the Chernobyl accident: A case of the Kanawaga Seikatsu Club

This paper examines the Kanagawa Seikatsu club, a network of local co-ops in Kanagawa prefecture in Japan acting to measure food radioactive contamination after the Chernobyl accident occurred in April 1986. It is composed of three parts. First, this paper characterizes frames of members in the co-ops on nuclear power. I argue how the frames were influenced by discourses of antinuclear intellectuals such as Hirose Takashi. Second, this paper explores how the structure of local organizations in the co-ops promoted its members to increase scientific and political knowledge about nuclear power and mobilized them to antinuclear actions. Third, it argues about the implications of radioactive measurement from the perspective of democracy. In the Kanagawa Seikatsu club, the aim of measuring radioactivity was not limited only to pursuing food safety. Measurement was regarded by its members as a way of empowering themselves learning about food contamination and making collective decisions on which foodstuffs to eat. Considering that empowerment is on essential part of democracy, measuring radioactivity was a movement for democracy. This paper concludes that in the late 1980s the movement was spread beyond the Kanagawa Seikatsu club to local communities in cities and finally to antinuclear actions on streets.

投稿論文

deafness論の可能性へ

——ろう文化論を聞こえない身体から考える

山下恵理

概要

洋の東西を問わず、長きにわたって聴覚障害者（deaf）は、健常性の欠格者として扱われてきた。近年、ろう文化（Deaf Culture）概念の確立と浸透も手伝って、こうした病理的観点からの聴覚障害者像が見直され、ろう者は手話を母語とするエスニック集団（Deaf）として捉え直されるようになった。障害から文化へ、というパラダイム・チェンジは、障害学のみならず、各学問分野に大きな衝撃をもたらした。

本稿では、ろう文化論においてdeafness（聴覚障害、聞こえないこと、ろう者の身体）という現象をどのように位置づけることができるのか、そしてdeafnessという視点がろう文化論にどのような新しい視点を拓くのか、に焦点を当てる。

欧米における九〇年代の議論の動向を詳細に検討すると、deafness論とも呼べる潮流が存在する。それらはいずれもろう文化を視野に置きながらも、西洋の言語観と身体観をdeafnessという観点から反省的に分析し、deafnessが「聴覚障害」という否定的な意味を得るまでの過程の通史的な叙述を試みている。deafness論とろう文化論は本来互いを参照軸とすべきものでありながら、deafness論の重要性はいまだ十分に認知されているとはいいがたい。そこで本稿では、ろう文化論の研究動向を整理しdeafness論との接合可能点を探りながら、deafness論がろう文化研究に新たにもたらす視野について明らかにした。

第1章では、ろう文化論発展の経緯を素描した。第2章では、ろう文化論が抱える矛盾と限界を示した。deafness概念が展開するまでの略史を踏まえて、ろう文化論における矛盾が、支配者ディスコースに形作られたものであることを指摘した。第3章では、これまで相互に参照されることのなかったdeafness論どうしの様相に関して、筆者なりの見取り図を描いた。deafness論に注目することで、これまで、手話というアビリティによって、障害の乗り越えを主に目的としてきたろう文化研究の視野は、むしろ障害の概念自体を変革させる幅を持つことがわかる。deafnessという「差異」に注目し、ろう者的認識の世界に迫ることを通して、地域におけるろう文化の様相を描き出すことが可能になるだろう。

キーワード ろう文化、deafness、障害学、感覚論、身体

序章

「deafness論」は、ろう文化研究の現状に、どのような新しい観点をもたらし、ろう文化研究の可能性を拓くのか――これが本稿の課題である。長きにわたって聴覚障害者（deaf）は、健常性の欠格者として扱われてきた。これに対し、ろう文化（Deaf Culture）論者は、手話を母語とするエスニック集団としてのろう者像を打ち出し、病理的な観点を覆した。一九六〇年代以降アメリカを中心に発展したろう文化論は、遅くとも九〇年代には、世界中で繰り返されることとなった。障害から文化へ、というパラダイム・チェンジは、障害学のみならず、各学問分野に大きな衝撃をもたらすこととなった。日本では、『現代思想』の臨時増刊号[*1]をきっかけに、ろう文化概念が普及することとなった。現在ろう文化概念は、学問領域にとどまらず、一定の市民権を得ている。研究者の増加や資料の充実もあいまって、ここ数年、ろう文化研究は全体として長足の進歩を遂げた。

さて、ろう文化概念が広く一般に普及した今だからこそ、そこに議論的空白があることに気づくことができよう。それは、ろう文化概念の一定の浸透を経たうえで、改めてろう文化概念は、deafnessをどのように位置づけることができるのか、ということだ。

deafnessというカテゴリーは、長きにわたって、身体的欠陥を想定させる言葉として扱われてきたがゆえに、ろう文化論の中心的議論からは遠ざけられてきた。しかし、deafnessのろう文化概念における排除は――ろう文化論者の意思に反して――「耳が聞こえないことは障害である」という概念を作り出した聴者ディスコースと、いくつかの前提を共有して

いるようにさえ見えてしまう。具体的には、deafnessは聴覚障害という枠組みで捉えられているということ、そして、「聞こえないこと」は「障害」であるとする観点、文化集団の構成員たる資格は、当該団体の「母語」を十全に話せるかどうか、という観点である。

こうした問題群に対して、示唆的な役割を期待できるのが「deafness論」である。欧米における九〇年代の議論の動向を詳細に検討すると、deafness論とも呼べる潮流が存在する。それらはいずれもろう文化を視野に置きながらも、西洋の言語観と身体観をdeafnessという観点から反省的に分析し、deafnessが「聴覚障害」という否定的な意味を得るまでの過程の通史的な叙述を試みている。こうした議論においてdeafnessは、聴覚障害という枠組みに捉えられることのない、よりオープンな概念、すなわち、ろう者の身体そのものを指している。

これらのことを踏まえて本稿では、deafness論がろう文化論に拓きうる新たな観点を検討する。具体的には、1章で、ろう文化論成立の経緯と問題関心、ろう文化に対する批判の論点を整理する。2章で、批判に応答する過程で新たに明らかになったろう文化論の矛盾と限界に焦点を当てる。deafnessというタームをめぐる混乱を解きほぐしつつ、ろう文化論の矛盾の原因に迫りたい。3章では、ろう文化に関してdeafnessという視点が、いかに新たな視点をもたらすものであるのかを明らかにする。文化と言語、感覚をめぐる方法論的な革新を軸足として、複数の新たな探求をゆるやかにつなげながら、deafness論が描く構図を浮き彫りにしてみたい。

1　ろう文化論概略

ここでは、ろう文化論の起源と関心、そして、ろう文化論の発展の経緯において、どのような問題が提起され、ろう文化論者はそれらにどう応答を行ったのかを整理する

1-1　ろう文化論の成立過程とその背景

ろう文化論は、手話言語学の成立をきっかけに、さまざまな学問分野の連関の中で展開してきた。一九六〇年代に本格化した手話言語学（Stokoe 1960）は、ろう文化論の突破口を開いたといえよう。手まねやジェスチャーと混同され、文法体系を持たないとされてきた手話は、音声言語よりも劣るものとして見なされてきた。手話言語学は、こうした固定概念を覆し、手話を言語として分析することを可能にし、主流の言語理論に重要な問題提起を行った。手話言語学の発展は、学問領域における研究対象としてろうコミュニティを可視化したといえる。こうした流れを受けて一九七〇年代以降

＊1　『現代思想　ろう文化』青土社、一九九六年四月。

（Woodward 1972）、フィールドワークを基にした文化人類学的研究モデルや歴史学的なアプローチが確立した。ろう文化という言葉が確立されると、さらに、社会学、芸術、政治学の分野において、ろうコミュニティが研究されるようになった。一九九〇年代に入ると、ポストコロニアル理論やマイノリティ研究の手法が応用された。ろう文化理論におけるポストコロニアル理論の援用は、聴者による手話教育の禁止や、音声言語教育の強制（口話主義）を、言語的植民地主義と位置づけ、その様相の記述を可能にした。また、マイノリティ研究の応用により、従来、研究者側から一元的に語られてきたろう者像に対し、ろうの当事者である研究者側から、厚みを持った解釈に裏づけられた多元的なろう者像が提唱された（Lane 1992）。

こうしたろう文化論の成立と発展には、どのような背景があったのだろうか。一九六〇年代以降の急速なろう文化論の発展は、主にアメリカを舞台としていた。ろう者のための高等教育機関であるギャローデット大学を有するアメリカは、現在でも、研究の先端地域であり続けている。こうしたアメリカにおけるろう文化論の発展には、エスニック・リバイバル運動が関係していると思われる。ろう文化論の成立と時を同じくして、一九六〇年代当時、アメリカのあらゆる場所でエスニック・リバイバル運動が顕在化していた。エスニック・リバイバルをきっかけに、アメリカの社会構造の周縁に位置づけられ、自らを「アメリカ性」へと同化させてきたマイノリティ集団は、エスニシティをその存在証明として捉え直すようになった。ろう文化論は、まさにこうしたエスニック・リバイバルの大きなうねりのなかで生まれたものと捉えることができよう。

このように、ろう文化研究は、手話の言語学的発見を起源としつつ、ろう者集団の実相をより正確に描くために、さまざまな学問領域を横断的に参考しつつ、より広範にろう者の文化を扱う概念として発展してきたのである。

1-2 ろう文化論批判

むろん、ろう文化論は無批判に受け止められたわけではない。むしろ様々な立場からろう文化に対する多様な批判が寄せられた。大別すると、ろう文化に対する批判には主に二つの立場がある。①の立場は、ろう文化内部からの批判であり、②の立場は、マジョリティ文化（聴者文化）からなされる問いかけである。

①コミュニティ内部の多様性の排除に関する批判

ろう文化理論は、手話の母語話者をコミュニティの成員とするため、コミュニティの内部の多様性――ろうコミュニティは手話使用者のみからなるわけではない――を抑圧して画一化し、手話母語者以外の発話を排除しかねない限定性があるのではないか。

こうした批判を行ったのは、手話母語話者ではないながらも、ろうコミュニティと深い関わりを持つ人々であった。難聴者、中途失聴者をはじめ、ろうの家族を持つ聴者の家族や、ろうの親を持つ聴者の子供、人工内耳を持つ人々は、ろう文化概念の硬直性に疑問を呈することとなった。

> ②ろう文化概念の本質を問う批判
> ろう文化における「文化」は本当に規定することができるのか。あるとすれば手話以外に何をろう文化ということができるのか（Erickson 1992）。ろう文化に基づく結婚や埋葬、独自の価値体系、信仰体系はありうるのか。

主に聴者の研究者は、「ろう者が独自の文化」の内実が定かではないとして、こうした批判を行った。こうした議論の背景には、手話を言語として認めず、ろう児の教育をすべて音声言語で行うべきであるとする根強い口話主義者の見方が存在する。

1－3　ろう文化論批判への応答

こうした批判に対して、ろう文化論者は以下のような方法をもって応答した。①コミュニティ内部の多様性の排除に関する批判、に対しては、Deafhood（デフフッド：ろうであること）という概念が提唱された。Deafhood概念の導入によって示されたのは、ろう文化内の成員資格の流動性である。これにより、ろうコミュニティは、いわば構築的主体としてのろう者のつながりであり、さまざまに開かれたものであることが強調された。より具体的にいえば、Deafhoodは、ろうの個人がろうアイデンティティを実現していくためのプロセスの概念化そのものである。Deafhoodを提唱したパディ・ラッドは、

> デフフッド《ろうであること》とはろう児が、ろう者の家族が、それぞれのろう者が、この世界における自らの存在を解明し他者に働きかけていく、ひとつの過程なのだ。〔…〕ろう者としてあるということは、ろうになるという意識をもち、ろうであり続ける過程にほかならないとの自覚が、この対話により形成される。またろうコミュニティにろう者としてあることの意味、すなわちデフフッド《ろうであること》の意味に多様性がもたらされる場でもある。

としている（ラッド 2007: 44）。これにより、「ろう」の意味をオープンに議論できるような多元的な場へと開かれる試みがなされた。

第二の点に関しては、ろう文化の存在を否定する議論を反

験するために、既存の学問における文化理論の検討を通して、独自のろう文化理論が構築され、ろう文化概念そのものが再検討された。具体的には、社会学、人類学、カルチュラル・スタディーズ、ポストモダニズム、サブカルチャー理論などの領域において、文化理論に関する文献があまねく狩猟され、文化概念の起源とその発展の整理のなかから、ろう文化概念との適合性が図られた。ろう文化概念は、批判に対する模索のなかで、学際的な広がりを得たといえよう。

2　ろう文化論の課題

2章では、ろう文化論の展開を批判的に検討し、その矛盾を示す。ろう文化論の矛盾の原因は、ろう文化概念の未熟さゆえではない。むしろこの矛盾こそが、支配者ディスコースに形作られたものなのである。こうした認識に立つとき、われわれは、なぜ、支配者ディスコースは、ろう文化を否定し続けなければならなかったのか、という疑義を突きつけられる。この問いかけに応答するうえでdeafness概念が重要になる。ここでは、deafnessが「聴覚障害」という意味を与えられるまでの成立過程に、西洋の言語観や感覚論の展開と相互関係があることを示す。deafness概念を通して、ろう文化論は、「障害」の乗り越えという位置づけから、そもそも「障害」という概念を作り変える可能性をもつことを主張したい。

2-1　ろう文化論の矛盾

ろう文化批判への応答を検討すると、そこには、概念上の矛盾が存在することがわかる。こうした矛盾は、ろう文化にとってどのような意味を持つものなのだろうか。

そもそも、ろう文化批判には次の①、②の二つがあるが、これらを同時に成立させるには、二つの相反する答えが必要となる。ろう文化批判①の立場は、「手話を母語とする集団」というろう文化の本質主義的な同定を批判するものであるのに対して、②の立場による批判は、ろう文化の定義を本質主義的に行うことを求めるものである。二つの立場に同時に応答するためには、ろう文化概念は、構築主義的でありながらも（①Deafhood）一方で本質主義的であらざるを得なかったのだ（②文化概念の規定）。

この対立は、まさに、ろう者がアイデンティティを構築するうえでの問題そのものを写し取っている。言い換えれば、「ろう者は矛盾する概念規定を使うことでしか、自らの文化について語ることができないような状況に立たされてきた」、ということを、この対立自体が表しているのだ。マイノリティは往々にして、自らの文化について語る際、その存在を立証する責任が課せられる。こうした課題に対して二〇〇〇年代以降のろう文化は、自らの文化論を、戦略的本質主義として定義することで、ろう者の独自の生活様式について記述することを可能にした。ろう文化の希求と主張自体は本質主義的であっても、それは「語るための場所」を確保するためのカウンター・ナラティブであり、構築的な概念たるDeafhoodと緊密な関係を結んでいる、というわけである。

　両概念が矛盾して提示されているのは、それらが「ろう者とは誰のことを指し、ろう者は明確な文化を持つ存在なのか」という本質主義的な問いを執拗に重ねてくる支配者ディスコースへの抵抗として措定されているがゆえなのである。

2-2　ろう文化論の矛盾とdeafness概念

　ろう文化概念の矛盾と、その背景にある戦略的態度を踏まえると、ある根本的な問いにぶつかることとなる。それは、なぜ、支配的ディスコースは、矛盾する概念規定を使うことでしか、ろう文化を語ることができないような状況を、ろう者に押しつけてきたのか、ということである。なぜdeafnessというろう者の身体的特徴は、戦略的本質主義におけるろう文化のカウンター・ナラティブから、文化的要素として語られることなく抜け落ちていってしまったのだろうか。

　deafnessは、聴覚障害と訳される。しかしながら、ろう文化という概念の内実を、手話のみならずdeafness自体へと拡張するのであれば、deafness自体を、「文化的存在としてのろう者であること」さらには、「ろう者の身体」というように、よりオープンな概念として捉えることが可能なはずである。こうした認識を阻んできた原因はどこにあるのか。

　この問いに答えるためには、西洋における言語観、感覚論においてdeafnessが障害とされるまでの過程を明らかにすることが必要となる。deafnessは、歴史を通じて、どのように捉えられてきたのか。そして、どのような経緯を経て肉体的欠陥とされていったのか。deafnessが聴覚障害というカテゴリーに当てはめられていくまでの歴史を、既存の文献を参考に振り返ってみると、大きくいって四つのターニングポイントに整理することができる (Eriksson 1998: 47-50; Mirzoeff 1995; Ree 1999)。

Ⅰ　古代　強いられた沈黙と慈悲による救済——聴覚の時代
ろう者の捉え方は「聴覚のみならず知性を欠くもの」という認識から始まる。[*2] アリストテレスやガレノスら代表的な哲

＊2　現在英語で使用されているdeafの語源は、インド・ヨーロッパ祖語のdheubh（煙がかかった／かすんだ／暗い）である。古代ギリシア語においてdheubhは、τυφλός（煙・台風）＝盲者を表す言葉に転じた。英語のdeafは、盲者の意味を持っていたのである。この点で、視聴覚の欠損がほぼ同等に捉えられていた可能性が考えられる。ラテン語のsurdusは、Ree（1999）によれば、もともとユークリッド幾何学で無理数を表すギリシア語のalogos「論理のない、言葉のない」がアラビア語のasamm「音がない、耳の聞こえない」という言葉へ転じ、それがラテン語に輸入され「surdus」となり、無音声／無理数という意味と同時に「耳が聞こえず喋ることができないもの」、すなわち「聾唖」の意味となった。

学者や医者は、「聴覚と発話が脳の中に同じ源を持っている」とした。当時の学習における必須の要件は、聴取と発話にあり、ろう者の身体は、聴覚の欠損だけでなく「知性」の障害の問題として考えられた。つまり、聴覚が人間の知性を形成するうえで最も重要な感覚であるという感覚ヒエラルキーが存在したのである。聴取・発話能力を重要視する古代ギリシアにおいてろう者の身体は、沈黙し言語を持たない＝知性のない身体へと追いやられていった。

II 近代 野蛮な声・神聖な沈黙——視覚の時代におけるろう者の「発見」

近代における活版印刷を一例とした視覚による伝達技術の向上は、こうした聴覚中心のヒエラルキーを転倒させた。こうした技術の向上は、書記などの視覚を通したろう者教育を可能にしただけでなく、ろう者の視覚的コミュニケーション方法に社会の注目を集めることとなった。技術面での視覚伝達の発達と呼応するかのように、修道院では、人間の声によってもたらされるもの（聴覚と発話）が神の教えを妨げるとされるようになった。その結果、修道士たちには一定の沈黙が強いられた。修道士たちは沈黙の代替物として作り出したのが指文字システムであった。[*3] 指文字システムは、スペインにおいて、ろう者たちの教育に取り入れられていくこととなる。手話の存在が普遍言語論争[*4]にまで影響した結果、ろう者のコミュニケーション方法は「誰にとっても理解が可能な」ジェスチャーであり、体系化された音声言語の対立項として捉えられるようになった。

III 啓蒙主義時代 感覚の時代における五感の障害

このころ、ろう者は、哲学上の問題として取り上げられるようになった。一部の哲学者は[*5]「聞くこと」が、物事を真に理解するうえでの妨げであるとし、視覚を通してのみ物事を捉えるろう者こそ、より深遠な「知」に到達できる、とした。こうした哲学上の議論は、普遍言語論争の結論を引き継ぎ、手話を非言語として扱った。こうした哲学上の議論はこの時代のろう教育家に取り入れられ「体系だった文法を持つ音声言語」と「文法を持たない非言語的手話」という図式が強化された。

IV 逸脱した身体——国民国家形成とろう者

フランス革命以降の身体政治は、「正常」な身体と「異常」な身体を分け、国家にとって有益な国民を創生する過程で、平均的な身体を割り出そうとした。この過程で、ろう学校が制度化された。これにより、ろう者像は言語を持たず、知性のない障害者というカテゴリーへ埋め込まれていった。国民国家にとって有益な臣民を作り出すには、身体の正常／異常という枠組みが必要とされ、聞く／聞こえないという感覚枠組みが作られ、優劣がつけられていった。革命政府の目的は「ろうを治し、社会に復帰させることによって、個人の身体的再生が政治体制の社会的再生」(Mirzoeff 1995: 49) へとつながることにあった。国家にとって有用な人材を教育によって作り出すために、ろう学校が国家の管理統制下に入ると、ろう学校に入る生徒は出生証明書と医者による診断書の提出を義務づけられ、ろう者集団は、忌むべき病を持つ聴覚障害者としてカテゴライズされていった。これにより手話は deafness という病の視覚的な兆候とされていった。

聞く／聞こえない、という感覚の間には、はっきりとした境界線が引かれているように思われている。しかしながら、deafness が聴覚障害という意味を得ていくまでの過程には、これほどまでに様々な捉え方が存在するのである。

2-3 deafness と「聴覚障害」に関するディスコース

「なぜ支配的ディスコースは、矛盾する概念規定を使うことでしか、ろう文化を語ることができないような状況をろう者に押しつけてきたのか」「deafness というろう者の身体的特徴は、文化的要素として語られることなく、抜け落ちていってしまったのか」という二つの疑問を提示した。この問題の根本には、音を中心に発展してきた西洋の言語観と感覚論が存在する。西洋の言語観に対抗しつつ、大きな意味では西洋の言語観のなかで醸成されたろう文化概念は、「手話は言語で

＊3　修道院における話し言葉が禁止されている状況で、ジョバンニ・バティスタ・デラポルタ（Giovanni Battista della Porta 一五三五-一六一〇）、コスマス・ロッセリウス（Cosmas Rosselius 一五七〇年代）は、三種の異なった片手指文字、五二の指文字、および身体の部分を示す最初期の指文字を作った(Eriksson 1998: 54-55)。

＊4　一七世紀のイギリスでは、哲学者をはじめ様々な分野の学者が普遍言語の存在を追求していた。手話は普遍言語論争としての可能性を追求され、ろう教育に応用しようとする教育者が出現するようになった。普遍言語論者の論点とろう教育の関係は大きく三つに大別できる。第一は音声言語による教育を強いる口話主義であり、第二は書記教育主義者、最後に身振りを普遍言語とするものである。音声言語擁護派は普遍言語の根本に「声」があるとし、ろう者の教育の最終目的を「発話」することに置いた。これに対して手話擁護派は、視覚的コミュニケーションが事物の知識を得るのに最適だとみなし、書記をろう教育に取り入れた。最後の立場の論者は、声によるコミュニケーションは人工的であるとし、自然発生的ジェスチャーこそが普遍言語にふさわしいとした。これら三つの論点は、言語の枠組みを考えるうえでろう者の存在を起点にしていたことが共通項として挙げられる。しかしこうした普遍言語論争において声と手話を対立項に置くことは、人工的かつ体系的な聴覚的コミュニケーションに対し、誰にとっても理解が可能な視覚的コミュニケーションという二項対立を生み出してしまった。

＊5　エチエンヌ・コンディヤック（Étienne Bonnot de Condillac 一七一五-一七八〇）、ドゥニ・ディドロ（Denis Diderot 一七一三-一七八四）。

ある」と主張する戦略を取らざるを得なかったのである。
deafnessが聴覚障害というイメージを得ていくうえで、その背後に、音声言語を「理性」の中心として据える西洋の言語観が存在していたことは重要である。音声言語至上主義ともいえる西洋の言語観において、deafnessという身体は、非理性の象徴として位置づけられていった。同時に手話は、こうした非理性的な身体、障害としてdeafnessを表す兆候とされた。

　ろう文化は、手話を行う身体と聞こえない身体のどちらにも視点をあて、deafness概念を再構築していくことで、新たに「障害」の概念自体を作り変える可能性を持っているのではないだろうか。

3　deafness論の展開
――ろう文化の新たな可能性へ

　さて、こうした状況において、deafnessをどのように追究していくか、ということが重要になる。この疑問に示唆的な役割を果たしてくれるのは、deafness論である。欧米における九〇年代の議論の動向を詳細に検討すると、deafness論とも呼べる潮流が存在する。それらは、いずれもろう文化を視野に置き、西洋の言語観と身体観をdeafnessという観点から反省的に分析し、deafnessが「聴覚障害」という否定的な意味を得るまでの過程の通史的な叙述を試みている。しかし、こうした議論は、同じdeafnessという参照軸をもちながらも、これまで相互に関連性を検討されることはなかった。

　そこで本章では、2章で探り出したdeafnessのあり方を前提としながら、複数の新たな探求をゆるやかにつなげてみたい。これにより、それらが描く構図を「deafness論」として整理する。最後に、文化と言語、感覚をめぐる方法論的な革新を軸足に、deafness論がろう文化論に開く新たな展開を示す。

3-1　deafnessとDeaf Cultureの齟齬

　初期のろう文化論者は、deafnessを聴覚障害としてではなく、deafnessを文化の一部として捉えようとした。ここではdeafnessという概念が「障害」という固定された枠組みではなく、よりオープンな概念として提示されることが目指された。ろう文化論者は、deafness自体を「文化的構築物」として捉えDeaf Cultureの根本に置こうとしたのである。

　代表的なろう文化理論者である、パッデン&ハンフリーズは、文化を「自分たちの言語、価値、行為規範そして伝統を有する一群の人々が身につけた一連の行為」と捉え、その根本にdeafnessを措定しようとした(Padden & Humphries 1988)。しかしながら、こうしたろう文化におけるdeafnessへのアプローチは、本稿1章で提示した、ろう文化自体が抱える問題と同様の矛盾を抱えてしまう。というのも、ここで想定されるdeafnessは、手話を母語として十全に使うことのできる身体を前提としている。これにより、deafnessという身体が共有することのできる価値観や言語、伝統が、すべて手話というアビリティに回収されていく、という均質化のジレンマに陥ってしまう。[*6]

3-2 差異としてのdeafnessへ

こうしたろう文化のジレンマを再度小文字のdeafnessから考証しようとしたのが次の立場である。deafnessの捉え方に対して、視覚文化論や、障害学では以下のような反省が試みられた。

視覚文化論者であるニコラス・ミルゾエフはドゥルーズの普遍概念・他者概念、ラカンを援用し、サイレント・スクリーン(Silent Screen)という新たな解釈を導入した(Mirzoeff 1995)。サイレント・スクリーンは概ね以下のことを前提としている。deafnessという概念は、ろうの身体に関わるものではあるが、常に聴者からの視線を含んでいる。それゆえ、deafnessは、聴者とろう者の双方によって、眼差しを向けられる、「スクリーン」のようなものである。deafnessというスクリーンを「見る」ことを通して、ろう者と聴者の双方がお互いを理解するのである(Ibid.:11)。すなわち、サイレント・スクリーンという概念は、あたかも所与のもののように語られてしまう「感覚」自体が構築されたものであることを示している。ミルゾエフはdeafnessを持つという「感覚」の決定的な差異を描き出そうとした。しかしながら、サイレント・スクリーンという概念は、ろう者と聴者が感覚を共有する身体性を前提としているようにも思える。すなわち、サイレント・スクリーンを見る側の身体は、感覚を共有しているように思われるのである。

ミルゾエフの議論から約一〇年後、クレンツの議論を、これに対置してみよう(Krentz 2007)。クレンツは、デュ・ボイスのカラー・ライン(color line)になぞらえ、ろう者と聴者の間には、ヒアリング・ライン(hearning line)が敷かれていると想定した。ヒアリング・ラインは、ミルゾエフと同じく、聴覚の構築性を前提としながらも、あたかも、(白人性、黒人性という概念が、根本からまったく違う身体を想定したのと同様に)、ろう者と聴者の間の身体の差異に注目している。クレンツは、アメリカの一九世紀文学に描き出されるdeafnessの様相を分析した。これにより、ヒアリング・ラインの構築が、聴者の「正常性」を描き出すためにdeafnessを構築していったことを明らかにしている。

こうした九〇年代以降のdeafnessの焦点化という革新的な取り組みは、これまで二つの文脈が読み取れる。一つめは、

*6 例を挙げれば、両親がろう者であり、母語が手話である聴者の子供(CODA)は、大文字のDeafnessを持っていながら、小文字のdeafnessを持ってはいない。

九〇年代に盛んに議論されていた多文化主義への批判である。ミルゾエフやデイヴィスらは、ろう文化という視点を尊重しつつ、ろう文化概念が、ろう者や障害者の特質を画一化し理論化する可能性を示唆している（Mirzoeff 1995: 262、Davis 1995: 159）。こうした批判において、彼らが危惧していたのは、ろう者の身体をめぐる根本的差異を見逃してしまう可能性である。deafness論者らは、ろう者の身体性や感覚論に根本的に迫ることで多文化主義が生み出してしまう排除と包摂の罠を逃れようとしたのである。

二つめは、身体論への批判である。二〇世紀に人文社会科学が体験した大きな変化の一つは「身体の発見」であるとされている（石塚・鈴木 2002: 7）。デイヴィスは近年、身体のあり方を問い直し、女性性、クィア、黒人性がトピックとして挙げられつつも、そこに「障害」という観点が扱われることが比較的少ないことを指摘している（Davis 1995）。現在でも、視覚文化論や聴覚文化論をはじめとする人間の感覚に関する議論は、ほとんどが、十全な感覚や十全な身体を前提とするものである。約二〇年がたったいまでも、このデイヴィスの指摘は有効である。

3-3　ろう者の身体性という視点―その可能性

アメリカのろう演劇[*7]団体である「フライング・ワード（Flying Words）」は、一九九九年に、"I am Ordered Now to Talk" という作品を上演した。この作品では、ろうのパフォーマーは音声言語を、聴者のパフォーマーは手話を使用した。翻訳者と手話話者の立場を逆転させたこの舞台は、これまで前提とされてきた「音声言語を用いるものが（民族としての）聴者である」「手話を用いるものが（民族としての）ろう者である」という固定概念を揺るがせた。この作品は、これまで当然とされてきた、言語とエスニシティの透明なつながりに疑問を付したのである。

エスニック・リバイバルの潮流から生まれたろう文化概念は現在、言語とエスニシティの関係自体を問い直さなければならない状況に直面している。こうした場面において、deafnessを看過することは、ろう者の言語とろう者のエスニシティの亀裂を見落としかねない危険性を孕んでいる。これまで語ることを避けられてきたdeafnessという「差異」に注目し、ろう者的認識の世界に迫ることを通してこそ、ろう文化論はマイノリティの権利主張としてのみではなく、われわれ人間の感覚論に、変更を迫るものたりうるのではないだろうか。

deafnessをエスニシティの一つの要件として捉え直す可能性は、具体的にはどのようなことなのか。それは、ろう文化における「地域性」をどう捉えるか、ということに直結する。アメリカを起点とし、現在ろう文化概念は、世界中に広がりつつある。これまで明らかにしてきたように、西洋のろう活動家たちは「障害を抱えた肉体の欠損を示す、支配のための分類枠」を無意味化することを目指し、大文字の Deaf を用い、さらには彼らの文化の中心に「言語」を据えることで、自らの権利を主張した。

しかしながら、こうした言語を中心としたろう文化概念の展開に困難を抱える地域もある。特に、アメリカ植民地期の福祉政策を通して手話が普及したフィリピンが、その一例である。ろう者が自らの権利を主張するための拠り所となるべき「言語」は、アメリカ手話を母体に発展したフィリピン手話であった。このため、フィリピンろうコミュニティの当事者（およびろう文化研究者ら）は「フィリピンには独自のろう文化があるのか」、「独自の自然手話というものが存在するのか」という問いに常にさらされ続けなくてはならなかった。こうしたなかで、フィリピン独自のろう文化の存在を主張するために、フィリピンろう者は、手話のみでなく deafness を自分たちの文化の中でどう捉えていくのか、ということを探求し続けている。

最先端のろう文化研究におけるポストコロニアル理論の導入は、ろう者に対する聴者の言語植民地主義的行為の理解に大きく寄与した。その半面、西洋のろう文化理論が、他の地域に広く普及し受容されるうえで、どのような影響力をもち、どのような変化を現地のろう社会にもたらしたのか、十分な議論がなされていない。東南アジアにおけるろう文化活動の実態は、まったくといっていいほど先行研究がなく、理論的空白として取り残されてしまっているといっても過言ではない。

こうした非西洋のろう文化概念の発展において、deafness を根幹に据えることは、人間の「正しい」五感のあり方に関する認識に大きな変更を迫るものになりうるだろう。そしてこのことこそが、ろう文化が本来の目的である、障害観の刷新にほかならない。

deafness をろう者の固有の価値観の根幹として考えるとき、ろう文化論があらかじめもっていた可能性を、ろう文化論に奪還させることができるのだ。具体的なフィールドワークを通して、実際の deafness 概念を丁寧に掘り起こしていくことが今後の筆者の課題である。

＊7　特に、演劇というフィールドにおいては、「手話」を行う身体と deafness が同時に舞台に提出される。それは、ろう者の日常生活における deafness のあり方を写し取ったものなのではないだろうか。

参考文献

Bauman, Dirksen. (eds.) (2008) *Open your eyes: Deaf Studies Talking*, Minneapolis: University of Minnesota Press.

Bauman, Dirksen, Jennifer Nelson and Heidi Rose. (eds.) (2007) *Signing the Body Poetic:Essays on American Sign Language Literature*, London: University of California Press.

Da Vince, Leonardo. (1956) *Treatise on Painting*, trans. Phillip McMahon, Princeton: Princeton University Press.

Eco, Umberto. (1993) *La ricerca della lingua perfetta nella cultura europea*: Laterza.（＝(1995) 上村忠男監訳『完全言語の探求』平凡社）

Erickson, W. (1992) “Deaf Culture: In search of the difference.” *American Deafness and Rehabilitation Association* (ADARA) 26(3)

Eriksson, Per. (1998) *The history of deaf people*, Örebro: Daufr. （＝(2003) 中野善達・松藤みどり訳『聾の人びとの歴史』明石書店）

Jones, Megan, 2002, “Deafness as Culture: A Psychosocial Perspective”, *Disability Studies Quarterly* 22(2): 51-60.

Krentz, Cristopher. (2007) *Writing deafness: the hearing line in nineteenth-century American literature*, Chapel Hill: The University of North Carolina Press.

Ladd, Paddy. (2003) *Understanding deaf culture: In search of Deafhood Clevedon*: Multilingual Matters.（＝(2007) 森壮也監訳、長尾絵衣子・古谷和仁・増田恵里子・柳沢圭子訳『ろう文化の歴史と展望 ── ろうコミュニティの脱植民地化』明石書店）

Lane, Harlan. (1984) *The Deaf Experience: Classics in Language and Education*, Auflage: Harvard University Press.（＝(2000) 石村多門訳『聾の経験 ── 18世紀における手話の「発見」』明石書店）

──── (1992) *The mask of benevolence: Disabling the deaf community*, New York: Random House.（＝(2007) 長瀬修訳『善意の仮面 ── 聴能主義とろう文化の闘い』現代書館）

Davis, Lennard. (1995) *Enforcing Normalcy: Disability, Deafness, and the Body*, London: Verso.

Mirzoeff, Nicholas. (1995) *Silent Poetry: deafness, sign and visual culture in Modern France*, Princeton: Princeton University Press.

Padden, Carol, Tom Humphries. (1988) *Deaf in America: Voices from a culture*: Harvard University Press. （＝(2003) 森壮也・森亜美訳『「ろう文化」案内』晶文社）

Ree, Jonathan. (1999) *I see a voice: deafness, language and the senses-a philosophical history*, New York: Metropolitan books Henry Holt and Company.

Sutton, Spence. (2005) *Analysing Sign Language Poetry*. Basingstoke: Palgrave Macmillan.

Stokoe, Willam and Rolf Kuschel. (1979) *A Field Guide for Sign Language Research*, Mary Land: Linstok Press.

Stokoe, William. (1960) *Sign Language Structure: An Outline of the Visual Communication Systems of the American Deaf*. Buffalo: University of Buffalo.

Woodward, James. (1972) “Implications for Sociolinguistic Research among the Deaf.” *Sign Language Studies* 1(1):1–7.

Weygand, Zina. (2003) *Vivre sans voir : Les Aveugles dans la société française du Moyen Âge au siècle de Louis, Braille*, Créaphis.（＝(2013) 加納由起子訳『盲人の歴史 ── 中世から現代まで』藤原書店）

石塚久郎・鈴木晃仁編（2002）『身体医文化論 ── 感覚と欲望』慶応義塾大学出版会

遠藤知巳（2000）「情念と身体：17世紀西欧の記号空間」『関西学院大学社会学部紀要』八四：27-37

大橋完太郎（2011）『ディドロの唯物論　群れと変容の哲学』法政大学出版会

浜口稔（1992）「近代ヨーロッパにおける科学的観念としての普遍言語（Ⅰ）」『明治大学人文科学研究所紀要』三一：221-252

謝辞

本研究はＪＳＰＳ科学研究費14J07111の助成を受けたものです。

Re-thinking Deaf Culture: From a perspective on "deafness" as Deaf/deaf body

This study aimed to investigate how the concept of "deafness" proposes a new perspective on the Deaf Culture and the sensationalism. Deafness had been popularly considered as a physical deficiency throughout the history. Against this point of view, Deaf people insist themselves as the ethnic minority which uses sign language as its mother tongue and shares the same values. Although there exist various precedent studies on Deaf Culture, it remains to be elucidated how the deafness can be described within Deaf Culture's definition.

To better understand why the concept of deafness had been excluded from the Deaf Culture's strategic essentialism, here we study the results and dilemma of Deaf Culture, and review some previous works on deafness which had been developed during 1990s in Western countries. Here we found that the dilemmas of Deaf Culture had been forced by the dominant hearing discourse. This point of view indicates that the concept of deafness as deficiency had been also constructed by hearing discourse. Re-estimating the concept of deafness not as deficiency but as deaf/Deaf body itself makes it possible to make new view point for Deaf Culture. These results provide new insight into our fundamental understanding of sensationalism.

投稿論文

社会問題の構築とヒップホップの変容
――映画『サイタマノラッパー2』を通じて

堀真悟

要約

社会問題の構築主義的研究では従来、ギャングスタ・ラップのイメージを背景として、ヒップホップがクレイム申し立てとして分析されてきた。だがそれでは、日本をはじめ世界各地に拡散・再定着しているヒップホップの現在の表現形式を捉えきることができない。そこで本論文では、映画『サイタマノラッパー2』の分析を通じて社会問題の構築主義的研究がヒップホップを分析するための新しい理論的視座を確立することを目的とする。劇中でヒップホップは、主体的なクレイム申し立てというより、行為体による戦術的な実践として遂行される。それが可能にする「わたし」と「あなた」の応答関係こそが、社会的構築に撹乱をもたらす当のものであり、見るべきヒップホップの「リアル」にほかならないのである。

キーワード　社会問題の構築主義、日常的実践、枠組み、相互作用、ヒップホップ

1　はじめに

スペクター&キツセ（1977=1990）を嚆矢とする社会問題の構築主義は、社会問題はクレイム申し立て活動によって構築されるとする認識論的な立場から、多くの事例研究を生み出してきた。「○○という状態は問題である」と状況を定義する人々の実践が社会的現実を構築していくのであり、この過程や、そこでのレトリックの分析が、社会問題の研究者の仕事となった。

その後、社会問題の構築主義はカルチュラル・スタディーズやフーコー派の権力論と接合されながら、分析の対象を広げてきた。そして、その中でしばしば言及されるのが、ヒップホップ（ラップ）である。

一般にヒップホップは、一九七〇年代に登場したアフリカン・アメリカンの対抗的な音楽文化と考えられている。それは人種差別的な社会状況下で黒人性に肯定的な価値を見いだすポスト公民権時代の対抗文化であり、にもかかわらず八〇～九〇年代のギャングスタ・ラップは過剰な男性性と暴力性の誇示に走った、と否定的な評価を下されることもままある（Boyd & Nuruddin [2004] 2012）。

そして、社会問題の構築主義におけるヒップホップのイメージもまた、ギャングスタ・ラップを強く意識したものだった。社会問題の構築主義の「第二宣言」とも呼ばれるイバラ&キツセのテクストは、社会問題の構築主義とカルチュラル・スタディーズの交わる点としてヒップホップの「サブカルチュア的なスタイル」（Ibara & Kitsuse 1993=2000: 93）を取り上げているが、そこで参照されるのはギャングスタ・ラップ・グループの2ライヴ・クルーである。他、リンクスウィラー&デコルテ（1995）も同様にハードコア・ラップを取り上げ、その歌詞を分析する。

これらの研究では、ヒップホップをクレイム申し立てとして成立させるものとして、「ローカルな知」の文脈が指摘されている（Ibara & Kitsuse 1993=2000）。レズリー・ミラー（1993）はヒップホップを、言説＝権力の布置の中で周縁化された者がそのことを逆手にとって「あえてわかりにくく語る」クレイム申し立てだと論じるが、ここでは周縁化された知とその主体の活動が念頭に置かれている。つまりヒップホップは、ギャングスタ・ラップ的なイメージを経由することで、差別的な社会状況下での黒人主体による「儀礼による抵抗[*1]」でありクレイム申し立てだとして理解されたわけである。

しかしギャングスタ・ラップは、特定の環境下での選択的

＊1　現在のカルチュラル・スタディーズの基礎を打ち立てたともいうべきイギリスのバーミンガム学派が用いたこの概念は、儀礼的実践を通じて支配的な文化に対抗するものとして若者文化を分析する視座を提供した。

なスタイルにすぎない（Forman 2012: 259）。ヒップホップは世界各地に拡散して再ローカル化しつつあり、それはここ日本でも例外ではない（木本 2006）。近年、日本のヒップホップは地方都市にその舞台を広げており、そこでは、ギャングスタ・ラップの模倣にとどまらない新たな活動の形式が生まれつつある。

では今、社会問題の構築主義からヒップホップを捉えるうえで、ギャングスタ・ラップを前提にクレイム申し立ての定義を用いることはどの程度妥当なのだろうか。さらにカルチュラル・スタディーズでは、「儀礼による抵抗」は同質的な抑圧・被抑圧集団を主体として前提していることが批判されてもいる（上野 2005）。これらを鑑みるならば、社会問題の構築主義に求められるのは、ヒップホップの再ローカル化の文脈やそのパフォーマンスを検討することで、ヒップホップが人々の生活世界に根差し、変化を生み出していくさまを、クレイム申し立てという概念に還元せずに描き出すことだろう。

社会問題の構築主義は「現実の社会的構築をよりよく説明する方法を単に見つけ出すことではなく、現実の世界それ自体とより注意深く対話すること」（Pfohl 2008: 667）を使命としているが、ヒップホップらしくいえば、ヒップホップの「リアル」と対話することはいかに可能なのか。私たちはその対話から何を学べるのか。クレイム申し立て概念に頼らずに、社会問題の構築過程のなかでヒップホップの表現形式はどのような位置を占め、何を可能にしているのかを明らかにすることが本稿の目的である。

そこで本稿では、映画『サイタマノラッパー2』を取り上げ、劇中でヒップホップが置かれる社会的文脈とその実践について分析する。より具体的には、主人公たちが日常生活を送る空間のあり方と、そこでのヒップホップの行為遂行《パフォーマンス》すなわちラップを焦点化する。これにより、社会問題の構築主義からヒップホップを論じるうえでの新たな理論的視座を提供することができるだろう[*2]。

以下に本稿の展開を説明する。2では近年の日本のヒップホップをめぐる状況を概観する。3では『サイタマノラッパー2』のシナリオを確認し、本稿で同作品を取り上げる意義を論じる。4では同作品でヒップホップが根差す生活空間の物質的編成と、そこでの相互作用秩序を論じる。5では、そのような空間に遍在する権力の動態をバトラーの「枠組み」の概念によって論じる。そして6と7ではヒップホップが可能にした、枠組みに対する抵抗の実践を、バトラーの行為遂行性の概念に依拠して明らかにする。

2　日本のヒップホップのいま

一九八〇年代ころに日本社会に輸入されたヒップホップは、一九九〇年代前半〜半ばにその実践が本格化した。当時の日本のヒップホップを特徴づけたのは、「いかに日本でヒップホップらしくあるか」という真正性をめぐる問いである。というのも、ギャングスタ・ラップが真正な価値を置いていた黒人性を、日本社会でそのまま踏襲することには無理があったからである。イアン・コンドリーは次のように述べる。「日本のヒップホップをめぐる逆説の一つは、若い日本人にとってヒップホップは何も意味しないだろうと思われていたにもかかわらず、それは意味をもったという点だ。日本のヒップホップはヒップホップではないと思われていたのだが、それもまたヒップホップなのである」(Condry 2006=2009: 351)。当時、黒人文化の借り物として揶揄されることがままあった日本のヒップホップは、対抗文化としてその真正性を獲得し得たというのだ。

だが、この理解は実のところ、黒人主体によるクレイム申し立てというヒップホップのイメージを色濃く残している。「それもまたヒップホップなのである」という評価が下されるのは、日本のヒップホップが対抗文化とみなされるがゆえである。日本のヒップホップの真正性は、マイノリティ性というアメリカ社会での黒人の地位との構造上の類似によって認められるものにすぎない。そこでは、黒人のアイデンティティを代表・表象するというヒップホップの意味内容は拭い去られても、マイノリティ集団が支配的な文化に向けて主体的に行うクレイム申し立てという形式がなお残存していたのである。

一方で九〇年代後半〜二〇〇〇年代以降、このような理解は日本のヒップホップには徐々に当てはまらなくなりつつある。近年のヒップホップを論じるうえでしばしば焦点化されるのは精神性ではなく、地方都市や郊外、ローカル性といった空間的な概念(大山 2008)と、コミュニケーションやコミュニティ形成である(毛利 2012)。首都圏のクラブなどを主な現場としていたヒップホップは地方に拡散し、「地方から東京に出て成功する」といった物語は必ずしも説得力を持たなくなっている(関口 2013)。

とはいえ、この変遷は日本のヒップホップの脱政治化というわけでもあるまい。おそらくそこでは文化的抵抗の形式が、かつてとは異なったものになりつつある。その現在を捉えるためには、ギャングスタ・ラップ的な形式や主体を参照点とするヒップホップ論を、批判的に相対化する必要がある。そして、こうしたヒップホップのイメージと好対照をなすのが本稿で取り上げる『サイタマノラッパー2』である。

＊2　なお本稿は拙論「スタイルの政治と文化翻訳――日本のヒップホップから」(堀 2013)で提示した、日常的実践としてヒップホップを考察するという論点を、『サイタマノラッパー2』を事例にさらに発展させたものである。

3 『サイタマノラッパー2』

映画『サイタマノラッパー2 ～女子ラッパー☆傷だらけのライム』（二〇一〇）は、『サイタマノラッパー』（二〇〇八）と『サイタマノラッパー3 ロードサイドの逃亡者』（二〇一二）と並ぶ入江悠監督作品である。まずは、作品のあらすじを簡単に見ておこう。

登場するのは、群馬県に住む二〇代後半の女性五人組だ。父と二人暮らしで実家のこんにゃく屋を手伝う主人公アユム、東京で働いていたが実家の旅館の借金整理に追われるミッツー、ソープ嬢のマミー、走り屋のクドー、地元の代議士の娘ビヨンセである。

「ライブハウスなし」「彼氏なし」「金なし」「未来の展望なし」の彼女たちは、一作目の主人公のイックとトムとの出会いをきっかけに、中学時代に活動していたラップ・グループB-hackを再結成しライブ開催を目指す。不安定な生活を送るなかでなんとか機会を得た矢先にB-hackは空中分解、ライブは断念することを迫られてしまう。一度は友人たちとの関係すらも失いかけたアユムは、母親の三回忌の場で親戚たちから冷笑されるも、そこに乱入してきたイックとトム、ミッツーとマミーの呼びかけによって再びラップし、自分自身の置かれた状況を語り始めるのである。

ところで、同作品は近年の日本のヒップホップの状況を見るうえで、象徴的かつユニークな位置を占めている。まず『サイタマノラッパー』シリーズは、日本社会にヒップホップが定着するにあたっての桎梏を象徴的に描いた作品である。次の評価はそのことを教えてくれる。「〝田舎〟の片隅で、〝自分のやりたいことに届かないであがいている〟が、端から見れば〝ウダウダしてい〟るだけというこのシチュエーションは、青年期の葛藤を分かりやすくシンボライズしたものであるが、同時に日本語ラップの置かれた状況を見事にシンボライズしたものでもある」（磯部 2011: 203）。アメリカのそれを模したハードコア志向のヒップホップがあくまで「異物」にしかなりえない日本社会で、ヒップホップが占める位置を描いたのが『サイタマノラッパー』シリーズである。

しかし、この評価は『サイタマノラッパー』一作目についてのものである。そして一作目・三作目と二作目との重要な違いは、それがシリーズで唯一、女性グループを主人公にしていることだ。これは近年の他の日本のヒップホップ映画『サウダーヂ』（二〇一一）や『TOKYO TRIBE』（二〇一四）などにも見られない点である。これについて、シリーズ監督の入江悠は次のように語る。「男性であれば『メイクマネー』『成功』『モテる』といった自分の野望を表現するような歌詞が多くなるのに対し、女性はより生活に根差した現実的問題を落とし込んだ歌詞が多くなる」（入江編 2011: 168）。

これに関して本稿で注目したいのは、同作品では主人公たちが、ヒップホップの実践の二つの形式を実践していることだ。それは、ライブ開催を目指して行うパフォーマンスと、日常生活の法事の場で行われるフリースタイルである。本稿ではこれらを、ヒップホップが根差す社会空間の編成と、その中で可能な表現の形式を示したものと受け止めたい。つまり二つの形式を、旧来のヒップホップ研究が念頭に置いていたクレイム申し立てと、ヒップホップが日本社会に根差すなかで占めつつある新たな位置と抵抗の形式とを対置したものと捉えてみたいのである。そのときアユムたちの姿は、ヒップホップが根差す場としての日常生活とそこでの相互作用の秩序、そして可能な抵抗の形式を体現するものとして受け止められるだろう。

この抵抗の形式を論じるうえで示唆的なのが、ミシェル・ド・セルトーの視点である。セルトー(1980=1985)は、人々の行為を規律化する網状の権力が働く場として日常生活を捉えるとともに、主体的に計画化された戦略というよりも、状況依存的で戦術的な実践が、権力に対する行為遂行的な抵抗を可能にすると論じた。この議論は、クレイム申し立ての概念からは取りこぼされてきた人々の活動を分析対象にするうえで、近年社会問題の構築主義でも注目されつつある(Kusayanagi 2013)。

先取りして言えば『サイタマノラッパー2』で提示されているのは、クレイム申し立てと、日常的で行為遂行的な抵抗というヒップホップの実践の二つの形式ではないか。より積極的に、社会問題の構築主義の視点から日本のヒップホップを論じるうえでは、後者への視点の移行を促されていると言ってもよい。この意味で『サイタマノラッパー2』は、ヒップホップが日本社会で根差す文脈と、そこで現在可能な抵抗の形式を示した重要な作品なのである。おそらくその形式は、精神的マイノリティ性に訴えかけることよりも、同時代性をもった文化的抵抗の新たな形として認められるのではないだろうか。

そこで本稿では、同作品のいくつかの場面を取り上げ議論を進めることで、同作品でヒップホップが根差す場と、そこに遍在する権力の動態を示したい。[*3] これは、日本のヒップホップが根差す新たなフィールドが脱政治化された牧歌的な空間ではあり得ないということでもある。このように権力編成の強固さを認識することではじめて、ヒップホップの文化的抵抗の新たな形を旧来のイメージに還元せずに、適切に検討することができるだろう。

＊3　本稿では、ヒップホップが可能にする相互作用の形式を、対面的な相互作用に限定して論じる。他方、近年のヒップホップではミュージック・ビデオやインターネット上の動画サイトが、楽曲の制作や流通において大きな役割を果たしている。それらを介した非対面的な相互作用については、別途検討の必要がある。

4　郊外の日常生活

シリーズ一作目が埼玉県を舞台にしていたのに続き、同作品の舞台は群馬県である。栃木県が舞台の三作目と合わせて「北関東三部作」と呼ばれ、シリーズは東京郊外に焦点を当てている。また、前述した『サウダーヂ』では山梨県甲府市を舞台に、実際にそこで活動するラップ・グループstillichimiyaを役者として起用するなど、近年の日本のヒップホップの重要な場所が郊外であることが見て取れる。

これは、ヒップホップの歴史に照らせば注目に値する。そもそもヒップホップはアメリカ・ニューヨークのブロンクス五区というインナーシティから出発した音楽であり、その実践にあたっては「いかにゲットーを代表するか」が真正性の指標になってきた。しかし、ヒップホップはアメリカ各地に広まるにつれて、具体的な場所としての「ゲットー」から、より抽象化された空間としての「フッド」の代表・表象に真正性を見いだすようになっていった（木本 2009: 23-4）。そして、この変遷の担い手となったのがギャングスタ・ラップである。都市郊外の空間をフッドとして代表・表象するにあたって、象徴的な役割を果たしたのがドラッグや暴力であり、アメリカの郊外にヒップホップが根差すにあたっては、ギャングスタ・ラップは通過せざるをえない道だったのである。

一方、『サイタマノラッパー2』での郊外の様相は、アメリカのギャングスタ・ラップの場合とは異なったものだ。そうであれば、日本社会の郊外にヒップホップが根差すにはやはり、ギャングスタ・ラップとは異なる形式が求められはしないだろうか。*4

『サイタマノラッパー2』で描かれるのは、以下のような郊外空間である。映画冒頭、サイタマから訪れたイックとトムに刺激を受け、アユムらはB-hackを再結成しライブを目指すのだが、郊外の空間のありようが大きな障壁となる。ライブ開催のためアユムらが力を尽くすくだりでは、ライブ会場がそもそもなく設備確保にも多額を要すること、そのためには地縁や血縁をも利用して金を無心せねばならないこと、親の無理解といった場面が描かれる。いわばそこは、「何もない」空間である。*5

篠原雅武（2011）によれば、近年の郊外空間を覆うのは繁栄した一部のショッピングモールと、その背後にあるシャッター街化した商店街、点在するチェーン店のカラオケやコンビニといったどこか殺伐とした風景である。さらに、こうした空間が人々にどのように経験されるかを捉えるには、その物質的な編成のみならず、そこでの人々の活動と権力作用に目を向けることが必要である（篠原 2011: 59）。

確認したいのは、日常生活とは人々の無反省的な反復によって秩序化され維持されている点で、自明性を有するということだ（草柳 2006）。その自明性は、日常生活の秩序を変更しようとし「クレイムを申し立てる側から見れば、問題の構築に際して直面する壁、抵抗として立ちはだかるものとなる」（草柳 2006: 70）。そこで経験されるのは、特定の秩序に回収されるかたちでのみ行為することが可能な、あらかじめ縮減された自由である。

　同作品でヒップホップが根差す郊外とは、こうして縮減された自由の空間だったのではないだろうか。アユムたちの日常生活は、つねにどこか閉塞したものとして反復されている。ライブに賭けられているのはその反復からの脱出であり、日常生活の閉塞を打開することだったと言えよう。B-hack という主体が措定されたうえでの、対抗的かつ解放主義的な企図を持ったこの行為は、現状への不満により「ある想定された状態について何かをすべきだという要求」（Spector & Kitsuse 1977=1990: 123）を行う、クレイム申し立てというべき試みである。

　だが日常生活の反復には、アユムたち自身も担い手として巻き込まれており、唯一得られた機会でのパフォーマンスは、日常生活を囲い込む壁の強固さを顕わにしてしまうかのようだ。以下で詳しく見ていこう。

5　〈ヘテロ〉セクシズムの枠組

　顛末を言えば、B-hack のライブは、成功以前に行われることすらなかった。ライブの資金を得るために、イベント会場でのパフォーマンスを引き受けたアユムたちは思わぬ事態に巻き込まれ B-hack は離散してしまったからだ。そこにはクレイム申し立てを横領する権力によって、アユムたちの活動が解釈されるさまを見て取ることができる。以下は、同作品の脚本の一部だ。

家族連れでにぎわっているプール。

*4　とはいえ、近年の日本のヒップホップで歌われるトピックは、アメリカのギャングスタ・ラップにより近づいていっていることも事実だ。たとえば、ラッパーのANARCHYについて、音楽ライターの磯部涼はこう評する。「ANARCHYの話を聞いて興味深いのは、そこにはどこか聞き覚えがあるというか、それは、たとえば、とあるブロンクスのゲットーのラッパーが語るストーリーにも似ているだろう。しかし、当たり前の話、彼は決して、どこかで聞きかじった他人の身の上話をしているわけではない。これは実際に、彼の身に起こったことなのだ」（磯部 2012: 149）。こうした傾向からみると、『サイタマノラッパー2』は「リアル」でなく見えるかもしれない。しかし本稿では同作品そのものを、日本社会にヒップホップが根差していく過程をなす遂行的な表現であり、それ自体もヒップホップ文化の一端をなすものだと考えたい。

*5　同シリーズ監督の入江悠は、このような空間の質感を「サイタマ的なにもなさ」と呼ぶ（入江編 2012: 73）。だが、そこには厳密に「何もない」わけではない。むしろ、駅前の商店街の個人商店は軒並みシャッターを下ろし、国道沿いに全国共通のチェーン店が立ち並ぶといった光景がよりポピュラーである。

通路から水着（スクール水着風）に着替えた五人が登場する。

高石に案内されて特設ステージ（ただのビニールシート）へ歩いてくる。

スピーカーはプールサイドに常設されたアナウンス用。

水着姿でモジモジとする五人。

プールの客が何人か不思議そうにその様子を見る。

観客が「早く歌えよ〜」などとヤジをとばしている。

しょぼい音でトラックが流れ出す。

顔を見合わせる五人。

しぶしぶ歌い出すアユム。

注目したいのは、B-hackとプールの客たちとの齟齬である。同じ空間にいるはずの両者ではパフォーマンスへの期待がまったく異なり、一方は閉塞感を感じ、他方にはヤジを飛ばすことすら可能である。

　ここに働いているのは、ジュディス・バトラーが「選択的かつ格差をもったかたちで暴力に枠組みを与えることで感情や倫理のあり方を統制するような、文化のさまざまな様態」(Butler 2009=2012: 9)と呼んで批判する、権力の「枠組み（frame）」である。枠組みは認識論と存在論の両方にまたがり、わたしたちが認識できるものの範囲、またそれをどのように解釈するべきかを方向づけ、主体の生存可能性——どんな主体が生き延びるに値するのか——を配分する権力の規範的な様態である。そしてとりわけジェンダー、セクシュアリティといった性の政治は、枠組みがはたらく主要なタームである。

　この場面で、ステージも機材も用意されない彼女らのパフォーマンスは、パフォーマンスとしての質をそもそも期待されておらず、求められるのは水着を着ることでしかない。また、スタッフの高石はパフォーマンスを終えたマミーに次のように声をかける。「あの、ソープ『ＧＵＮＧＧＵＮＧ』の人っすよね？　先輩とかとちょくちょくお世話になってます。いつもありがとうございます！」。最終的に、ステージに上がっていたことを恋人の男性から非難されたビヨンセとクドーは、この場面を境にB-hackから離れていく。

　B-hackのパフォーマンスは、このときつねに枠組みに「はめられる (to be framed)」ものでしかありえない。すなわち「何らかの力がものごとのあらわれ方を操っており、その枠組みから抜け出すことができなくなってしまう」(Butler 2009=2012: 21)。この場合何らかの力とは性的なまなざしによるもの、〔ヘテロ〕セクシズムにほかならない。「性差別と異性愛主義という二つの言語を持つ抑圧形態」(竹村 2002: 37)である〔ヘテロ〕セクシズムの枠組みはB-hackメンバーの日常生活に遍在しており、それを変革する方法をも奪っていく。誰も彼女たちにヒップホップを求めてはいない。求められているのは、それらとは違ったものである。

このようにB-hackによる日常生活の打開の契機は〔ヘテロ〕セクシズムの枠組みによって阻まれ、グループは離散してしまった。その後、パフォーマンスのギャラはマミーの中絶費用へと無断で流用されてしまい、マミーは勤め先の風俗店の店長と駆け落ちする。ミッツーは実家の旅館の借金の整理に追われ、姿をくらましてしまった。クレイム申し立ての担い手はその要求の敵手を定めるものだが(Spector & Kitsuse 1977=1990: 130)、このとき、B-hackの活動をそうした二者間の対立軸で整理することはできない。人々は総じて枠組みに捉えられており、その中での生存可能性の配分こそが、B-hackを分断していく。

ところで、〔ヘテロ〕セクシズムの枠組みとは、ヒップホップは共犯関係とも呼ぶべきものをたびたび取り持ってきた。ギャングスタ・ラップでは男性性と暴力性が結びつけられて誇示される傾向が多分にあり、それはヒップホップの文化内で女性嫌悪と男性性の誇示を反復することにつながってきたのだ(Rose 1994=2009)。このことは、「よりヒップホップらしくあるためには暴力的であり男性性を誇示せねばならない」といった転倒した事態をも生み出してきた[*6](Watkins 2005=2008: 108)。

だが、そのようなヒップホップのイメージに反して『サイタマノラッパー2』で描かれるのは、アユムたちが〔ヘテロ〕セクシズムの枠組みの中でなおも抵抗する姿である。〔ヘテロ〕セクシズムの担い手は明確な敵手として名指されるわけではないが、ヒップホップに則った実践は確かにその枠組みを揺るがしていく。ヒップホップを性差別的な文化として本質化してしまうと、性差別に抗う女性ラッパーたちが不可視化されることはトリーシャ・ローズ(1994=2009)によって指摘されたが、『サイタマノラッパー2』で描き出されるのは、単にヒップホップが性差別への抵抗を含意しうるというだけではなく、それが可能にする抵抗の形式自体が、枠組みとして日常生活に内在化された文脈に応じて変容しつつある過程ではないだろうか。

＊6　とはいえ、ヒップホップは男性の占有物ではないし、そこで性差別への批判が不在だったわけでもない。トリーシャ・ローズによれば「男性ラッパーの社会批判が頻繁に警察官の嫌がらせや黒人男性への『取り締まり』に向けられるのに対し、女性ラッパーが戦う舞台は、性の政治をめぐる場なのである」(Rose 1994=2009: 282)。だが一方で、そこに女性が参入するには、男性のマチズモに同調したパフォーマンスが求められたり、男性の欲望の対象としての自己呈示を要される傾向もあった(George 1998=2002: 369)。クレイム申し立てとは、そういったパフォーマンスや呈示の形式であるといってよいかもしれない。しかしアユムたちによるクレイム申し立てから日常的な実践への移行は、日本のヒップホップでは「性の政治」における戦いの形式自体が変容しつつあることを示していないだろうか。

6　自分自身を表象《レペゼン》すること

同作品で〔ヘテロ〕セクシズムの枠組みがもっとも顕在化し、同時にそれを撹乱する契機が見いだされるのは、クライマックスの法事の場面だ。次に見るのは、母親の三回忌に集まった親戚たちからアユムがなじられる場面である。酒を注いで回るアユムに、親戚たちは声をかける。「ああ、そういえばアユムちゃんはいつ結婚すんのよー？」「そろそろ婿さん見つけねぇと親父も隠居できねぇよ」「あれこれ選んじゃだめだよ〜！」「何してんの？　実家の仕事？　こんにゃく？」。

さらに親戚たちは言う。「そうだ、アユムちゃん、ラップやってるんだって？」「俺の知り合いが、アユムちゃんが歌ってるのをプールで見たっていうんだよ」「ここは一発、景気づけになあ！」「ヨー、ヨー、歌ってくれよ、ラッパー！」。これらの期待は、アユムのラップをも「見せ物」にすることで〔ヘテロ〕セクシズムの枠組みへと回収し、「世界を構成する言説の領域に対する権威」を得ようとするものでしかない（Sedgwick 1990=1999: 334）。

だが、そうした枠組みを撹乱する契機が生まれるのもまた、この場面である。法事に乱入したイックとトム、ミッツーとマミーにコール＆レスポンスを促され、アユムは再びラップを始める。

アユム「みなさーーーん！　ごめんなさい、ごめんなさい、ごめんなさい。本当にもう、ごめんなさい。なんかすごーくうるさくて、ごめんなさい。はい、あたしも含めて、ごめんなさい。ほら、あんたらも謝って！　誤って！　なんて言いますか、若気の至り？　あ、若くないんですけど、遅い反抗期？　空気読めずに、自己主張ばかり。かなりイタイ感じ、ほんとごめんなさい。やっぱラップとかって変だよ、変だよ。ＹＯＹＯとか、ＳＡＹＨＯとか、何にも生まない詩、何も変わらない。もう終わりにします、分かってます、これが最後です。ハイ、今すぐに解散、荷物まとめ退散。今さらまたラップなんて時間の無駄、ノーチャンス。やっぱり無理すでに終わりなのよ、カッコ悪く中途半端に右往左往するのはやめましょう！　そう、ここらが潮時！　もう、そろそろ三十路！　あたしのラップも、B-hackも何もかも、もう、終わり！　変な自分探しは。……どうせあたしは、朝は起きてこんにゃくを洗う。昼は昼でこんにゃくを配る。夜は一人こんにゃくを詰める。次の日もまた今日と変わらず」

父「みんなそうやって生きてんだ。いいから座れ」

しかし、ミッツーやマミーのさらなる呼びかけに応えて、アユムは遂にこうラップする。

アユム「やっぱり！　……あたしはラップが好き！　東へ西、こんにゃく運び前進！　うちら現在進行形！　いつかまた動き出す時計！　すぐにカムバック！　目指すは主役！　うちらはB-hack！　キラリ輝く！　あたしはアユム！　あたしは歌う！　明日は今日よりも輝く!!」

ここでアユムがラップを通じて行っているのは、アユム自身の自己表象であり、それ以上でも以下でもない。重要なのは、それがヒップホップだということだ。トリーシャ・ローズによればヒップホップを行為遂行《パフォーム》する「貧しい者は、いつどのようにして自らの不安を率直に表してよいか、それを経験から知っている」のであり、その不安を積極的に言説化するヒップホップの「こうした文化形式は、対抗的な生活記録、あるいは『非公式な真実』が出現し、磨かれ、演じられる、歓びに満ちた場となる」(Rose 1994=2009: 194)。ヒップホップは、人々が自らの置かれた状況を情動的に再演・表象《レペゼン》することで、支配的な枠組みへの反駁を可能にする。

だがこのラップは、プールサイドでのクレイム申し立てとは何が異なるのだろうか。そこにはふたつの違いがあると考えられる。まず、その違いのひとつは、クレイム申し立ての対抗的かつ解放主義的な企図に対して、このラップは自分自身を語るものであり、それを通じて日常生活の内部に主体の位置を占め直そうとするものであることだろう。

そのように「わたし」を自己表象する「自分自身を説明すること」について、バトラーは以下のように述べている。「私たちが行い、語るとき、私たちは自分自身を顕わにしているだけでなく、誰が語る存在であるかを決定する理解可能性の図式に影響を及ぼし、それを切断し、見直させ、その規範を強固にし、もしくはそのヘゲモニーと闘っているのである」(Butler 2005=2008: 242)。「わたし」は規範に従属することで語る主体として生産されるが、同時に「わたし」の行為性《エージェンシー》は必ずしも規範のままにはならず、その語りを通じて規範を問いに付し、作りなおしていく。規範的な日常生活を生きる自己を再表象することで「わたし」についての「非公式な真実」が生産され、「わたし」が違った仕方で生きる契機が見いだされるのである。

バトラーが言うように、枠組みは「自らのヘゲモニーを認めるために流通しなくてはならず、この流通が枠組みの反復可能な構造を引きだす。いやむしろ、この流通こそが、枠組みの反復可能性の構造なのである」(Butler 2009=2012: 22)。人々の相互作用に対して強い拘束力を持つ枠組みだが、それは行為に反復的にあてはめられることで維持されており、その反復が行為遂行的なズレを伴うとき、枠組みの自明性は撹乱されうる。日常生活の閉塞の打開を試みるのではなく、その中にとどまり自分自身を語りなおすことにこそ、権力と交渉しながら生き延びていく術は見いだされるのである。
以下は、映画の最後の一幕のシナリオである。

こんにゃくを作っているアユムと彰彦。
いつもの日常がまた始まった――。
彰彦「そろそろ益井さんとこ」
アユム「うん」
アユム、手を拭いて出て行こうとする。
彰彦、額に汗して作業しながら――
彰彦「（ハアハアと作業で息をしながら）ああ、そうだ……」
アユム「え?」
彰彦「用事すませたら、ハア……途中のセイユーで醤油、買ってきて。今夜はアレだ、こんにゃく鍋だ。ヒェ……」
アユム「……」
彰彦「それからこんにゃくの配達、ヨー、行ったら忘れんなよ、挨拶」
アユム「お父さん、それ今、ちょっとラップ……」
彰彦「え?（と振り向いて）」

この会話を注意深く聞けば、彰彦の語りが韻を踏み、ヒップホップ独特の話法に則っていることに気づく。ヒップホップに理解を示さなかった父が、知らぬ間にその文化のなかに巻き込まれている――それはさながらコール&レスポンスが行われているかのようだ――このやりとりは、枠組みが遍在する日常生活の撹乱可能性を垣間見せてくれる。つまり、枠組みが反復的にあてはめられた「わたし」自身をヒップホップを通じて自己表象するとき、そこには枠組みが行為遂行的にズレていき、これまで横領されたり退けられてきたラップをアユムが再び歌うことができる撹乱の契機が見いだされるのではないだろうか。彰彦の意図せぬラップは、日常生活に遍在する権力の枠組みのほうが「自己破壊／自己離脱（self-breaking）」（Butler2009=2012: 20）する可能性の表れとして読むことができる。枠組みを生き延びていく術は、その内にとどまり自分自身を表象することに、逆説的にもかかっているのである。

7 「わたし」と「あなた」のコール&レスポンス

だが、自分自身を語ることはきわめてありふれた営みである。また「わたし」自身が枠組みの再生産の起点でもあるならば、やはりその語りは横領の危険性と隣り合わせでもあろう。そのうえで「わたし」の語りに撹乱の可能性を見るのであれば、その語りが枠組みの反復過程から行為遂行的にズレていく契機をさらに検討しておく必要があるだろう。

その契機はやはり、最後のアユムのラップが、ミッツーやマミー、イックやトムらによるコール&レスポンスによって始まったこと以外にありえない。ここには、アユムの法事でのラップがプールサイドでのそれと決定的に異なる、ふたつめの理由がある。すなわち「わたし」についての語りは、同時に「あなた」への応答だということだ。

身体が行為遂行的な撹乱の行為体《エージェンシー》となりうるのは、身体はその傷つきやすさゆえ他者との相互依存性を不可避的に有し、「それ自身の外部、他者の世界に、それ自身は支配できない時空に存在している」(Butler 2009=2012: 71-2) からである。バトラーはそうした他者を「あなた」という印象深い表現で呼ぶ。「わたし」は、「あなた」からの先んじた呼びかけによって形作られる。しかし一方で「わたし」は規範に従属=主体化する過程で、この「あなた」を忘却し他者性の領域へと追いやってしまう。したがって「あなた」からの呼びかけへの応答は、「わたし」が属する規範を問いに付し、「わたし」自身を批判的に脱主体化させる行為として可能になるのである。「わたし」を語ることと「あなた」に応えることは、別個の行為ではありえない。

アユムにとってラップは、友人たちと関係を取り結び、また劇中には登場しない亡き母親との関係を想起させる行為でもあった。「いい年していつまで高校の文化祭やってんだ」と詰め寄る彰彦に、アユムはこう返す。「……お母さんは応援してくれたよ」「お母さん生きてたら、今でも……」。だが、枠組みはそうした「あなた」との関係を許さず、〔ヘテロ〕セクシズムの語彙に基づいた解釈を強いる。ラップをやめることは、この枠組みに自らを埋め込むということであり、「あなた」の呼びかけへの背任にほかならない。

対してコール&レスポンスは、自分自身を語ることの条件である呼びかけの関係へと、アユムを再び招き入れる。ヒップホップの重要な身体的表現形式であるコール&レスポンスは、「支配のない新たな社会関係を待ち望む〝民主的な〟瞬間を秘め、また垣間見せている」(Gilroy 1993: 138) からだ。それによって「自己と他者の境界線はかき乱され、快楽の特殊な形式が結果として生み出される」(Gilroy 1993: 138) のである。

ただしこれを、安定的な外縁を有した集合的アイデンティティとしての「わたしたち」の立ち上げと同一視してはならない。「わたし」と「あなた」の応答関係は、何らかの社会・文化的な共約性に基づいた承認ではなく、「一般に受け入れられた『わたしたち』の概念をかき乱すようなもの」(Butler 2009=2012: 35) としての相互依存性への感知に基づいているからである。したがってこの場面に「わたしたち」への契機を見て取ることができるとしたら、それを縁どる境界線は閉ざされたものではなく、むしろ浸透性や開放性を有する、「関係の機能であり、差異の仲介であり、わたしがみずからの分離性においてあなたに結びつくにあたってのネゴシエーション」(Butler 2009=2012: 61) として説明されねばならないだろう。

　このようにコール&レスポンスは枠組みによって拘束された相互作用を、新たな関係の契機として意味づけなおす可能性を持つ。それは、「わたし」に依存していた「枠組み」が、コール&レスポンスの行為性《エージェンシー》によってズレていく契機でもあるだろう。枠組みは執拗に「わたし」の語りを横領し「あなた」との関係を規範化しようとするが、「わたし」と「あなた」のコール&レスポンスは、その規範への抵抗可能性を秘めている。

　映画のエンドロールとともに、アユムは一人でラップしながら町を歩く。その足取りは軽く、「ワック♪ワック♪B-hack」の歌詞は新たに「いつか♪きっと♪B-hack（アユムver)」として書き直されている。

　今は一人で歩いてるよ地球に足音刻むよ
　ワック♪ワック♪B-hack say…
　ワック♪ワック♪B-hack もっと…
　私はここにいるぞ　みんなは何処にいるの？
　この声は届いてますか？　また集めようロイヤルストレートフラッシュ！

　これは、B-hack の呼びかけに対するアユムの応答であり、呼びかけ返しでもあるだろう。「私はここにいるぞ　みんなは何処にいるの？」、その呼びかけの関係の中で、アユムの日常生活は再び始まったのではないだろうか。

8　おわりに

　ここまで『サイタマノラッパー2』の分析を通じて、日本社会でヒップホップが根差す状況と、それが可能にする抵抗の形式について論じてきた。劇中でヒップホップが根差す郊外空間は、「何もない」ところに人々の活動を拘束する（ヘテロ）セクシズムの枠組みが拡張された空間だった。アユムたちが、クレイム申し立てによってその空間を脱出することは叶わない。枠組みが拡張された日常生活を生きることとは、生存可能性をいかに確保するかをめぐる困難な抗争である。

　しかしヒップホップが可能にする相互作用の形式は、ギャングスタ・ラップとは異なる抵抗を可能にする。主体的な企図ではなく、行為遂行的な応答関係において「あなた」に「わたし」が応えようとするとき、権力への抵抗は同時に開始される。

　そのような抵抗はヒップホップによって可能にされたものである。権力の絶えざる干渉のなかで、「わたし」をかたちづくる「あなた」に応えようとするときに、ヒップホップは「わたし」と「あなた」の間にあってくれたのだ。クレイム申し立てに還元されえないこうした行為遂行的な応答関係こそが、社会問題の構築主義の視点から捉えるべきヒップホップの「リアル」なのではないだろうか。

　最後に、このことはおそらく、社会的構築と抵抗の（不）可能性という、より広範な問題圏の一部をなしてもいる。セルトーが日常的実践として概念化したものは、フーコーやデリダらポスト構造主義の理論家たちがめいめいに捉えようとしたある営みの別名であった（今村 1985: 447）。本稿で論じたヒップホップの実践も、その営みに属しよう。つまり本稿で論じたヒップホップの実践の形式の変容は、権力によりクレイム申し立てがへし折られ横領されるような現実が日常的なものとして構築されてしまった後に、主体はいかに生き延びられるのかという問いに対する部分的な回答を指すものでもある。

　これは、ヒップホップに限らずあらゆる人々の営みを取り上げるうえで、社会問題の構築主義が避けて通ることのできない問いだ。社会的現実の構築をめぐる抗争がどれほど困難に満ちていても、わたしたちは絶えざる相互作用のなかに身を置きつつ、生き延びていくしかないのだから。ヒップホップは社会的構築と生存可能性の配分をめぐる抗争を映す鏡であり、その「リアル」と対話することとは、この抗争の現在に不断の分析と介入を続けることに他ならないのである。

参考文献

Boyd, Todd and Yusuf Nuruddin (2012) Interngenerational Culture Wars：Civil Rights vs. Hip Hop, Forman, Murray and Anthony Mark Neal eds., *THAT'S THE JOINT!: The Hip-Hop Studies Reader second edition*, New York and London: Routledge.

Butler, Judith (2005) *Giving an Account of Oneself*, New York: Fordham University Press.（＝(2008) 佐藤嘉幸・清水知子訳『自分自身を説明すること――倫理的暴力の批判』月曜社）

―――― (2009) *Frames of War: When Is Life Grievable?*, London and New York: Verso.（＝(2012) 清水晶子訳『戦争の枠組――生はいつ嘆きうるものであるのか』筑摩書房）

Certeau, de Michel (1980) *Art de faire*, Union Generale d' Editions.（＝(1985) 山田登志子訳『日常的実践のポイエティーク』国文社）

Chihaya, Kusayanagi (2013) "From Claims-making Activity to Tactics of Everyday Practice: An Alternative Approach to Body Maintenance in Japan," 2013 Annual Conference The Society for Phenomenology and the Juman Sciences.

Condry, Ian (2006) *HIP-HOP JAPAN: Rap and The Pathes of Cultural Globalization*, Durham: Duke University Press.（＝(2009) 上野俊哉監訳、田中東子・山本敦久訳『日本のヒップホップ――文化グローバリゼーションの〈現場〉』NTT出版

Forman, Murray (2012) "Represent: Race, Space, and Place in Rap Music," Forman, Murray and Anthony Mark Neal, eds., *THAT'S THE JOINT! : The Hip-Hop Studies Reader second edition*, New York and London: Routledge.

George, Nelson (1998) *Hip Hop America*, Penguin.（＝(2002) 高見展訳『ヒップホップ・アメリカ』ロッキング・オン）

Gilroy, Paul (1993) *Small Acts Thoughts on the politics of black cultures*, London and New York: Serpent's Tail.

堀真悟 (2013)「スタイルの政治と文化翻訳――日本のヒップホップから」ソシオロジカル・ペーパーズ vol.22：51-74

Ibarra, R. Peter and John I. Kitsuse (1993) "Vernacular Constituents of Moral Discourse: An Interactionist Proposal for the Study of Social Problems," Holstein, A. James and Gale Miller, eds., *Reconsidering Social Constructionism: Debates in*

Social Problems Theory, New York: Aldine de Gruyter, 25-58.（＝(2000) 中河伸俊訳「道徳的ディスコースの日常言語的な構成要素」、中河伸俊・平英美編『構築主義の社会学 ── 論争と議論のエスノグラフィー』世界思想社）
今村仁司（1985）「解説」、ミシェル・ド・セルトー著、山田登世子訳『日常的実践のポイエティーク』国文社（＝ Certeau, de Michel (1980) *Art De Faire*, Union Generale d Editions）
入江悠編（2012）『SRサイタマノラッパー ── 日常は終わった。それでも物語は続く』角川書店
磯部涼（2011）『音楽が終わって、人生が始まる』アスペクト
木本玲一（2009）『グローバリゼーションと音楽文化 ── 日本のラップ・ミュージック』勁草書房
Kusayanagi, Chihaya (2013) "Constructing and Understanding An Incident as A Social Problem: A Case Study of Univrersity Entrance Exam Cheating" *Human Studies* 36 (1):133-148
草柳千早（2006）「社会問題研究と日常生活の自明性」『三田社会学』一一号：68-81
Lynxwiler, J. and C. DeCorte (1995) "Claims-Making and the Moral Discourse of Hard Core Rap Music," Holstein, A. James and Gale Miller, eds., *Perspectives on Social Problems*, 7: 3-27.
Miller, J, Leslie (1993) "Claims-Making from the Underside: Marginalization and Social Problems Analysis," Miller, J, Leslie, eds., *Reconsidering Social Constructionism: Debates in Social Problems Theory*, New York: Aldine de Gruyter, 349-375.
毛利嘉孝（2012）『増補 ポピュラー音楽と資本主義』せりか書房
大山昌彦（2008）「ポピュラー音楽の体験と場所 ── もしくはローカルアイデンティティ」、東谷護編『拡散する音楽文化をどうとらえるか』勁草書房、一二三五－一二三八頁
Pfohl, Stephen (2008) "The Reality of Social Constructions," In Holstein, A. James and Jaber F Gubrium, eds., *Handbook of Constructionist Research*, New York: The Guilford Press, 645-68.
Rose, Tricia (1994) *Black Noise*, Middletown: Wesleyan University Press.（＝(2009) 新田啓子訳『ブラック・ノイズ』みすず書房）
Sedgwick, E. Kozofsky (1990) *Epistemology of The Closet*, California: The University of California Press.（＝(1999) 外岡尚美訳『クローゼットの認識論 ── セクシュアリティの20世紀』青土社）
関口義人（2013）『ヒップホップ！ ── 黒い断層と21世紀』青弓社
篠原雅武（2011）『空間のために ── 遍在化するスラム的世界のなかで』以文社
Spector, M. B and J. I. Kitsuse (1977) *Constructing Social Problems*, Menlo Park, CA: Cummings Publishing Company.（＝(1990) 村上直之・中河伸俊・鮎川潤・森俊太訳『社会問題の構築 ── ラベリング理論を超えて』マルジュ社）
竹村和子（2002）『愛について ── アイデンティティと欲望の政治学』岩波書店
上野俊哉（2005）『アーバン・カルチュラル・スタディーズ』月曜社
Watkins, Craig (2005) *HIPHOP MATTERS: Politics, Pop Culture, and the Struggle for the Soul of a Movement*, Boston: Beacon Press.（＝(2008) 菊池淳子訳『ヒップホップはアメリカを変えたか？ ── もうひとつのカルチュラル・スタディーズ』フィルムアート社）

The Construction of Social Problems and the Transformation of Hip-Hop: An Analysis of "Saitama No Rapper 2"

In research on the constructionism of social problems, hip-hop has been analyzed as a claim-making activity through the image of gangsta rap. However, such research cannot fully account for the present form of hip-hop that has been disseminated and re-rooted in Japan and around the world. Therefore, this paper will analyze the Japanese hip-hop movie, "Saitama No Rapper 2" in order to establish a new theoretical perspective on hip-hop from the viewpoint of the constructionism of social problems. In this movie, hip-hop is performed not as a claim-making activity by a subject, but as a tactical practice by an actor. Hip-hop enables a responsive relation between "you" and "I" that disturbs the process of social construction—such is the "realness" of hip-hop that needs to be studied.

投稿論文

統治者は森林地域をどのように対象化したか
——戦後米軍統治下沖縄本島北部地域へのまなざし　1945-1972年

森啓輔

要約

本論は、戦後沖縄本島北部森林地域において、知と権力がいかに森林地域を統治対象として規定したのかを問う。第一に、自明のものと見なされることの多い「自然」である森林地域の編成の系譜をもう一度政治化することで、森林をめぐる統治言説の系譜を明らかにすることを目的とする。具体的にはGHQ／SCAPや琉球列島米国民政府などの統治主体により、森林統治がいかなる実践により展開したのかを一九四〇年代後半から一九五〇年代前半にかけて考察する。第二に、一九五〇年代後半から北部森林地域が軍事基地化すると同時に、琉球政府と日本政府が基地以外の北部森林地域を対象としながら開発計画をどのように提唱したのかを明らかにする。沖縄本島北部地域の風景の大半を構成する森林は、統治の結果存在するようになったものである。本論ではこれらの過程を政治化するなかで、占領期沖縄（一九四五－七二）において、森林地域が対象化される際にいかなる諸実践がなされたのかを考察する。

キーワード　統治性、米軍政、沖縄、森林、林業

先行研究と本論の視座

本論の目的

本論は、戦後沖縄本島北部森林地域[*1]において、知と権力がいかに森林地域を統治対象として規定したのかを問う。当該地域は、米軍基地立地地域として戦後編成された一方、人々による数々の抵抗が生起してきた地域であり、二〇〇七年から現在進行中の東村高江における新基地建設反対闘争はこの系譜上に位置づけられる。本論では第一に、基地立地地域の大半を占める「自然」である森林の編成をもう一度政治化することで、森林政策をめぐる軍政の系譜を明らかにする。具体的にはGHQ／SCAPや琉球列島米国民政府（以下USCARと表記）などの占領統治機構により、森林統治がいかなる実践を通して展開したのかを一九四〇年代後半から一九五〇年代前半を対象に考察する。第二に、北部森林地域が一九五〇年代後半より軍事基地化する時期に、琉球政府と日本政府の森林地域開発計画が、米軍政の下部機関としてどのように展開したのかを考察する。本論ではこれらを政治化するなかで、占領期沖縄（一九四五－七二）で森林地域が対象化される過程において、いかなる実践が行われたのかを明らかにする。

統治性・人口・森林・開発

米軍占領下の林政の展開は、大きく二期に分けられる。第一期は林政の分散確立期（一九四五年八月～五〇年三月）であり、沖縄の社会経済が戦後の混沌から立ち上がりきれないでいる最中、各群島とも林政の趣を異にしていた時代である。第二期は林政の統一発展期（一九五〇年四月～七二年五月一四日）であり、戦後処理が段々と行われ社会経済も落ち着きを取り戻し、住民生活が軌道に乗りかけてくる頃から本土復帰直前までの時代である（琉球林業協会 1984: 24-5）。米軍占領下（一九四五－七二）の林政は、琉球列島統治の初期形態である列島の分権統治から、朝鮮戦争を経た後の中央集権化に連動していた[*2]（図1）。琉球林野庁の設立（一九五〇年）により林政が中央主権化され、さらに琉球政府の設置（一九五二年）により形式的な林政の権限は米軍政から琉球政府に移譲されたが、その後も琉球政府に対して米軍政が権力を掌握するという構造が残存した[*3]（表1）。米軍は占領初期、森林地域を琉球人口の再生産のために必要であると見なしていただけではなく、軍事基地立地としても重要視していた。しかし民間人の生活が立て直され、政治や経済が自律化・安定化する

＊1　本稿では主に、国頭村、東村を中心として分布する森林地域を、北部森林地域と定義づける。

表 1　米国統治下の官有林関係重要法令　1945-1972

発布番号	題名	公布年月日	備考
米国海軍軍政府布告第 7 号（ニミッツ布告）	財産の管理	1945.04.01	軍政府時代
	沖縄官有林野経営暫定方針	1946.10.12	沖縄中央政府時代
琉球列島米国軍政本部指令第 19 号	琉球財産の管理	1948.04.07	沖縄民政府時代
軍指令第 14 号	日本国有林財産について	1950.11.01	
書簡	前日本国有林の用材払下に関する件	1951.01.16	
書簡	立木払下法修正に関する件（「主題前日本国有林の用材払下に関する件」の修正）	1951.05.04	琉球臨時中央政府
琉球列島米国民政府布令第 49 号	琉球森林法	1951.08.13	
書簡	前日本国有林管理	1951.11.15	
琉球列島米国民政府指令第 14 号	日本国有林森林財産	1952.03.13	
立法第 46 号	森林法	1953.08.31	琉球政府時代
	改正・立法　第 5 号	1954	
	改正・立法　第 18 号	1956	
	改正・立法　第 46 号	1958	
	改正・立法　第 43 号	1964	
訓令第 18 号	官有林野産物極印規定	1953.11.16	
規則第 132 号	官有林管理規則	1953.12.15	
訓令第 1 号	官有林管理規程	1954.01.12	
規則第 70 号	官有林野経営規則	1954.10.19	
	改正・規則第 155 号	1959.10.09	
琉高弁・経開 09133	官有林立木払下げ方法の修正について	1960.04.26	
琉高弁・法法 120	管理森林地からの収入について	1960.06.27	
琉高弁指令第 2 号	日本国県有森林地の管理について	1962.04.12	
規則第 25 号	官有林野の産物売払規則	1969.03.04	
農林局訓令第 8 号	官有林野の産物売払要綱	1969.10.03	

（篠原 1977: 572）

図1　占領下琉球列島統治機構変遷図1945-1972（日付は統治機構の移行日）

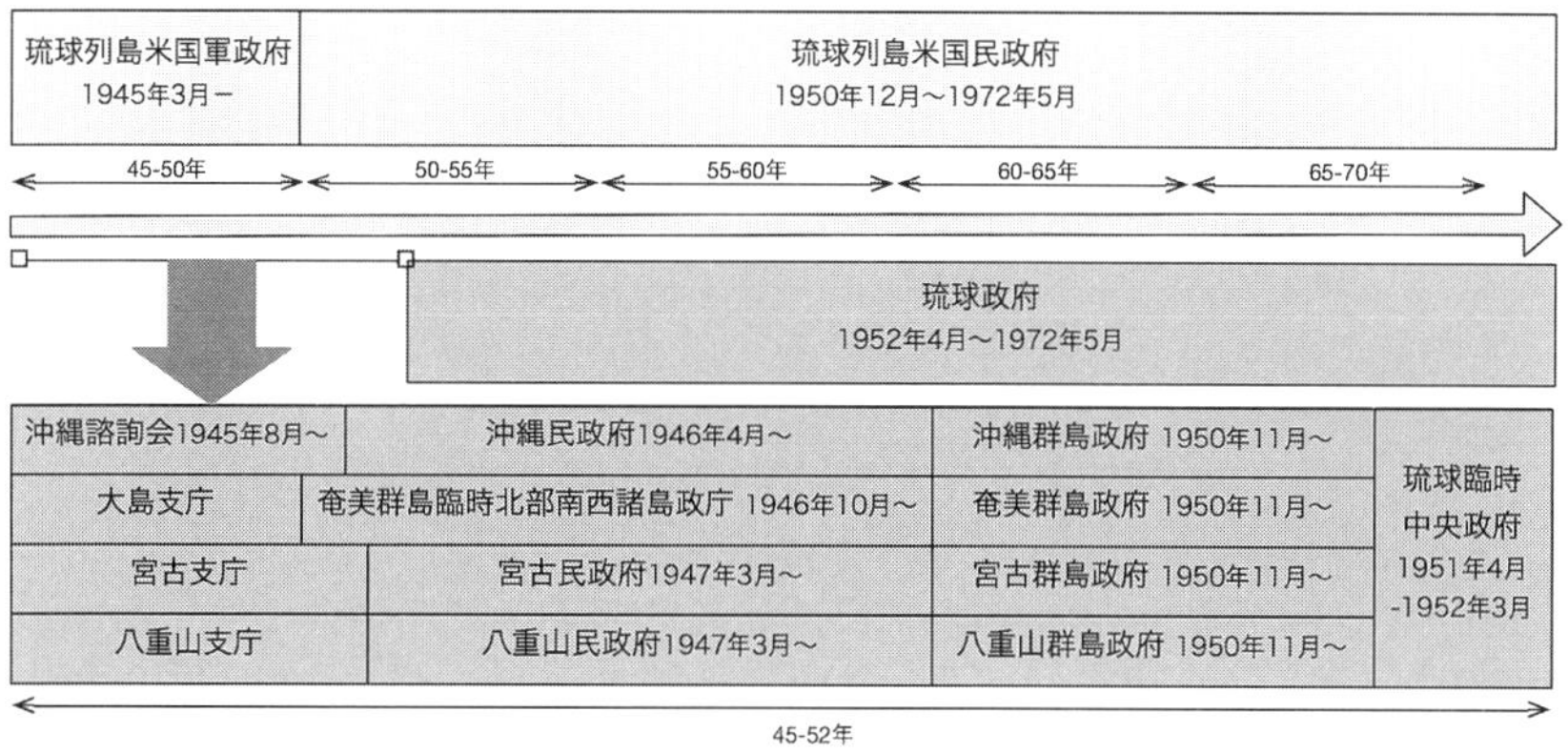

＊2　終戦から間もなく、沖縄民政府により民有林野管理経営暫定方針（一九四六年六月）と官有林野管理経営暫定方針（一九四六年一〇月）が制定され、暫定的な戦前の民有・官有林の管理が法的に整備される。一九四六年九月には、米軍政府により農村計画復興予算が可決される（青葉会 1956a: 12）。一九四九年一月一九日付の連合国総司令部覚書により、米国軍政府から発する布告、布令等に抵触しない限りにおいて日本法が適用された。森林行政はゆえに占領後も、引き続き日本森林法を適用して管理経営を行った。その後中央集権化の流れのなかで、一九四九年一二月一九日付の「琉球の食糧農業機構の構成」と題された軍政府指令第二六号により、一九五〇年四月一日に琉球農林省が設置され、その外局として林野庁（後に林野局と改称）が発足した（青葉会 1956b: 20）。一九五〇年四月の琉球林野庁の発足まで、極東軍事最高司令官による最初の林業計画の承認（一九四九年七月）、那覇に蔡温苗園設立（同年一〇月）などが行われた。

＊3　琉球政府の上部には、一九五〇年に米軍政府を廃して設立された琉球列島米国民政府（ＵＳＣＡＲ）が統治機構として君臨した。琉球列島米国民政長官（元米極東軍司令官）と民政副長官（元米琉球軍司令官）により統治されたが、民政長官は沖縄統治の全般的責任を負い、民政府長官や琉球上訴裁判所判事の任命権などを持っていたが、その権限の多くは民政副長官に委任して行使させた。ＵＳＣＡＲは布令・布告・指令などの制定公布権、琉球政府立法院の可決法案に対する拒否権、琉球民裁判所の裁判権をＵＳＣＡＲ裁判所管轄に移譲する権限、琉球政府行政主席や副主席の任命権など、強大な権限を有していた。民政副長官は一九五七年六月公布の「大統領行政命令」で高等弁務官の名称が用いられ、以後日本復帰まで米国民政府の長としての地位に君臨した（沖縄タイムス出版社 1983b: 412-413）。

につれ、人口・安全・軍事の対象として森林地域が見なされなくなる。その後、琉球政府の主導で当該地域が経済開発の対象として再定義されることになる。

統治性への視座

戦後沖縄／琉球列島統治に関わる林政をめぐる社会史的な研究は、これまで多くの先行研究がある（沖縄県 1972, 沖縄県農林水産行政史編集委員会 1983 & 1989, 国土緑化推進委員会 1972, 篠原 1977, 竹前・中村監修 1996 & 1999, 竹本 2006, 中島 2002, 琉球林業協会 1972 & 1984, 林野庁林政課 1974 & 1975, 林野庁監修 1958）。これらは制度および所有、そして生産形態をつぶさに研究していくという、林政機構および地方自治体の行政史が中心的なものだった。とりわけ占領初期から、USCAR設立、高等弁務官時代と経過していくにつれ、中央集権化していく米軍政と琉球政府の組織化、林野の軍事化、および琉球政府の日本政府への支援要請というかたちで林政が展開していくさまを、行政、経済、自然科学の見地から考察したものであった。

しかしながらこれら研究は、占領者が被占領者やモノを対象とする際に行う実践を問う視座に欠け、主権権力による行政的分類学の考察に終始している。対して、林政を統治性から捉えることは、主権権力が軍事力、法、司法などを用いながら統治を展開する過程のみならず、経済的合理性の追求、統治者／被統治者が形成される際の二元論的位階化における自由と支配の形態を含む、行政化をめぐる規律訓練や経済的制度基盤の重層性を考察することを可能にする。これにより、主権権力と異なる編成のもとで、規律権力や統治権力が重層的に軍事占領を決定する過程を析出することができる。

統治とは政府化のプロセスそのものであり、国家を自明のものとはみなさず、様々な権力や諸制度による戦術が錯綜するなかで、結果として収斂されたものを指す（フーコー 2006: 272-3）。しかしフーコーは、統治性に関する議論を十全に展開することなくその生涯を閉じた。フーコーの亡き後、統治性研究は一九九〇年代中葉から、社会保険の出現、教育、会計、犯罪管理、失業の規制、貧困と不安、開発戦略、医療、精神医学、衛生管理、幼児虐待や性犯罪、などの多領域にわたって展開されてきた（Miller and Rose 2008: 379-400/5785）。代表的なものとしては、ミッチェル・ディーンによる統治性研究の包括的展開や（2013, 1999）、デイヴィッド・スコット（1999）やウマ・カルパガム（2000）の植民地統治性と人種主義の知見、酒井隆史（2001）や渋谷望（2003）によるネオリベラリズム批判、あるいはピーター・ミラー＆ニコラス・ローズにおける現代科学（医学）技術および会計を介した主体化＝従属化論との統合的展開（2008）などが挙げられよう。また、統治性の人口管理技術を通したアイデンティティ付与の側面を、一九五〇年代前半の米軍占領下沖縄において実証的に明らかにしたものとして土井智義（2013, 2012）がある。土井が示すのは、占領下では国籍を用いた人種的位階化が重要な統治実践であり、米国人／日本人／琉球人／非琉球人という民族的人種化や、米軍要員／非米軍要員という軍事合理性に沿った人種化が、重層的に主体を決定したことであった。

本論はこれら先行研究を踏まえつつも、占領下沖縄本島の北部森林地域を中心的な対象としながら、ミラー＆ローズの述べる以下の二点に焦点を当て考察する。一点目は、統治性における「政治合理性」、つまり統治の適切な目標と意味の概念が分節化される、広範な言説領域に位置づけられた政策への注目である。ここでは米軍政が林政をめぐり、現地民により構成される政府や、草の根の運動実践を作り出すことで経済的負担を軽減し、同時に統治権限を部分的に移譲するという、軍政合理性の過程が問われることになる。二点目は、思考のテクノロジーとしての「言説」への視座、つまり統御可能な対象を形成するための、書く、聴く、計算するなどの実践領域への注目である（Miller and Rose 2008: 729-749/5785）。これは官僚制に基づく遠隔統治を可能にし、「統治的介入が拡がっていくための手段であり、かつ、その主要な副産物でも」（ハント＆ウィッカム 2007: 43）ある。この過程において森林統治は、林産物やインフラなどのモノにも注目し、管理の対象としていく。つまり、統治そのものが人間のみならず、技術、物質、そして非人間的要素を含めた編成なのであり（Latour 2005）、とりわけ軍事基地の立地問題は、人口管理の水準よりも土地や資源利用の水準で考察されることで、その特殊性が明らかになる。これらの観点は以下の問いを導き出す。すなわち第一に、沖縄本島北部森林地域統治が展開する過程で、占領者や行政によってどのような知が生産され、記録、数値化、比較などの実践が行われたのか。第二に、モノも含めた森林地域統治の開発言説は、どのように編成されていったのか。第三に、森林地域統治は、軍事占領における組織の位階的形成にどのように跳ね返ってくるのであろうか。本論はこの三点を主軸に考察される。

1　戦災から制度化への系譜
——一九四五‐一九五二年

1‐1　戦後林野行政の不在と濫伐、それに対する統治のまなざし

一九四五年四月の「ニミッツ布告」により沖縄戦が開始された。沖縄戦は、沖縄本島とりわけ中南部に甚大な人的・物理的被害をもたらし、森林の多くを消失させた。米軍政は琉球列島の施政権獲得に伴い、統治確立に向けた様々な調査を開始する。終戦直後は四つの各群島政府に林務課が置かれた。九州営林局から分離されていた国有林管理組織は解散し、奄美群島と沖縄群島における管理責任は各臨時政府林務課に引き継がれたが、列島内部では軍政府に委託された米国林業家

が西表島の伐木造林計画の任務に就いた。また職員の辞職による人材不足、大卒の森林管理者の本土帰還、日本森林法と行政組織の失効などが重なった（中須賀編 1995: 116）。この時期の唯一の森林資源であった島産材の生産は、薪炭材の供給を含めて緊急を要していた（琉球林業協会 1984: 52）。林政確立がまならない戦後初期の一九四六年から四九年までは、沖縄教育連合会[*4]が主体となり「緑の学園運動」という自主的な緑化教育運動が行われ、その後琉球政府、琉球大学、各地区教育会、各学校を網羅した各地区に植樹委員会が組織、展開される（沖縄市町村長会 1955: 117）。

そのような状況下の一九四八年一月、GHQ天然資源局林務課のH・B・ドナルドソン大佐は琉球林業の地位改善を勧告するための調査を行った[*5]（青葉会 1956b: 19）。調査内容は「琉球列島の森林問題について軍政府高官と協議、西表島の森林視察、その潜在的可能性の調査、そしてその他の天然資源の情報収集」（Donaldson1948: 1）であった。特に、前年から木材供給地として米軍により切り出しが行われていた西表島森林資源の調査と、製材用樹木と製材施設の能力調査に時間を費やした（Ibid: 14）。彼の調査目的は、林産物の生産と価格およびこれらの人口との関係の把握である。つまり「琉球の人々」が生存可能で、米国本土からの援助なしに「自立」するためには、いかなる木材資源利用と産業育成が必要であるかを明らかにすることを目標とした。ドナルドソンの結論は、琉球列島における木材生産自給自足は短期的には達成困難であり、持続的な林産物収穫を可能にするためには、中央集権的な森林維持計画が不可欠であるというものだった（Ibid: 3）。ドナルドソン勧告を推進するために米軍政府は以降、アメリカの林業家を招聘する。これらGHQの一連の勧告は、戦後林業の展開に大きな影響を及ぼすことになる（仲間 2011: 240）。

1-2 琉球林野庁の成立と林政の中央集権化 一九五〇-五一年

一九五〇年四月一日、米軍政府により琉球林野庁が正式発足し、各群島個別に形成されていた林野組織機構は新設の林野庁に吸収合併された。これまで個別的に実施されていた林野行政についても、林野庁が全琉球を総括することとなる[*6]（仲間前掲: 240）。当時は一四〇人の職員が配属され、ガリオア援助資金（占領地域救済政府資金）により運営されていた。林野庁設置の目的は二つ掲げられ、具体的には(1)戦前水準の森林資源の回復を狙った「直接的再緑化指針」と、(2)緑化事業の永続を保証し、土着の森林資源の生産と利用を最大化するためのインフラ開発事業である「間接的再緑化指針」であった。一つめの「直接的再緑化指針」においては、農作物を波風から守る防風林の植林、浸食防止、土壌および水の保持、公私有地の植林と森林再生の促進、地域苗木供給とその育成などが目標とされた（表2）。

この五年事業の主要目的は、人口集中区域から最も容易に

表2　直接的再緑化指針

支出の目的	達成計画（会計年度）エーカー					合計	1アールごとのドル費用
	1951	1952	1953	1954	1955		
むき出しになった森林地の植林	2000	3100	3100	3100	1550	12850	14.4
農産物と居住地の保護防風林	80	125	125	125	75	530	18.9
風と塩害から農産物を守るための防波林	390	625	625	625	310	2575	29.4
土壌と水を保持するための森林の回復	110	170	170	170	90	710	20.2
公有林の回復	255	400	400	400	200	1655	8.6
竹林の造成	10	16	16	16	8	66	79.7
公有林の自然回復の改善	1690	2600	2600	2600	1610	11100	4.2
苗園事業（村営苗園）	12	25	25	25	25	N/A	N/A

（F&NRD 1950: 26）

アクセスできる陸地の緑化に効果を及ぼすことであったが、陸地は戦争準備のため一〇年以上も過剰伐採されていた。また戦災がそれに加わり、沖縄本島南部などに決定的な林産物不足をもたらし、陸地の状態は農産物生産性のみならず、台風などの自然災害の影響の甚大さから米軍自身の安全確保にも影響を与えていた（F & NRD 1950: 24）。

二つめのインフラ整備を主軸とした「間接的再緑化指針」においては、植林事業の経済的効率性と永続性を保証することが目標とされた（表3）。そのためには第一に、歩道、そり道、トラック道、車道の建設を通して未開発の保護指定地に接続可能な林道建設を行い、第二に私企業による施工が不可

＊4　一九四二〜五二年。五二年に発展的に解消され沖縄教職員会に改組される。社団法人沖縄教職員共済会の設立、教育学者を本土から招聘して〈新教育〉講習会の開催、文教図書㈱の設立、緑の学園運動などを行う（沖縄タイムス出版社 1983a: 445）。

＊5　天然資源局林務課は部長以下のほとんどが林業教育を受けた専門技術者により構成されていた（竹前・中村監修 1999: 7）。

＊6　一九五〇年一一月一日公布の米軍政府指令第一四号「日本国有林財産」に基づき、琉球林野庁は国有林管理行政の責任主体となる（琉球林業協会 1984: 26）。一九五〇年に沖縄本島において緑化事業の結果として集められたモクマオウの苗木は、五万本にも及んだ（F & NRD 1950: 21）。さらに林野庁の林政に関わる人材育成のために、米軍政府は同年九月に森林管理官養成学校を設立した。

表3　間接的再緑化指針（道路単位は1マイル、森林単位は1アール）

支出目的	達成計画（会計年度）					合計	ユニット費用
	1951	1952	1953	1954	1955		
歩道建設	12.5	19.5	19.5	19.5	10	81	167
そり道建設	6	10	10	10	5	41	335
トラック道建設	10	15.5	15.5	15.5	8	64.5	2675
車道建設（18インチゲージ・炭力用）	N/A	3	5	5	2	15	3960
悪林の改善のための伐採	1675	2600	2600	2600	1500	10975	6
回復のために徹底的な技術的監督を必要とする公有林の伐採に関する改善	250	390	390	390	200	1620	116.5

（F&NRD 1950: 27）

能な地域において、悪林の改善伐採や、改善を有する公有林伐採の監督など、政府資金を用いた森林改善を目的とした伐採が計画された。（F & NRD 1950: 24）。

1・3　軍政主導の愛林週間の実施

戦後直後から展開されていた民間主導の愛林週間は、軍政にも注目されることになる。一九五〇年一一月に、ロバート・B・マクロアー軍政府少将は「琉球列島の住民に告げる」と題した特別布告第四二号を発令した。布告では「造林及び殖林計画を樹立して、琉球の林業の復興を助け、且つ、以前のように琉球列島を美しい島にする方法を講ずることが望ましい」と述べられ、これをもって愛林週間が制定され（毎年二月一八日〜二五日）、一般住民や各学校の全校生徒を動員し「植樹、愛林に関する知識の普及および宣伝を掌《つかさど》る指導班を編制」することが定められた（同上）。愛林週間は一九五一年から一九五四年にかけて実施され、五一五万本の植樹を行った。[*7]当時の林業従事者の同人誌であった『あおば』[*8]には「特別布告により愛林週間が設定されるや各種愛林行事と共に『愛林週間記念切手』の発効発売や単飛行機による『愛林ビラ』の散布やらで、琉球住民の造林思想のかん養、愛林思想の昂揚に大いに力こぶを入れてもらった」（青葉会 1956b: 22）と肯定的に記されている。

1-4　琉球政府の発足と林野行政の統一　一九五二年

一九五一年「琉球森林法」制定に伴い、造林事業やその他の林政事業などが本格的に開始され、管理職員の日本本土での技術訓練計画が開始された[*9]（中須賀編 1995: 117）。同年、米国農務省林野部所属でカリフォルニア州木材管理課主任であったベネット・O・ヒューズが来沖した。ヒューズの目的は、戦前の軍事目的の過剰伐採や、戦中戦後に濫伐が進んだ森林を再興するための政策立案であり、「公有および私有林の管理、地域消費と輸出用林産物の持続的収穫の達成、そして安定した林業の拡大」（Hughes 1951: 2）のための勧告作成であった。勧告は(1)すべての森林地域へ適用されるものと、(2)特に国有林に適用されるものに大別された。ヒューズの政策案は、国有林を主軸に置きながら、合理的な林産物生産の強化と法制度による違法伐採規制を推進し、これらを実行するためのインフラ整備を提唱したのであった。

同年四月、琉球政府成立までの過渡的政府として、三群島民政府が統合され琉球臨時中央政府が発足する。九月八日には、サンフランシスコ平和条約と日米安全保障条約が締結され、翌年三月一三日公布のＵＳＣＡＲ指令第四号「日本国有林財産」に基づき、ＵＳＣＡＲ資源局林務課課長から、臨時政府資源局林務課長へと、旧国有林森林財産管理権限が移譲された。その一方で絶対的管理権はＵＳＣＡＲ財産管理官が有し、林務課は管理権の単なる委任を受けて現場の管理経営に従事したにすぎなかった。四月一日にＵＳＣＡＲの下部組織として琉球政府が発足する。琉球林野庁はこれを機に琉球政府資源部森林局に改組し、行政機構としての経済的自立の責務を担うことになる。

戦後の沖縄森林地域に関する大規模調査は、琉球政府設立後に森林資源を開発し自立的財政基盤を確立する目的で、ＵＳＣＡＲ主導の下に実施された（仲間前掲: 14）。ＵＳＣＡＲは、軍政府のこれまでの業務を、責任を持って担うことができる現地政府＝琉球政府を設立することで、その内政業務に自立性を持たせることを目標とした（USCAR 1953: 1）。調査は米・日・琉の林業専門家を動員して行われ、一九五三年二月「琉

＊7　その後も一九五九年まで展開され、毎年二〇万本の植栽計画に対し一六〇～一八〇万本の実績を残した（公益法人沖縄県緑化推進委員会 2014）。

＊8　『あおば』は、一九五四年に沖縄における唯一の林業団体である日本林学会沖縄支部のあり方に対して、再検討を加えるべきだとする声を上げた若い林業人が、新たに会を組織して、林業関係者の親睦と、技術者としての知性と向上を図る方向へ持っていくことを目的として発足した青葉会（会員一〇〇名程度）の機関誌である。一九五九年の第一〇号まで出版された（青葉会 1958a: 26-27）。

＊9　営林署により行われてきた民有林野の営林指導監督が、林業経営指導員制度の制定により、関係市町村に移管されることになった（青葉会 1956c: 32）。

表 4　1952 年 6 月の土地利用調査

土地類型	全琉球	沖縄群島	奄美群島	宮古群島	八重山群島
総計（エーカー）	844341	348411	391709	54115	140106
耕作地合計	150959	70250	47309	22730	10670
未耕作の耕作可能地合計	123363	59028	25404	15824	23107
森林合計	495794	176133	207996	10386	101279
その他の利用合計	74225	43000	21000	5175	5050
軍隊	9495	9030	N/A	465	N/A
居住	16366	9030	4870	1810	656
道路	6096	2580	1000	2020	496
岩、砂、水	42268	22360	15130	880	3898

（USCAR 1953: 2 に基づき一部改変）

球列島森林現況特別報告第二巻」[*10]として編纂された。調査では航空写真を用いた森林実態調査という新たな近代的計測技術が導入され、[*11]写真と現地調査に基づいた森林分布と蓄積量の計測が行われた（青葉会 1956b: 26）（表4）。全琉球の土地利用面積八四万四三四一エーカー（三四一六㎢）のうち、約五九％が森林地域であり、耕作地約一八％を遥かに上回っていた。沖縄群島では約五一％が森林地域であり、耕作地は約二一％を占めていた。とりわけ八重山群島においては約七二％が森林に区分されており、その多くは西表島に蓄積されていた。

林産業従事者は男女で構成され、小学生以上がこれを担っていた。非正規雇用労働者の多くは農民であり、林産物収穫は副収入のための重要な生業の一つであった（青葉会前掲：26）。植生は主にイタジイや琉球松であり、防風林としてモクマオウ、ガジュマル、フクギ、デイゴ、テリハボク、アコウが植えられた。製材用にはスギ、ヒノキ、そしてイヌマキが植樹されていたが、頻繁な暴風や痩せた土壌のために、短く形状が良くなかった（Ibid: 7-8）。木材は、基本的に家庭での暖房や炊事用あるいは産業用燃料と見なされ、直径が小さく短い木材が束ねられて用いられた。家庭用燃料材は村々の女たちが山に入って採集し、薪炭は炊事に適していたが、比較的高コストのため限定的にしか使用されていなかった（Ibid: 23）。林材のなかでも堅材は、住居建築、建設工事、漁船建築、電線や電話線の渡しとして使用された。また一九四ヶ所の小規模製材所の大半は短い薄板を製造しており、家屋用壁材や砂糖樽、また産業用に使われていた（Ibid.）。当時の林業は上記のように、組織化されることなく、職業として定着したとはいえる水準でもなかったのである。

戦後琉球列島では、戦前約一二万戸以上もあったが戦争でほとんど破壊しつくされた住宅をいかに復旧し、復興用資材をどのように調達するのかが、衣食の問題と併せて軍政の重要課題となっていた（沖縄県農林水産行政史編集委員会 1989: 150）。建築資材は、米材、ソ連材、日本材、フィリピン材などの輸入材が、占領米軍の払い下げ物資、およびガリオア資金による援助物資の形で米軍ルートを経由して供給され、その不足分を国頭材、西表材などの島産材で埋め合わせていた。しかし一九五一年の民間貿易の再開以降、木材需要は輸入への依存度を高めていき、琉球列島内部の木材需要の多くは、輸入材によりまかなわれていくことになる。これにより産業基盤としての森林の重要性が低下していく。

2　琉球政府による日本林業専門家招聘と林政の「失敗」をめぐる言説――一九五六年以降

2-1　日本政府による対琉球政府行政支援

一九五二年の琉球政府への林政移管以降、森林地域をめぐる統治言説は影を潜めていくが、これが再浮上したのが「島ぐるみ闘争」の展開以降である。一九五五年七月、国頭・東・久志・金武・宜野座・名護の北部地区六町村長がUSCARに召集され、住民生活の基礎となる山林の約半分から三分の一の面積が海兵隊演習場として大幅接収されることが告げられる（琉球新報 1955）。一九五五年にメルヴィン・プライス率いる米下院軍事委員会・特別分科委員会による調査団が、米軍基地駐留の妥当性調査のために来沖し、翌年調査団の調査結果が米下院軍事委員会で報告されるやいなや、土地接収に反対する島ぐるみの土地闘争に発展していく（沖縄県基地対策室編 2003: 3）。琉球政府をはじめ労組や政治政党などを中心に「土地を守る四原則」が掲げられ、接収計画への反対運動が行われた。琉球政府の報告では、とりわけ海兵隊基地建設により被害を受けると予想される地域（国頭村と東村）の経済的な損失について記された（仲間前掲: 234-5, Government of the Ryukyu Islands 1955: 27-41）。土地闘争のインパクトは、日本政府による

＊10　一部日本語訳は中須賀編（1995: 63-186）に収録されている。

＊11　調査における森林枯渇量の推計は、「近年米国農務省森林局により適用されたサンプリングシステムにより、統計的にコントロールされている」ため技術的には信頼できるが、他方で枯渇量自体は、現地の村地域の個々人に依拠した伝統的な報告システムにより収集されているため、その限りでは完全には信頼できないと記されている（USCAR 1953: 23）。

米軍政への介入をもたらした。闘争は米軍占領下にあった沖縄の諸問題が、「戦後初めて本土にもちこまれたという意味でも画期」（小野 2010: 318）となり、それまで「日米首脳および外務省を中心とした外交交渉に限定されていた沖縄問題をめぐる政治過程が拡大し、野党を含む政党および外務省以外の諸官庁が参与」（同上：319）を開始する。また一九五〇年代以降は、琉球列島に対する予算規模が縮小していた米軍政に代わり、日本政府予算が逐次導入されていった（池宮城 2006）。北部森林地域に関しても、琉球政府の要請により、日本政府官僚や専門家が沖縄を政策および研究対象として規定し始める。

2－2 日本林業専門家による琉球林政の批判

一九五七年、林政の現況診断のために日本本土の専門技術者招聘が琉球政府により行われた。一一月には、造林学の権威であった東京大学名誉教授の中村賢太郎が来島した。中村は、琉球には「天然林がない宮古島には人工造林地があるが、沖縄本島には造林らしいものはほとんど見当たらない。沖縄には森林もないが林業も行われていない、といわれることは、むしろ当然であろう。戦災復興特別臨時造林のような企画は全然取り上げられていない」と述べ、また「いずれにせよ防潮林の完成も、無立木地の造林も、現在のような規模では五〇年以上かかるであろう」（沖縄県 1972: 86）と主張し、琉球政府に対し批判的な意見具申と勧告を行った。これは地元新聞紙にも大々的に報道され、多くの人々の知るところとなった。[*12] この頃、若手の林業従事者たちが林政の行き詰まりに問題を抱えつつも、それを乗り越えようと模索していたことが、かれらの同人誌である『あおば』に記されている。しかし『あおば』の寄稿においても中村は「森林が荒廃しているのに造林面積が少なく、海岸線が長いのに防潮林が整備されていないなど、緑化がたちおくれていることが遺憾であるが、これは林業政策に欠陥があるためではないか」（青葉会 1957: 6-7）と畳みかける。他方で「必ずしも熱意が足りないわけではなく、これを実行に移す推進力が不足している」と述べつつ、琉球における緑化推進委員会の設立、青少年への緑化思想の伝達の必要性を述べ、沖縄では荒廃が甚だしいゆえに「すべての住民が協力して緑化に全力を注ぐことが重要」（同上：7）であると提言する。

同時期に琉球大学が招聘した島田錦蔵東大教授は、戦争による破壊が莫大な復興資材を必要とするに至った過程を踏まえつつ、「復興資材の大部分はガリオア資金による輸入外材をもって充当」（青葉会 1958b: 18）されたことを指摘する。その後の建築用材はもっぱら日本材が用いられており、「木材に関する限り、将来とも日本依存でならなければならないことが予想される」と述べる。また、用材よりもむしろ「薪炭材が一般の生産品」であり、「沖縄本島の北部の農民は、その零細規模の営農では生活が成り立たないので、大部分は薪の生産に従事」（同前：18-19）していたことを指摘した。加えて、ブロック建築と石油コンロの急速な普及が林産物需要減少の経済的原因となっており、琉球林業には楽観的ではない見通しが述べられた（同前）。

2-3 琉球林業人の回顧と反省

これら専門家の見解に対して、現地林業人はどのように反応したのだろうか。当時経済局林務課に勤務していた比屋根良一は、琉球における造林事業の本格的実施は、「沖縄民政府から琉球農林省が設置され、林野庁が発足した一九五〇年頃から」（同前：22）であったと回顧する。臨時中央政府発足に伴う資源局の設置、琉球政府創立と経済局林務課の設置という改組のなかで、本当にまとまった仕事をしたのは一九五六年度からであり、とりわけ民有林野の造林が立ち後れたことを比屋根は述べる。また、北部営林署に勤めていた宮城眞栄は、中村の批判を正面から受け止めながらも「林業のもつ、公共性と経済性の両面を巧に調和しつつ、長期に亘り経営しなければならないことを考慮しながら、原始産業から栽培産業に進展し、而も産業発展に寄与し、住民の福祉増進に直結しようとする努力過程にある現段階において、林政の確立は誠に困難な課題である」（青葉会 1958：9-10）と反省する。宮城の林政失敗への確信は、沖縄林政の科学的客観性と行政力の欠如に原因を見出すことで「真理」となる。

吾々は、確かに努力してきた。然しどういう結果になったか、その科学的データを見出しこれを基調として、積み重ね、前進する努力が足りなかったようだ。最も根本的なことは、森林法は作ったが運用されていないことであろう。戦争の罪だといえばそうも云えるが、最早十年も経過している今日、盗伐の横行、火災の頻発の現状は造林意識を著しく阻害している。更に造林を促進する裏付けや、伐採の規正の具体的方策が打ち出されていない。（同前：13-14）

科学性の欠如に林政失敗の原因を見出す宮城の反省は、「豊富な知識と洗練された技術」および「琉球の林業人の資質の向上」（同前：14）の必要性へと接続される。この文脈において、「戦争の落とし子が、一日も早く一人前になるように、あらゆる手を通じて慈愛の手を差し延べて下さい」（同前）という日本政府へのパターナルな庇護の欲望が述べられ、琉球林政

＊12　これを受け、琉球政府経済局長は同局林務課に対し、対処策について具体的検討を命じた。その結果一九五八年九月「保安林整備臨時措置法」および一一月「造林臨時促進法」が制定、公布された。

の失敗が、日本政府への希望に接続されつつ解釈される。このようにして、米軍林政の失敗を受け継いだ琉球林政は、日本政府林政を媒介とすることで、新たな自己の主体化＝従属化を見出すのであった。

3　建設省と農水省官僚の北部森林地域（山地）開発計画の論理——一九五八年

3-1　建設省の北部開発計画

同時期、パイン・ブームなどの影響で、沖縄本島北部の森林地域（山地）開発が重要な課題としてクローズアップされるようになる。そのため、開発計画の予備調査が日本本土の専門家を招いて実施された（仲間前掲：14）。一九五八年、琉球政府の要請により日本政府建設省から二名、農水省から一名の技術者が、北部開発計画について助言するために来沖し、林業人と現地交流を持ちつつその後報告書をまとめた。

建設省の柿徳市・西川喬の報告書は、「総合開発」という視点から開発構想が練られている。柿と西川は、琉球における人口増加に伴う右肩上がりの開発構想のなかに北部開発計画を位置づけている。また西川は「総合開発」を「未開地における後進性の除去によってその地域の民度の向上を図ろうとするもの」（青葉会 1958b：55）と定義する。

かかる総合開発的見地より見ても局地的な山地のみの開発計画はありえなく最も総合的かつ効果的な開発計画を策定するには、その関連する地域全般の経済的、社会的構造の分析をまって始めて可能であるといえるもので、全琉球もしくは沖縄群島の現在の規模を考えるならば、あえて沖縄北部地域或いは、沖縄本島に限定することなく、全琉球の総合開発計画を追求することが最も妥当であると言えよう。（柿・西川 1958：1）

報告書では北部一七市町村が「自然的地形、現状の性格等」（同前：55）から以下のように区分されている。

(1)未開発後進地域としての国頭半島——国頭村、大宜味村、東村
(2)名護を中心とする北部中央地域——名護町、屋部町、羽地村、久志村
(3)比較的開発の進んでいる本部半島——本部町、上本部町、今帰仁村
(4)中部の影響を受ける南部地域——恩納村、宜野座村、金武村
(5)離島——伊平屋村、伊是名村、伊江村（同前）

この区分において、北部森林地域に位置する国頭村、大宜味

村、東村は「未開発後進地域」として位置づけられる。なぜなら「人口密度は沖縄本島中一番希薄」で「森林資源、水資源が豊富」であり、また「調査の進展によって或いは地下資源も発見されるかもしれない」(同前)場所として認識されたからである。柿・西川の計画には、後の六〇年代後半に実行に移される本格的なダム建設計画の必要性についても言及される(同前：42)。とりわけ東海岸森林地域は「開発が遅れ、未利用の土地がその高度利用を待っており、東海岸一帯への新規入植による農耕地の拡大、中央部山地の造林による森林資源の増産、これに伴う地域全般の level-up による西海岸の向上などがこの地域の開発の命題となるだろう」(同前：55)と指摘した。この地域にはしかしながら、広大な面積を誇る海兵隊北部訓練場が設立(一九五七年)されたばかりであり、開発計画と基地立地の矛盾が既に内在していた。

3-2 農林省の開発計画と林業人への訴え

他方、農林省から派遣された小幡は主に、北部地域の自然・社会環境、山地開発の理念と計画基準、農家と生産物の実態などについて調査した。*13 計画の理論的骨子は、資本主義経営における政府、企業、個人という三つの主体を規定し(同前：38)、企業の利潤最大化および効用の極大の追求を目指す、個人の権利を侵害しない政府の立場を基礎とする。これに基づく経済開発は、国民の厚生福祉を向上させ、毎年継続し「上層階級にうすく下層階級に厚いものである」(同前：39)べきだと定義づけられる。

小幡の分析では、北部地区の人口は中南部へ移動し減少傾向にあり、加えて軍用地接収により耕地面積は戦前の七割水準になっており(同前：26)、農家経営耕地面積の零細化が際だっていた。小幡はまた、農家の経済階級別に部分的なアンケート調査も行った。分析では北部の林業は自家林業というよりも、林業による被傭、あるいは公有林や国有林の立木払い下げによる薪生産などからの所得が多いものと推測される(同前：43)。これは「農家経営の零細化が目立ち、ほとんどすべての農家が農業だけでは生活ができず、林業やその他からの所得に可なりの比重で依存しなければならない」(同前)現実があったからであった。

小幡は、木材需要の急速な伸張が世界各国に共通した現象であり、各国はそれぞれ対策を講じているが、沖縄の森林は

*13 小幡は、事前に琉球政府が開発計画の原案を作成していると考えて現地入りしたが、実際は「予想に相違し琉球政府には未だ原案がなくただ関係町村において開墾見込ヶ所その他若干の計画案があるのみ」(小幡 1958: 5)であり、統計関係資料の値も様々であったことを「極めて遺憾」(青葉会 1958b: 50)としている。よって実際に聴き取りなどを行い、欠損値を補完する必要があり、報告資料はその完成度としては「抽象的総括的」(小幡前掲：5)にならざるを得なかったと留保している。

「自然のままに放置」されており、「少なくとも林業という言葉を吐くからには、収益性や生産性が問題」にされなければならないが、「沖縄の林業の生産性は〇といっても過言ではないでしょう」（青葉会 1958b: 53）と痛烈に批判する。沖縄北部の八〇%は森林であるのに「広大な山林が生産性〇のままに放置され、国民福祉に寄与されないような状態下にあるということは真に遺憾」であり、解決のためには「従来の惰性から脱却し、住民経済の発展及び社会福祉の向上に寄与する方向へ政策を積極的に転換」（同前：54）することが必要だと主張する。

3-3　建設省と農林省の計画理念の共通点と相違

　農林省と建設省の北部森林地域（山地）開発計画には、①戦後日本政府の中央官庁の近代化論に裏打ちされた資本主義的開発主義が色濃く表れており、同時に福祉国家的自由主義の影響も受けていること、②右肩上がりの楽観的な近代化成長路線とパターナルな官僚主義、が挙げられる。他方で相違点は、①小幡（農林省）の計画は林政を中心としたケインズ主義的国家経営の視点が濃厚であること、②柿・西川（建設省）の総合計画が、社会関係の総合的近代化による底上げを強調しているのに対して、小幡は近代化による底上げが、再分配の増加をもたらし、階級的格差を縮小するという視座を強調している点である。これら行政官僚の北部開発計画は、琉球政府林政の非科学性を批判し、また米軍林政の失敗を琉球政府林政の失敗と位置づけるなかで、琉球政府との主従関係を作り出し、同時に米軍政の行政的責任を後景化する働きを担った。

　他方、資本主義的開発主義の対象であった林業は、結果として琉球には定着しなかった。一九六一年の統計では、琉球列島における人工造林の割合は全体の五%に過ぎず、これでは木材需要に堪えきれないとの観点から、天然林伐採地や生産性の低い天然林を人工林に転換し、針葉樹（琉球松）に置き換える方針が計画された。目標は人工造林を三七%（四万五五〇〇ha）まで引き上げるとの計画であった。琉球政府による一九六二年からの一〇ヶ年計画では、最小限度の造林面積が官有林五〇〇〇ha、民有林二万二四〇〇haの計二万七四〇〇haとされた。これにより輸入材への依存による一般用材の経済的損失を、日本本土へ輸出することで相殺することが可能だからである（琉球政府経済局林務課 1963: 40）。しかしながら、一九五三年から一九七一年までの木材供給量は、一貫して輸入材主導であったことが分かる（図表1）。

　また、六〇年代以降のヴェトナム特需は、木材輸入の加速化に大きく影響した（琉球林業協会前掲：51）。五〇年代は杉材が主流であり、六二年からは南洋材が主流になる。島産材も六二年から増加傾向にあるが、その後五万立方メートル水準を増減した。また北部演習場内の官有林野では、指令第二号に

図表１　木材供給量の推移：輸入材（杉材・南洋材）と島産材 1953-71年

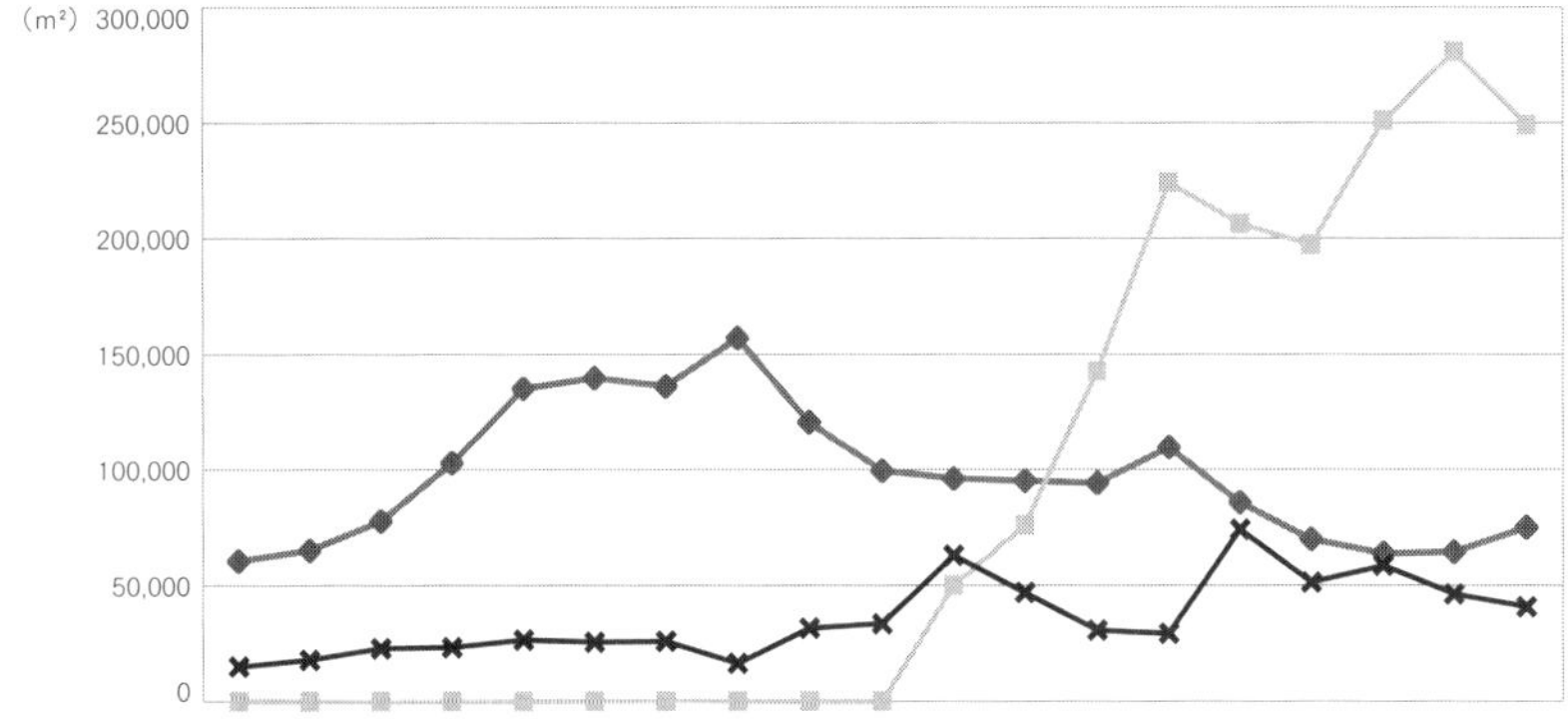

年	1953	1954	1955	1956	1957	1958	1959	1960	1961	1962	1963	1964	1965	1966	1967	1968	1969	1970	1971
杉材（製品材）	60,574	65,137	77,747	102,773	135,155	139,820	136,262	156,947	120,572	99,439	96,099	95,044	94,153	109,604	85,704	69,852	63,691	64,356	74,965
南洋材（丸太）	0	0	0	0	0	0	0	0	0	0	50,000	76,000	142,802	223,906	206,322	197,196	251,122	280,775	249,164
島産材	15,032	17,922	22,863	23,226	26,488	25,568	25,840	16,370	31,489	33,475	62,908	46,804	30,543	29,240	74,089	51,277	58,480	46,202	40,695

（琉球林業協会1984: 54を基に一部改変）

より軍用地内の営林事業は承認事項となっており、立入禁止等種々の制約を受けたため、現地住民の森林地の高度利用化は著しく阻害された（篠原前掲：573）。他方で、日本政府援助により大学の専門職者や官庁職員などが琉球に林政指導にたびたび訪れ、また琉球の林業人が日本本土で研修交流を行うようになり、林政の日本政府との一体化が進んでいくことになった（琉球政府農林局林務課 1967）。

結論　北部森林地域の林政と米軍施政権の批判的考察のために

本論は、戦後沖縄における占領者であった米軍政府とUSCAR、そして琉球政府（と日本政府官僚および林業専門家）が、北部森林地域をいかなる統治実践により対象化したのかを、林政を中心に考察した。

第一に、米軍政は戦後、北部森林地域統治をめぐり、軍事力を背景としながら森林地域を管理するためのパターナルな知を生産し、記録、数値化、比較する実践を、統計的技術を用いながら行った。これは中央集権的な林政を形成するという目標に沿って実践され、また草の根の愛林週間運動も軍政により公式な地位を与えられ展開した。第二に、占領下林政の過程において、米軍政の下部に設立された琉球政府に行政権限を委譲するかたちで林政が展開した。これは米軍政による現地政府への行政的自由の委譲であったが、それにより米軍政林政の事実上の失敗責任を、琉球政府の林政当事者に移行させることを可能にした。行政的自由と責任の移譲は、島ぐるみ闘争以後に沖縄統治に協力的に介入することになった日本政府官僚および専門家によって、琉球政府林政が後進的林政であり、失敗だったという言明により完成する。この後進性が、その後の北部森林地域開発計画が乗り越えていかなければならない対象となる。後進性の原因を非科学性として琉球政府の林業従事者が解釈すること、つまり「真理」として内面化することにより、失敗の原因であった非科学性と予算不足の双方を乗り越えることが可能な、日本政府行政への同一化という欲望が林政において登場するのである。第三に、日本政府が潜在主権の下で、島ぐるみ闘争をきっかけとして北部森林地域統治に行政レベルで介入していたことが明らかとなった。とりわけ日本政府の行政的介入は、日米の主権権力による単線的な米軍占領→日本復帰という認識を、統治性の視点から批判的に再考することで明確になる。ここから明らかになるのは、「復帰」まで解消されなかった国籍をめぐる米軍の人口統治編成過程と比較すると、林政においては、五〇年代後半より行政的「日本復帰」がいち早く開始されたという点である。この点は本論では限定的にしか展開できなかったが[*14]、軍事占領の主権権力と統治権力は互いに重なりつつも異なる実践であることを示しており、この地点から「復帰」がいかなる出来事であったのかが、今後様々な形で批判的に問われなければならない。このように沖縄本島北部森林地域は、開発にせよ、資源管理にせよ、自らの管理対象として、しかも軍事基地用地としての用途と切り分けることで併存させて統治する、そのような植民地的林政が、米軍政と日本政府の奇妙な共存下で進行したのであった。

*14　今後の課題として、琉球政府が一九六〇年から発効し、復帰後も継続する林政機関誌『みどり』の分析が挙げられよう。

参考文献

青葉会（1956a）『あおば』第一号
――（1956b）『あおば』第二号
――（1956c）『あおば』第三号
――（1957）『あおば』第六号
――（1958a）『あおば』第七号
――（1958b）『あおば』第八号
Dean, Mitchell. (2013) *The Signature of Power: Sovereignty and Governmentality and Biopolitics*, London: Sage.
――. (1999) *Governmentality: Power and Rule in Modern Society*, London: Sage.
土井智義（2013）「米国統治期の『琉球列島』における『外国人』（「非琉球人」）管理体制の一側面 ― 1952年7月実施の永住許可措置を中心として」『沖縄県公文書館研究紀要』一五：33-50
――（2012）「米軍占領期における『国民』／『外国人』という主体編成と植民地統治 ― 大東諸島の系譜から」『沖縄文化研究』三八：385-433
Donaldson, H. B. (1948) "Field Trip to Investigate Forest Problems and Forest Resources of the Ryukyu Islands" (0000023396 沖縄県公文書館蔵。以下資料の所蔵はすべて同じ)
Food & Natural Resources Department of the Military Government of the Ryukyus. (1950) "Development of Agriculture and Related Resources Activities by Ryukyuan Military Government" (0000010528).
フーコー，ミシェル（2006）小林康夫・松浦寿輝・石田英敬編『フーコー・コレクション〈6〉生政治・統治』ちくま書房
Government of the Ryukyu Islands. (1955) "GRI Agenda Congressional Field Trips October 26, 1955" (0000098370).
Hughes, Bennett O. (1951) "A Forest Policy For the Ryukyu Islands" (U90003709B).
ハント，アラン，ゲイリー・ウィッカム（2007）久塚純一・永井順子訳『フーコーと法 ― 統治としての法の社会学に向けて』早稲田大学出版部
池宮城秀正（2006）「琉球列島における復帰運動の高揚と日本政府援助」『政経論争』七四（5-6）：1-42
小幡進（1958）『沖縄本島北部地区山地開発計画に関する意見書』琉球政府開拓課
柿徳市・西川喬（1958）『沖縄北部山地開発総合計画に関する報告書』琉球政府開拓課
Kalpagam, Uma. (2000) "Colonial Governmentality and the 'Economy'," *Economy and Society*, 29(3): 418-438.
国土緑化推進委員会（1972）『記録復帰記念植樹祭 ― 沖縄県糸満市摩文仁丘』
公益法人沖縄県緑化推進委員会（2014）「沖縄県緑化推進委員会の沿革」（二〇一四年一二月二二日取得, http: //www.oki-green.or.jp/ryokusui/enkaku.html）
Latour, Bruno. (2005) *Reassembling the Social: An Introduction to Actor-Network-Theory*, Oxford: Oxford University Press.
Miller, Peter and Nikolas Rose. (2008) *Governing the Present: Administering Economic, Social and Personal Life*, Cambridge: Polity Press (Kindle Version).
中島弘二（2000）「15年戦争期の緑化運動 ― 総動員体制下の自然の表象」『北陸史学』四九：1-22
仲間勇栄（2011）『増補改訂沖縄林野制度利用史研究』メディア・エクスプレス
中須賀常雄編（1995）『沖縄林業の変遷』ひるぎ社
沖縄県（1972）『沖縄の林業 ― 復帰記念植樹祭特集号』
沖縄県基地対策室編（2003）『沖縄の米軍基地』
沖縄県農林水産行政史編集委員会（1983）『沖縄県農林水産行政史』第一五巻
――（1989）『沖縄県農林水産行政史』第七巻
沖縄市町村長会（1955）『地方自治七周年記念誌』
沖縄タイムス出版社（1983a）『沖縄大百科事典（上）』沖縄タイムス出版

社
――（1983b）『沖縄大百科事典（下）』沖縄タイムス出版社
小野百合子（2010）「『沖縄軍用地問題』に対する本土側の反響の考察
――日本社会と『沖縄問題』の出会い／出会い損ない」『沖縄文化研究』三六：317-358
林野庁林政課（1974）『戦後沖縄国有林経営の変遷に関する総合的調査研究（1）』
――（1975）『戦後沖縄国有林経営の変遷に関する総合的調査研究（2）』
林野庁監修（1958）『木材貿易――その沿革と現況』林野共済会
琉球林業協会（1972）『沖縄の林業史――復帰植樹祭記念誌』
――（1984）『亜熱帯地域沖縄林業の歩み』
琉球政府経済局林務課（1963）「林業統計に関する書類」（R00059567B）
琉球政府農林局林務課（1967）「林業技術および愛林思想普及宣伝に関する書類（対琉技術援助）」（R00059625B）
琉球新報（1955）一九五五年七月二二日朝刊二面
酒井隆史（2001）『自由論――現在性の系譜学』青土社
Scott, David. (1999) *Refashioning Futures: Criticism After Postcoloniality*, Princeton: Princeton University Press.
渋谷望（2003）『魂の労働――ネオリベラリズムの権力論』青土社
篠原武夫（1977）「戦後沖縄国有林の管理経営に関する研究」『琉球大学農学部学術報告』二四：567-581（二〇一四年九月二四日取得、http://ir.lib.u-ryukyu.ac.jp/handle/123456789/4257）
竹前栄治・中村隆英監修（1996）『ＧＨＱ日本占領史 人口』日本図書センター
――（1999）『ＧＨＱ日本占領史 林業』日本図書センター
竹本太郎（2006）「昭和戦後期・現代における学校林の再編」『東京大学農学部演習林報告』一一六：23-99
U.S. Civil Administration of the Ryukyu Islands. (1953) “Special Bulletin No.2: Forest Situation” (0000000860).

The How Military Government Objectifies Forest Areas:
Ruler's Gaze at the Northern Okinawa under the U.S. Military Occupation 1945-1972

This paper argues how power and knowledge of the occupation ruled the forest areas in northern Okinawa Island as the object of Governmentality. Mobilizing the concept of the Governmentality, I seek to trace the dimension of the power not merely on the sovereign level, but also on the level of the governmentalization. Particularly, I focus on the military reason and practices of the governmentalization in the forest policy on Okinawa Island under the U.S. military occupation from 1945 to 1972. First, I clarify the governmental practices on the forests by politicizing the "nature" of forests through analysis of the forest policy. In particular, I consider how GHQ/SCAP, United States Military Government and United States Civil Administration of the Ryukyus (USCAR) conducted the forest administration from the second half of the 1940s to the first half of the 1950s. Second, I demonstrate how Government of the Ryukyu Islands (GRI) and Japanese Government sought to draw up the development project in the northern forest area, whereas the area turned into the U.S. Marine base (North Training Area) in the late 1950s. Those governmental practices resulted in the existence of the northern forests that is the dominant scenery in the present northern Okinawa Island.

書評

C・L・R・ジェームズ著、本橋哲也訳

『境界を越えて』（月曜社、二〇一五年）

世界史と芸術論を架橋する革命的クリケット文化批評

赤尾光春

クリケットはサッカーに次いで世界で最も競技者人口の多いスポーツと言われる。だが、日本で生まれ育った人のうち、クリケットがどんなスポーツかをきちんと説明できる者はほとんどいないだろう。それどころか、クリケットという競技がそもそも存在することさえ知らない人がいてもおかしくない。かくいう私も、クリケットなるスポーツのことを知ったのは、高二の夏にオーストラリアを訪問した際に、ホームステイ先のホスト・ファミリーが熱心にクリケットのテレビ観戦をしていたのを見たのがきっかけだった。

それから二〇年近くを経て、イギリス生まれの劇作家ハロルド・ピンターが二〇〇八年に亡くなったのを機に彼が大のクリケターであったことを知り、この風変わりな競技に改めて興味を惹かれた。ピンターは生前最後のインタビューで「クリケットは神が地上に創造した最も偉大なもの」とまで言っているが、この偉大な劇作家への追悼も込めて、かつての芝居仲間とともに初期の代表作“The Dumb Waiter”を上演したついでにクリケットの真似事にも手を染めたことで、その奥深さの一端に触れることができた。

そして、クリケットやサッカーのネタが散りばめられたこの作品の上演が機縁となって、やはりクリケットの真似事を何度かご一緒したことのある人物から今回の書評を仰せつかった次第である。

とはいえ、私はこの依頼に即座に辞退を申し出た。クリケットもどきと何度か戯れたことがあったとはいえ、カルチュラル・スタディーズの徒の前でその英雄の後光を汚すようなことはできることなら避けたかったし、そもそもスポーツ文化全般に無理解どころか無関心でさえあった私に、この比類なき「クリケット

本」を論評するなどおこがましいと思われたからだ。実のところ、私もかつては野球少年の端くれではあったのだが、日本のスポーツ文化にありがちなスパルタ式の猛練習や理不尽な精神論といった反知性的な雰囲気にほとほと嫌気がさして、早々とドロップアウトした口である。そのトラウマへの反動もあって、その後はスポーツ全般に背を向ける一方、音楽や文学、ことに演劇に熱中する過程で、私もまた「文化系」と「体育会系」という巷に広まる二分法を当然のごとく受け入れてきた。結局、私の辞退の申し出は依頼主にやすやすと打ち返されてしまったが、一つだけはっきりと言えるのは、C・L・R・ジェームズの『境界を越えて』は、「文化系」であれ、「体育会系」であれ、そのような二分法を鵜呑みにしている者こそ是非とも読まねばならぬ書物だということである。

さて、肝心の本の内容だが、ジェームズは「前書き」で、「この本は、クリケットしか知らない者にクリケットについて何がわかるのかを問うものだ」と述べている。クリケットのイロハさえ知らないであろう大方の読者をのっけから当惑させずにはおかない第一球である。だが、心配はご無用。クリケットの技術論をめぐる記述がいささかとっつきにくいことを差し引いても、この本はべらぼうに面白く、学ぶべきことはたくさんある。というのも、「この本はクリケットに関する思い出話でも自伝でもない」という但し書きにもかかわらず、ほかならぬその「自伝的な枠組み」のおかげで、私たちは語り手のジェームズとともに、クリケットとの出会いとそれに纏《まつ》わる出来事の記憶をいわば追体験しながら、「世界への窓」を一つ一つ開いていく過程を辿ることができるのだから。

幼少期の環境や体験がその後の人生行程を決定づけるといったこと自体は、ありふれた伝記的事実にすぎない。だが、ジェームズの場合ほど、それが顕著に当てはまる例も珍しい。ジェームズが生まれ落ちた生家の目と鼻の先にはレクリエーション・グラウンドがあり、そこでは町の唯一のレクリエーションであったクリケットの練習や試合が頻繁に行われていた。二〇世紀初頭の英領トリニダードに生を受けたこの少年は、グラウンドに面した窓辺の特等席から地元のクリケターたちのプレーを観察してこの競技に習熟する傍ら、その同じ席から母親の蔵書が陳列された書棚に手を伸ばし、西インド諸島きっての「英国風の知識人」へと成長する。かくして、クリケットと英文学に同時に魅了された早熟な少年は、家族や親戚からは英国式のピューリタン気質を受け継ぎ、立身出世の期待を一身に背負って入学した名門パブリック・スクールからは英国紳士としての規律とたしなみを叩きこまれ、大英帝国がこの島にもたらした文化に骨の髄まで一体化したかに見えた。しかし、島の知的エリートになるべく受けた英国式の訓育と被植民者にして「有色人種」であるがゆえに被らざるを得なかった島の現実とのギャップは、少年の心にいつしか反逆の火種を植えつけた。そして、父親がバットとボールを買い与えた瞬間に始まったジェームズの世界に対する反逆は、トリニダードのクリケット場の境界《バウンダリー》を大きく飛び越え、その戦線を世界全体へと拡大していくことになる（1〜3章）。

ジェームズが、国際的な労働者運動におけるトロツキー派の主要な論客の一人としてのみならず、パン・アフリカ運動の「影の立役者」として、文字通り大西洋をまたにかけて縦横無尽な活動を展開したことについては、最近刊行された『ポール・ビュールによる『革命の芸術家』（中井亜佐子・星野真志・吉田裕訳、こぶし書房）に詳しい。だが、クリケットが彼の人生で占めていた重要性について、この政治的評伝からは間接的なことしかわからない。「自分で気が付くよりもずっと以前から、私はクリケットによって政治のなかへと叩きこまれていたのだ。私が実際に政治の世界に入っていったとき、すでにそこに学ぶべきものはそれほど多くなかった」とジェームズ自身も語るように、彼の思想的遍歴と驚くほど多岐にわたる実践活動にとってクリケットが決定的な意味をもっていたことは、『境界を越えて』を読まずには決して理解できないだろう。

では、単なるスポーツであり、レクリエーションの一つに過ぎないクリケットが、ジェームズにとってなぜかくも重要だったのだろうか。ジェームズは、幼少期の最初の「英雄」となるマシュー・ボンドマンという近所のクリケターとの出会いをことに重視する。ジェームズは、この人物から、「クリケターがクリケットをする者にもしない者にもいったいどんな影響を及ぼすか」を学ぶとともに、「個人として見たら取るに足らない人物なのにクリケターとしての彼に人びとが寄せる賛嘆は大きいというこの落差」に強く印象づけられたという。そして、「クリケット以外には何をしてもだめ」という伯母の「判決」に幼心に反発した少年は、長じて、「クリケットができるという才能が、マシューの忌まわしい生活を何らかの意味で償っていたということもあるのではないだろうか」と異論を差し挟む。このように、『境界を越えて』が一貫して問題にするのは、西インド諸島の人びとが置かれた疎外状況とクリケットを通じて回復される人間的輝きとの「落差」であり、これこそがジェームズの思考の出発点にして終着点だったのである。

あらゆる植民地と同様、西インド諸島の人びとの疎外状況も、その人種主義的な側面に顕著に見られたことは言うまでもない。ジェームズの眼差しはしかし、その顕在化した側面以上に、潜在化した側面に向けられる。たとえば、第一次世界大戦の最中、「世界を見たいという思い」から英国軍への「商業徴募」の審査を受けた際に、黒人であるという理由で乱暴に追い返されたというエピソードに触れながらも、彼は「大して驚きもしなかった」ばかりか、「傷つきさえしなかった」と振り返る。それに対して、ジェームズが人種と階級の壁を鋭く意識した経験として回想するのは、先に卒業した親友の白人生徒を見送る際に、二人の間に突然できた微妙な心理的溝だった。

　いずれにしても、社会生活において「自分の黒い肌で思い悩むことはなかったし、友人はどこにでもいた」ジェームズにとって、人種の問題が無視できない現実として立ち現れたのは、何よりもクリケットを通してであった（4章および5章）。当時、島のクリケット・クラブはみな、階級や肌の色の違いという原則に基づいて組織されていた。にもかかわらず、下層中産階級出身の黒い肌のジェームズは、信頼を寄せていた人物の助言も手伝って、黒人の下層中産階級で構成されたシャノンではなく、学友の多くが在籍していた肌の色が褐色の中産階級から成るメープルに加入した。そして、これによって、『栄達のしるしとして自分より肌の色の薄い人と付きあい続けることをモットーとする』ところの肌の黒いひとりとなった」ことが、「個人の受難」の始まりとなったとジェームズは振り返る。彼は、この決断が「自らの政治意識の発達を何年も送らせる結果」を招いたと述べているが、むしろそうした大いなる矛盾と葛藤を一身に引き受けた経験こそが、人種や階級といった問題の本質を見抜く洞察力を養い、後の政治的ラディカリズムや息の長い社会的影響力につながったとも言えるのではないか。

　このように、ジェームズは、「島に存在する根本的な分断」に直面し、英国の伝統と西インド諸島の現実との間で引き裂かれることになった苦い経験を、もっぱらクリケットとの関係を通じて詳述するのだが、他方で、「西インド諸島のクリケットにとって人種や出身、階級の衝突は障害となるどころか大きな刺激になった」と固く信じて、「通常のはけ口が得られなかった社会や政治をめぐる情熱」を代弁する媒介としてクリケットが果たした歴史的役割の再評価に着手する。この「いまだ記録されていない歴史」は、偉大な速球投手ジョージ・ジョン、打撃の魔術師ウィントン・セントヒル、オールラウンダーの貴公子レアリー・コンスタンティンを筆頭に、ジェームズが自らも対戦したことのある西インド諸島出身のクリケターたちの英雄列伝（6〜11章）であり、出自や階級などによる社会的制約にもかかわらず輝かしい功績を残した彼らの活躍は、西インド諸島人が政治的に自主独立していく過程とも重なり合う。

　これに続く数章（12〜15章）では、一転して英国本国におけるクリケットの組織的競技としての発展の歴史が辿られるが、ここで『ブラック・ジャコバン』（青木芳夫監訳、大村書店）の著者ならではの独創的な歴史的構想力が遺憾なく発揮される。クリケットをはじめ、サッカー、テニス、ゴルフ、野球といった競技が本格的に組織化され、大衆的人気を誇るスポーツとなった時期は、一八六〇年代から七〇年代にかけての一〇年あまりに集中しているが、ジェームズは、ちょうど同じ時期に、英国におけるディズレーリによる選挙法改正案の可決（一八六七年）、アメリカにおける奴隷制度の撤廃と近代的な労働組合の結成（一八六五年）、ヨーロッパにおける第一共産主義インターナショナルの創設（一八六四年）といった人民主体の社会運動が勃興したことを指摘しつつ、西欧近代史においてスポーツとデモクラシーとが深い次元で連動し合っていたことを示唆する（このリストには、アレクサンドル二世による農奴解放令（一八六一年）とそれに続く一八七〇年代におけるナロードニキ運動の勃興を加えられるかもしれない。ただし、それに見合ったスポーツの組織化という現象はロシアには見られなかったが）。

それどころか、ジェームズは、古代ギリシャにおける競技と演劇（とりわけ悲劇）の発展と民主政治の発達との関係を、こうした問題を理解するための不可欠な参照軸として提示してさえいる。なるほど、ジェームズは、古代ギリシャにおける民主政治は、貴族とブルジョア階級の特権であった競技に代わって現れた悲劇への熱狂とともに興隆したとして、単純な比較を戒めてはいる。とはいえ、シェイクスピアに代表される演劇的伝統が十分に発達していた英国において、トマス・アーノルドによるピューリタン的伝統に根ざした教育システムの刷新が「クリケットの聖書」（トマス・ヒューズの『トム・ブラウンの学校生活』）に接ぎ木されて整った聖なるグラウンドで「卓越したヴィクトリア朝人」W・G・グレースがクリケットの歴史を根底から塗り替えた道筋は、近代オリンピックの創始者クーベルタンによる英国訪問のエピソードとも相まって、古代ギリシャに特有の競技文化のルネサンスとして再考するにふさわしい主題である。

そして、この異色のクリケット評伝のなかでも異色中の異色ともいえるのが、「芸術とは何か?」と題された16章である。ジェームズはここで、クリケットをはじめとする競技全般の問題を、芸術一般の問題と関連づけて論じるのだが、クリケットを芸術の類似物としてではなく、芸術そのものとして扱うべきことを声高に主張するのである（「クリケットは競技なのだから、他の競技と比較しなくてはならないし、芸術なのだから、他の芸術と比較すべきなのである」）。

なるほど、ジェームズ自身も述べているように、クリケットに代表される競技を「劇的なスペクタクル」とみなして、とりわけその劇的な構成や効果という点で、演劇、バレエ、オペラ、ダンスなどと比較して論じるべきだという主張ならば、大方の理解は得られるだろう。しかしジェームズがそのような表層的な比較に甘んじることはない。そうではなく、「今日の最大の呪いとも言える人間の営みの分断」としての「カテゴリー分けと専門化」を批判し、競技と芸術を単に類推として語るような「隠喩の神秘性」を彼はきっぱりと拒絶するのだ。その上で彼は、イタリア・ルネサンス絵画の研究者であるバーナード・ベレンソンによる美学的議論を導入しながら、「視覚芸術としてのクリケット」について大いに語る。すなわち、「真に芸術的であるとは」、「見る者に向けて生命を与え、生命を高める」ことのできる「意味作用する形式」のはたらきにほかならず、それは「表象される対象には拘束されない」ばかりか、それが「誘発する鑑賞者の身体的プロセスとは、どんなに正確でも文字通りの表象よりもはるかに大きな客観的現実感覚を鑑賞者に与えるようなプロセス」であり、この点でクリケットには「純粋に芸術的な要素」があるのだと。

こうしたジェームズのラディカルな芸術論には、美学的な観点からの異論も当然あり得るだろうが、彼の議論を煎じ詰めれば、クリケットをはじめとする競技と芸術の違いとは、結局、芸術家が「作品」を通じて鑑賞者の感覚に働きかけるのに対して、競技者たちは無数の運動から構成された「ゲーム」を通じて同じことをするという点にすぎない。

ところで、ジェームズが、古代ギリシャ文化をめぐる考察を媒介にしたクリケットの歴史と芸術論を展開するにあたって、一五年あまりにわたるアメリカでの政治活動の経験、とりわけトロツキー主義との決別から始めている点は興味深い。この一五年とは、ジェームズがクリケットと事実上「別居」せざるを得なかった歳月そのものだが（どれほどつらかったことか！）、その間に彼は、歴史、経済、政治をめぐる実践のみではは「カバーし切れていない人間存在の領域」が多く残されているのを「しだいに意識するようになった」という。そして、ジェームズが、「労働者がスポーツによって政治から目をそらされていると言っていた」トロツキーと最終的に袂を分かったのだとすれば、クリケット好きの西インド諸島出身の英国人としてのジェームズと、彼がアメリカで共闘したトロツキーをはじめとする知識人たちとの「芸術観」の落差こそは、スポーツとデモクラシーの結びつきに関する「覚醒」をジェームズに促した最大の要因の一つであったに違いない。この点は、『革命の芸術家』（とくに第４章）にいくらかのヒントが隠されているが、ジェームズが交流した「同志たち」の多くが、一九世紀末から二〇世紀初頭にかけて「新大陸」へと移住したユダヤ系ロシア知識人であったことは興味深い。このことは、トロツキー派をはじめとする国際的な労働運動とパン・アフリカ運動との関係のみならず、ジェームズを「開祖」の一人とするカルチュラル・スタディーズやポスト・コロニアリズム批評における「ユダヤ問題」の長年の不在とともに、両分野におけるユダヤ系知識人の「不在」という問題を、かえって浮き彫りにするように思われる。

C・L・R・ジェームズの『境界を越えて』を読むまで「文化系」の徒を僭称していた私にとっては当然のことだが、競技やスポーツがもつ社会史的意義やその政治性についてこれほど革命的に論じた本にお目にかかったためしがない。そしてそれは、文化としてのスポーツを「馬鹿にし」て、その社会的意義を軽視していた私だけに限った話ではなかろう。というのも、競技やスポーツを「身体性の回復」の契機とみなすにしても、「大衆文化の真髄」として提示するにしても、それがつねに社会的・政治的な抑圧への対抗文化《カウンター・カルチャー》として機能する保証などないどころか、現実の歴史においてはむしろ、組織化されたスポーツが、支配的な政治に奉仕するということがしばしば見受けられてきたのだから。とはいえ、結局のところ、同じことはあらゆる芸術についても言えることなのだから、ジェームズによれば正真正銘の芸術でもあるスポーツの文化をこの点でことさらに責めたてることはできないこともまた、当然のことなのである。この点で、クリケットの没落を「西洋の没落」に模した15章に見られる次の言葉には、大いに励まされる。

> クリケットに絶望する必要はない。クリケットよりももっとずっと大事なもの、もっと多くのものが危機にさらされている。もし社会が再生するときがあるのなら、クリケットも再生するだろう。

P．S．『境界を越えて』の翻訳はたいへん読みやすく、編集部の作成による巻末の付録「クリケットの競技概要」もたいへん参考になる。ただひとつ残念なのは、「てにをは」を中心とする誤記による失点がかなり目立ったことである。

書評

茶園敏美『パンパンとは誰なのか――キャッチという占領期の性暴力とGIとの親密性』（インパクト出版会、二〇一四）

〈闇の女〉に見る社会性、その広がりを描く

小路万紀子

> Jと二人で公園の芝生にねころんでいたが、とうとうやられてしまった。その時の痛さといったらなかった。その時白いスカート（に）血がついていたのでJはびっくりして公園の小川で洗ってくれた。〔…〕服は買ってくれるし、靴は買ってくれるし、いろいろな物をいただいた。ほんとうにあの時分はたのしかった。一生忘れられない人である。（むめ、一八歳）

> 「借金があるから止めるに止められぬ」というのは口実で、収入が多いからと面白いから止めないのです。〔…〕性病の恐ろしいことは知っていますが、性感の方が強い力を持っています。もしキャッチがないならパン助は絶対にやめません。将来の事はって？　そんなこと考えてもしかたないでしょう。（リリー、二三歳）

本書に「パンパン」として登場するおんなたちは、交際相手のGIからの独立を考えているアイ（基地内で彼と同棲）、仕事を続けながらGIと交際する凛、日本人との複雑な関係性（離婚、結婚）を経たすみれ、売られた遊郭をGIと付き合うことで抜け出した鈴、高額の性病治療費と「混血児」を抱えるシングルマザーの松子、婚約したGIから英会話を習い、彼の家族からも手紙や贈り物を受け取っているひめ（彼との肉体関係はなし）、家族を援助するエリカ、結婚資金を稼ぐまり、夫の復員を待つ四児の母のばら、レイプ被害の後家族と暮らせなくなったさくらこ、更生を考えている花、弟に教育を受けさせたい梅子、貯蓄を目標にするまゆなど、性労働――女性にとっては性売買が社会的な労働であり得るという男性社会の認識とは異なる論理において――に従事し、「自らのセク

シュアリティの価値をプロモートする交渉能力を持ち、自身をマネジメントする起業家」（七五頁）のようでもあり、そして、思わず視線を奪われるほどの「綺麗な人」である。

私は、知識人が彼女たちを代弁できるとは思わないのと同様、パンパンであった人がパンパンについて語ることができるとも思わない。彼女たちは皆同じ立場ではなかったうえに、一時的であろうとなかろうと、パンパンをする理由は生計だけに限らない。本書が引用する豊富なナラティブにある話はすべて、聴く者の解釈を要求する現実ばかりであり、彼女たちの経験もまた、すでに解釈である。

パンパン内部に一般化しがたい差異が存在する以上、彼女たちの居場所を名指すことは難しい。それゆえ占領軍と政府、警察、行政による強制検診とそれに伴う強制連行（キャッチ）の暴力は、「GIと売春しているように見える」あらゆるおんなを標的化した。また、キャッチの現場で視姦する野次馬たち、捕らえられたおんなたちを調査する研究員、パンパンを批判する知識人たちは、固定的な実在としての像を一方的に押しつける視線をすり抜けていくような彼女たちに対し、侮蔑的な目線でパンパンと名指すことしかできなかったのである。他方で、美しく着飾った彼女たちを羨ましく思うおんなたちがいたにもかかわらず、無差別なキャッチの暴力は、パンパンとそうでないおんなの分断をもたらしていた。

「パンパン」は、他者化された境界を象徴する言葉——今日ではその意味を知る人も少なくなっているという——だが、彼女たちが他者ならば、主体は誰なのだろうか？　そうした問い以前に、社会は通常、彼女たちを（私たちのように）人生の過程で生成される目的や目標を持つ主体とは見なさない。しかし、パンパンではない女性たちとの差異よりもずっと多くの差異を内包するパンパンを、他者と呼ぶことのできる主体は存在するのだろうか。そもそも異性愛中心の家族制度内の性（母、娘、姉、妻）とパンパンたちの性（街娼）が明確に分離できるものではない以上、「パンパン」という不変で、隔離されたアイデンティティに議論を収斂させるのではない語り方を模索する必要があるのではないか。

パンパンのルポルタージュを執筆した男性の知識人は、おんなたちが被る性暴力を不問にする一方、戦勝国のおとこと交際し、その文化を身につけた彼女らを戦後復興の妨げであると執拗に批判していた。そうした視線は、彼女たちをGIに粗末に扱われている「大切な日本の娘」として被害者化する見方と表裏一体であり、背後で機能しているのは、彼女たちのセクシュアリティを何とか支配することを通じて、男性主体を維持する欲望である。そのため彼が生産するパンパンについての知識は、男性自らを語っているのであって、肝心のおんなたちについては何も語っていない。

同様に、基地で行われる局部検診を女性への人権侵害だと問題化した元医師で女性の国会議員も、パンパンとそうでないおんなを区別し、「勤労精神を吹き込む」べきで「ぐうたら」なパンパン表象を捏造しつつ自らの政治的主張のために利用していた。他方で、米兵がおしゃれでよくモテたこと、米軍関係者の食事や人間関係に接した驚き、女性にかくまわれながら英語塾を開いていた脱走兵のこと、GIの彼とともに過ごした頃の思い出などは、今も公的な記憶に居場所を持たないままである。

　もちろん、おんなたちの経験を個別の文脈から切り離して聴くことはできない。また、いかなる社会においてもジェンダーは、階級、人種、性、アイデンティティ、年齢等、同性同士の差異に基づいて作動するのであり、女性間の差別と抑圧を理解できなければ、男女間のそれも把握できない。著者は、既存の知識と表象を丁寧にほどいていきながら、場面において彼女たち一人一人を取り巻く複雑な関係性や多様な状況に感情ごとコンタクトする一方で、個々の経験を認識する者自身の状況へと還元し、単純化する欲望を注意深く退けている。そのうえで試みられているのは、おんなたちが客観的な歴史としてどう生きたかという問題を明らかにするだけでなく、自ら記述する行為を介したナラティブの追体験である。国家や民族といった大きな物語ではない親密な関係を軸に、占領／被占領、支配／被支配等の対立的認識の枠組みをずらしつつ、付与し、付与された同一性の内部で、互いの身体がどのように傷つけられ、形づくられてきたのかを問う著者の眼差しは、自己と他者との境界にも向けられているのだ。その意味で本書は、問題の解説や被害の救済を訴えるのでも、データの収集結果を羅列するのでもなく、彼女らとの新たな関係性を結び得る言葉を紡ぐ実験である。

　一括りのアイデンティティを軸にする議論では、互いに付与し、付与された同一性の内部で、それぞれの身体がどのように傷つけられ、形成されてきたのかを知ることができない。かわりに著者は、占領期を経験したと思われる年代のおとこたちから、「あいのこ」と間違われるたびに身をこわばらせ、下を向いて歩いた自らの経験をふまえつつ、パンパンに注がれていた眼差しに着目して、彼女らが生きた社会がどういうものであったのかを読み解いていく。彼女らについて書く経験と自身の私的な体験を公的な意味を帯びたものへと転換していく過程とが連動する記述において、問題化されるのは、彼女たち自身ではなく、視線と言葉の（性）暴力を内面化した従来の議論の枠組みである。そして、異性間での親密性に着目する著者の議論の出発点は、彼女らを労働者として見る視点にせよ、家事労働と性労働との境界を問う視点にせよ、パンパンについて語る方法をいまだ見つけていないこと自体に置かれている。おんなたちとの対話に没頭し、通おうとして通えない部分に出会うことから、他者の経験と言葉の意味を再構築する行為に接する以上、資料集を参照するように本書を読むことは避けなければならない。

　ところで、本書が扱う占領期とは主に、

東アジアにおける戦後の国際秩序が形成される前の時期にあたり、死や暴力とは「無関係」に経済発展と国土の再生へと邁進する真空状態のような時空間が、日本の人々の意識において深く内部化する以前のことである。本書の主な舞台である神戸の中心街も、当時は米軍基地と大規模な闇市でにぎわい、市民社会的秩序とは異質のエネルギーが焼け跡に充満していた。

　占領が始まるやいなや、日本政府、警察、業者の手で、米軍専用の慰安施設とそこで働く「慰安婦」の募集が行われたが、戦争の影響等で戦前の接客婦たちが集まらなかった結果、「一般の婦女子」が多数、慰安所の「慰安婦」となる。ところが一九四五年一二月には、GHQからGIに対し、慰安施設への立ち入り禁止命令が発令され、一〇〇〇人を超える「慰安婦」は失業状態に置かれてしまう。以降、神戸市内では、日銭を稼ぐおんなたちが街頭に立ち、「闇の女」と呼ばれるようになった。

　彼女たちは、街角や住まいから突然トラックの荷台に連れ込まれ、警察署や病院に集められて強制的に局部検診を受けさせられる一連の性暴力に昼夜を問わずさらされていた。また繰り返すが、こうした暴力の矛先は、おんなたち自身の自己規定に一切関わりなく、あらゆるおんなへと向けられていた。とりわけ結婚をしようとする者と妊婦たちに性病検診を義務づけた性病予防法（一九四八年公布）は、性病を撒き散らさせないこと以上に、家族制度に食い込む「混血児」を産み得る身体を合法的に管理しようとしていた点で、GHQと日本の国会議員たちの権力のパラノイア的反応であるといえよう。一方、後に制定された地方条例では、地域によって取り締まりの対象に同性愛者が含まれていた。

　また、一九四八年は、戦後民主化政策のもとに施行された新警察法により、それまでの中央集権的警察組織が自治体警察に変えられた年でもある。性病予防法によって、性病が国家や公共団体にとっても問題と位置づけられ、性病に感染すること自体が国の治安を脅かす行為にあたるとされた結果、同法律では禁止された強制連行《キャッチ》が地方条例において合法化された。そのため取り締まりの実行には警察が治安維持の名目で深く関与し続けたうえに「外国製品を保持していた」ことがキャッチの決め手になるなど、彼女たちの取り締まりには「スパイ」や「アカ」に対して用いられたのと同じ理屈が適用されたのである。またその警察は、朝鮮人による阪神教育闘争を弾圧した連中でもあっただろう。同じ頃、神戸港湾では、朝鮮動乱に反対して解雇された労働者たちが、朝鮮行きの兵器、食料、弾薬等を積み出す日雇いの荷役に就いていたが、彼らとパンパンはともに公式論的には排除されて然るべき存在と見なされていた。

　さらに、一九五〇年五月には、神戸基地の歩哨が交際中の日本人女性を射殺、自殺を図る事件が起きる。これを受けて、神戸基地司令官は、県知事、および神戸市長との非公式に会談した後、朝鮮戦争勃発の翌日には、「兵舎の半径一キロ以内をうろつくパンパンと認められる者は、市警で発見次第神戸基地憲兵裁判所へ引き渡す」緊急措置を講じている。占領秩序の維持と朝鮮戦争を同時並行的に遂行する権力の目に、GIと交際する彼女たちは「協力者」ではなく、尋問や検閲をかいくぐり、性病と不測の事態を拡散する得体の知れない――単に異文化に属するという意味ではない――「不安」であった。

あるいは、こう考えられるかもしれない。爆弾を降らせることに手を貸してはいても、自国を攻撃されずに済む戦後の「平和」を開始したこの国で、戦争の経済的恩恵に預かる社会の片隅で、彼女たちの身体は、地域としての戦場へとつながっていた。帝国植民地期の朝鮮における「慰安婦」女性たちとパンパンたちは同じではない。けれども著者が指摘したように、両者が被る暴力には連続性がある。戦時中は、もれなく軍需工場で働くか、帝国の兵士を再生産する機械と見なされたおんなたちは「戦後」、だまし募集やキャッチの暴力に怯えながらも街頭に立った。搾取と新たな可能性がせめぎ合う場という意味においても、彼女たちの身体は、無数の「戦場」を表現していたのである。

そして、やはり「これは占領期という特殊な時期の特殊な話ではない」（本書の帯を参照）。セックスワークという観点に限らず、ドメスティック・イデオロギーがその役目を終えつつあり、また家族が一国の枠組みから解き放たれつつあると同時に、「慰安婦」やパンパンなど幻想としての「過剰な性」がナショナリズムの背後で呼び起こされてもいる現在の性配置とも深く関わっているのではないだろうか。「平和」で安定した「日本社会」という名の秩序が壊れつつある今、蔓延する一方的な視線と乱雑な言葉の（性）暴力は、レイプや監禁の経験を語った話の内容には一切触れず、「知能程度、中以下」とのみ記した研究員による尋問調書作成の延長線上にあると思えてならない。国境をまたぐ安全保障体制の強化とそれに伴う軍事と警察の一体化、および社会の軍事化が加速度的に推し進められる現在において本書は読まれるべきである。

気になったことをいえば、性病対策顧問医師のオサム・ニエダ氏を筆頭に、おんなたちを犯罪者ではなく患者として丁寧に扱おうとしたPHW（公衆衛生福祉局）のスタッフたちの良心は、問答無用に行使されるキャッチの暴力には無批判であり、論点を単に治療の問題へと置き換えている点で、帝国主義的欲望と無縁ではないと思えることがひとつ。それから、処女であるにもかかわらず何度もキャッチされた性暴力体験やレイプ被害をきっかけにGIと交際し始めた幾人かのおんなたちの行動を、「トラウマ」（PTSD）として処理する際の仕方も気にかかる。「大部分」のおんなたちが、セクシュアリティを含めて「私のことは私が決める」自立した主体であったとする著者の主張は、他方で、性暴力を受けたおんなの語りを「語れないほどおぞましい経験からの無意識の精神的防御反応」へと押し込め、おんなたちの分断を強化することにつながってはいないだろうか。自己管理能力や計画性があるようには思われない言動をトラウマに集約する際の仕方には、「パンパンの仕事に満足している」が、「性病予防はしない」と語ったミモザの調書に「〇稍《やや》低能の感あり」と付記し、了解できる範囲で彼女たちのことを解釈しようとした研究員と著者が、眼差しの意図せぬ共有関係に陥りかねない不十分さを感じてしまう。

取り調べの場でのある者の語りが、沈黙による中断やつじつまの合わない発言を多く含む断片的なものであったとして、語る者の主体を決定していく権力は、それを受け止める聴き手の側にある。明断な語りだけを主体の根拠にするのと同様、予想もしない言葉や身振りをトラウマの範疇に位置づけて包摂し、無害なものにしてしまえば、対話以前の主体と他者の位置に起きかけた変化もまた消失せざるを得ないのではないか。

というのも、もし、身体を幾重にも構成してしまっている暴力に抗して語る方法のひとつに、眼差しや言葉で統御し、されている互いの身体を別物に変えていくことがあるとするなら、了解できない語りを含めて、葬り去られた者たちの主体を考え得ると思うからだ。固定された存在としての「私」に所与として刻印されているあの「女」に鍬を入れるように、本書が探求する新たな社会性とは、正しい語りとその解釈が構成する通常の言語空間の揺らぎの先にこそ見えてくるものではないだろうか。ちょうど、パンパンとそうでないおんなたちが出会う性病検診の待合室が、相互の分断を生む境界としての場でありつつ、あこがれと欲望において彼女らがつながる場でもあったように。

映画評
『ある精肉店のはなし』（纐纈あや監督、二〇一三年）
「おはなし」を喚起する力

上村　崇

はじまりは友人から聞いた話だった。大阪にある小さな精肉店で牛を育て、家族で屠畜してその肉を店で売る。まさに生産直販をこの時代に続けているという。今度、屠畜見学会があるから、行ってみないか、と誘われたのだ。

纐纈あや監督が担当するナレーションにかぶさり、暗闇の画面から牛舎が現れる。舞台となる北出精肉店の次男、北出昭さんに導かれ、牛が牛舎から道路へ歩みはじめる。「ほれ、はいはいはいはいはい……」興奮ぎみの牛をなだめながら徒歩三分の屠畜場に到着。昭さんが牛に目隠しをし、長男、新司さんが牛の眉間にハンマーを振り下ろし気絶させる。そこから驚くべき手際でみるみるうちに牛は枝肉と内臓に仕分けられる。枝肉が移動される場面に遭遇し驚きの声を上げる登校途中の小学生たち。

この日からわたしは精肉店に通いはじめた。

再び纐纈監督のナレーションが入り、映画のタイトル「ある精肉店のはなし」が画面に映し出される。タイトル画面を観ながら、纐纈監督の次回作の題名が「ある精肉店のはなし」だと伝え聞いたとき、なんだか嬉しくなったことを思い出す。纐纈監督にお会いしたときにとても印象に残った、監督の黒い大きな目と満面の笑顔も同時に思い起こされた。そして、映画の鑑賞時にもやはり、オープニングとタイトル画面を観ただけで心が躍った。なぜ、オープニングを観ただけで心が躍るのだろう。「屠畜の〈歴史〉」でもなく、「部落解放運動の〈歴史〉」でもない、

「ある精肉店」の「おはなし」。精肉店に通いつめ、あの黒い大きな目を通して出逢った出来事を“history”ではなく彼女固有の“a story”（それは、historyではなく、彼女の物語＝her storyと言っていいかもしれない）＝“narrative”としてこれから紡ぎだされることが、オープニングを観るなかですでに期待できたからである。果たして、映画は期待通り、彼女らしい作品であった。

　映画『ある精肉店のはなし』（二〇一三年作品）は、上関原子力発電所に反対し続ける島民の暮らしを映し撮った『祝の島』（二〇一〇年作品）に続く、纐纈あや監督の二作目にあたる作品である。大阪府貝塚市で精肉店を営む北出一家を通して、北出家の歴史、屠場の歴史、被差別部落の歴史、貝塚市の歴史が重層的に描かれる。この作品には、食べるということ、家族、屠畜、食品産業、伝統技能、部落差別、祝祭といった多様なテーマがひとつの家族と精肉店を通して複雑に織り込まれている。この作品は、観る人に様々な感情を惹起させるであろうし、この作品を観た一〇人が一〇人、異なった場面に注目することになるかもしれない。この作品を観て「食べること」の崇高さを受け取る人がいるかもしれないし、被差別部落に生活するある家族の一代記を読み解く人もいるかもしれない。精肉技術や太鼓を製作する技術に驚嘆するかもしれないし、疾走するだんじりや盆踊りの描写に胸を躍らせる人がいるかもしれない。「お肉を食べたい」欲望が沸々とわいてくる人もいるかもしれないし、屠殺の残虐性をどうしても拭えない人もいるかもしれない。作品自体についてはパンフレットをはじめ各所で数多くの識者が多面的に評しているのでそちらを参照されたい。ただ、忘れてならないのは、あらゆる角度から語ることができるこの作品は、ひとつの家族を通して語られた「おはなし」だということである。纐纈監督のナレーションは、屠畜の素晴らしさや被差別部落の不当性を声高に訴えるものではなく、家族の日々の営みを淡々と叙述するのみである。しかし、そのナレーションは舞台となる北出家の人びとだけではなく、観客であるわたしたちに向けられていることも忘れてはならない。この社会に生活する誰もが、家族や大切な人びととの生活、社会との多面的なつながりのなかで生活している。関係性の網の目は時に窮屈なものであり、ともすれば個人の生き方を封殺するものともなりうる。そうした日々の網の目のような関係性に観客みずからが想起する地点に誘ってくれるのがこの作品の力なのである。纐纈作品の力はどこからくるのか。

「ドキュメンタリーもフィクションである」

こう喝破したのは映画『阿賀に生きる』（一九九二年作品）で生活者の視点から新潟水俣病を描き出したドキュメンタリー作家、佐藤真である。佐藤は、「ドキュメンタリーは本当のことを映し出したものと考えている人」、ドキュメンタ

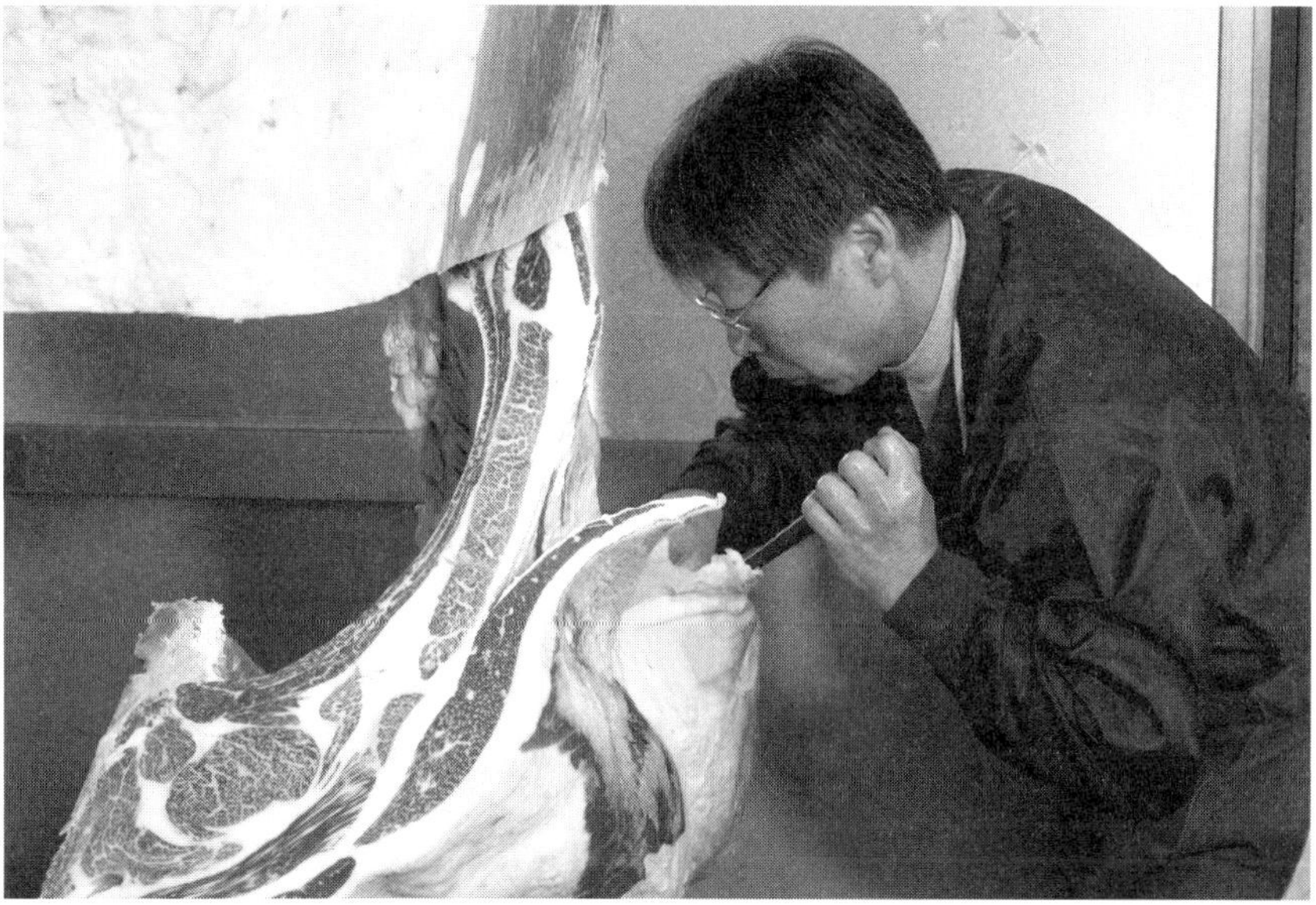

「ある精肉店のはなし」公式サイト　http://www.seinikuten-eiga.com

リーをみて「現実と違う」と怒りだす人が後を絶たないと認めながら、「偶然の出来事をとらえていたとしても、その現実の断片を再構成したとたんに、その映画は〝現実〟を離れて、監督にとって必要な〝創作物〟になる」（佐藤8）と指摘する。『阿賀に生きる』の制作過程で、現実と創作に引き裂かれながら、「いかに作り手が、現実と映画は違うことを肝に銘じて、いかに創ることに開き直るかにかかっている」（佐藤12）という境地に達する。「そうだ、ドキュメンタリーも映画なんだから、どこまでも創りものなのだ」（佐藤12）と佐藤がみずからに言い聞かせるように発した言葉は、ドキュメンタリー作家だけではなく、観客も肝に銘じておきたい言葉である。佐藤の箴言が正しいとするならば、観客は画面に映し出される出来事を丹念に追うと同時に、ドキュメンタリー作家がどのように「開き直っているか」探る視座をもつことが求められることになる。そして、作家の開き直りの態度にどう応答するかということが、観客がその作品にどのように向き合うかということにつながり、観客の作品への応答力を喚起させてくれることが、その作品の力になるといえるであろう。

　纐纈あや監督とその作品に出会ったのは二〇一〇年に広島市内の横川シネマで『祝の島』の上映と、一週間にわたる連続トークを企画したときに遡る。いまから思い起こしてみれば、纐纈監督のスタイルは一作目ですでに確立されていた。この作品のなかで、纐纈監督は上関原子力発電所の反対運動を描きながらも、海で、山で生活する祝島の住民の生活も克明に描き出している。BGMもなく、規則的な海の波音とトラクターのエンジン音で彩られた住民の生活を描くなかで、纐纈監督の眼差しは島の伝統的な行事「神舞」にまで向かう。原子力発電所の建設が、これまで島が繰り返してきた自然のリズムと人びとの生活を分断する介入者として浮かび上がる構図である。これまで長い時を重ねて繰り返されてきた自然と人間のリズムを描き出す手法は、『ある精肉店のはなし』における屠畜や被差別部落、そして祝祭を描き出す手法に引き継がれている。纐纈作品の力とは、ある場所に通いつめ、あの黒い大きな目でその生活の場所に息づいてきた関係性の網の目を再発見して、みずからの物語に昇華する力である。原子力発電所をテーマに『六ヶ所村ラプソディ』（二〇〇六年作品）、『ミツバチの羽音と地球の回転』（二〇一〇年作品）と立て続けに話題作を発表する鎌仲ひとみ監督が、地域を越えて原子力発電の問題をつなぎ合わせ、ネットワーキングしていくことでグローバルに問題を構図化していく力を画面上に描き出すのとは対照的に、纐纈監督は限定する地域を舞台に、すでに存在するネットワークを浮かび上がらせることに腐心する。これは、両監督の作品の優劣とはまったく関係ない。佐藤の言葉を借りれば、「開き直り」方の違いであり、それこそがまさに作家性である。

纐纈監督の「開き直り」は、「撮りたいものを撮る」「撮れるものを撮る」ということである。そのために、「透明人間になる」のではなく、逆に「自分が居続けてやがて存在が気にならなくなる、そこからが勝負だったんですね」とも述べる（読売新聞インタビュー記事）。俯瞰して事象を捉えようとするのではなく、自分が現場に「居る」ことを自分も周囲の人間も受け入れるところからはじまる作品創作。「自分はここに居ていい」と開き直り、彼女自身の撮りたいものを撮る纐纈監督の人間性が作品に力を与えているのである。

しかし、纐纈作品の力はそれだけにとどまらない。纐纈作品の隠された力は言葉への感受性と応えぬものに語りかけることができる度胸＝開き直りである。彼女の感受性は、北出精肉店長男、新司さんの「我々は牛を殺すとは言わんと、割ると言うんや」という言葉をしっかりと画面に刻む。この言葉を聞いたときに、イラストルポライターの内澤旬子が『世界屠畜紀行』で「屠殺」と「屠畜」に言及している箇所が想起された。日本では、「屠畜」よりも「屠殺」という言葉が流通しており、「屠殺」は汚い場所で行われる残虐なものであるというイメージがつきまとうと内澤は指摘している。そして次のように彼女は述べる。「殺すのはほんの一瞬だ（へたくそだと時間がかかる場合があるが）。しかし、殺した死体と一対一で向き合って、食える肉にするまでの時間は、はるかに長くて、しんどいものだったのだ。やはり屠殺じゃなくて屠畜という言葉がぴったりくる」（内澤

361)。『ある精肉店のはなし』は、確かな技術に裏打ちされた「長くて、しんどいもの」を丁寧に観客にみせる。この映像体験は「屠〈殺〉」という言葉の使用法を揺さぶる。

つぎに彼女の感受性は、北出一家の会話だけではなく、一般的に応答不能と考えられる存在との会話に向かう。纐纈作品のなかには、象徴的に動物との会話が取り上げられる。冒頭と終盤に登場する牛との会話がそれである。屠畜場まで送られる牛と人との会話は、意思疎通というコミュニケーションとはまったく異なった、他者とのやりとり、時を重ねてきた自然とのやり取りのようにもみえてくる。この風景は、映画『祝の島』で「その日捕れる魚の量は竜宮城の乙姫さまがきめる」と言う一本釣りの漁師が、捕った魚に「いらっしゃいませ」「（えさを）よぉ食ってくれたのう」と語りかける場面とも重なる。

さらに、彼女がナレーターとして語るナラティヴは、当然観客にも投げかけられている。彼女は声高に「善・悪」「正・邪」を語らない。彼女なりの語り口で、北出家のある物語を語るのみである。投げかけられた言葉にどう応答し、どう評価するかは観客に委ねられている。彼女は評価はせずに、語り終わった後にすべてを観客に委ねるのである。北出家の人びととの会話（人間の会話）を通して、動物との会話（自然との会話）を描き出し、いまだ応えぬ、いまだ出逢わぬ観客に向けて言葉を投げかけるために作品を創造する。この開き直りこそが、ドキュメンタリー作家としての彼女の力ではないか。

作品を通して、幾重にも折り重なった人びとのネットワークを描き出した彼女が、こう問うことを想像してみよう。「あなたは、どんな人との関係性のなかで生きていますか？　あなたの〝おはなし（a story）〟はどんなものですか？」そう問われたときに、観客はみずからが生活する関係性の網の目を想起せずにはいられないし、どんな言葉を用いてそれを説明することができるか思案しなくてはならない。『ある精肉店のはなし』は、画面の向こうだけの出来事ではなく、「わたしのおはなし」として観客が物語を紡ぐことを促すのである。

参考文献

宇佐美伸（2015）「オンリーワン　纐纈あやのドキュメンタリー」（インタビュー記事）読売新聞二〇一五年三月二九日

内澤旬子（2007）『世界屠畜紀行』解放出版社

映画『ある精肉店のはなし』制作事務局（2013）『ある精肉店のはなし』（劇場パンフレット）

佐藤真（2007）「ドキュメンタリーもフィクションである」『現代思想 一〇月増刊号 総特集ドキュメンタリー』青土社

纐纈あや（2010）映画『祝の島』ポレポレタイムス社（DVD）

林勝一（2014）「「食べる」ことは人が「生きる」こと」『TOKYO人権 Vol.61』（インタビュー記事）東京人権啓発センター

ポレポレタイムス社（2010）『祝の島』（劇場パンフレット）

HP『ある精肉店のはなし』(2015) http://www.seinikuten-eiga.com（二〇一五年五月一〇日確認）

映画評
『KANO　1931海の向こうの甲子園』（馬志翔監督、二〇一四年）

忘れられた台湾野球の名誉と台湾人アイデンティティを取り戻す

黄柏瀧

〈要約〉

ウミン・ボヤ（馬志翔、台湾原住民族出身の若い監督）の『KANO 1931海の向こうの甲子園』（二〇一四）は、忘れられた、語られることのなかった、知られていなかった日本統治時代の台湾史の一つの出来事をたどり、当時の中等学校野球チーム「KANO」の逸話を語る。これは、南台湾にある嘉義《かぎ》にあった漢人、原住民と日本人から成る嘉義農林の野球チームの物語であり、一九一三年に初めて台湾本島の代表として、甲子園に出場するという夢を叶え、準優勝を飾った。セリフの大半が日本語にもかかわらず、同映画は二〇一五年一月末によ うやく日本で公開された。『KANO』は台湾で大ヒットしただけではなく、日本でも大好評を博した。

本稿は、映画『KANO』が描写した二つのストーリーラインを分析していき、この映画が台湾人アイデンティティの再構築を喚起していることを証明する。まず本稿では、同映画が過去の日本統治時代の台湾の歴史に基づいていることを確認し、映画の流れと歴史的事実を要約する。それから、『KANO』の逸話が忘れられた、語られなかった、知られていなかった理由として、台湾の複雑な植民地支配の歴史的背景を提示する。同映画に対する批判的ナラティヴをも踏まえ、本稿は映画が大ヒットした要因を二つの視点から分析し、映画が語った歴史が台湾人にとってどのような意味を持つのかを検討する。第一に、日本と国民党に二重植民地支配された「日本語世代」が、どのように映画が語った歴史と記憶を思い出せるかを明らかにする。第二に、台湾の歴史を知る権利が奪われた「若い世代」がなぜ映画を観に行くのか、そして彼らはどのようにその歴史を取り戻すかをも提示する。この二つの視点から、台湾人はこの映画を通し、日本統治時代のノスタルジックなコンヴィヴィアリティを懐かしむのではなく、歴史を再発見し直視することで、将来を見据えた台湾人アイデンティティを再構築できるのではないかと、問題提起する。

（※本論［英文］は256頁から）

Ting, Wei-chieh (丁偉杰). (2014a) "Ten Thousand People Standed out for Parade; Kano's Victory Reappeared (萬人封街遊行 KANO重現盛況)." *Liberty News* [『自由時報』], February 23, A01.

———. (2014b) "Two Cutlure Relics Looking forward to Being Registered as Treasure (2棒球文物 擬申請登錄一般古物)." *Liberty News*, May 16, A14E.

Tsai, Wu-chang (蔡武璋). (2012) *Collection of Taiwan Baseball History: Kano Baseball Team (1928-2005)* [『典藏台灣棒球史—嘉農棒球(1928-2005)』]. Taipei: Sports Affairs Council, Executive Yuan.

Ma, Kevin. (2014) "*KANO* hits homerun at Taiwan box office." Film Business Asia, March 4. Accessed April 21, 2015. http://www.filmbiz.asia/news/kano-hits-homerun-at-taiwan-box-office.

Wang, Ping-chung (王炳忠). (2014) "Deny the *Kominka* Historical Point of View in *KANO* (拒絕KANO的皇民化史觀)." *Yazhou Zhoukan* [『亞洲週刊』], March 30, 46-47.

Wei, Te-sheng (魏德聖). (2014) "Interview with Co-penned Producer Te-sheng Wei (ウェイ・ダーション(魏德聖) インタビュ プロデューサー／脚本)." Kano1931.com. Modified August 25. Accessed May 1, 2015. http://kano1931.com/interview3.html.

Yang, Ching-ting (楊景婷). (2014) "Te-sheng Wei Accumulates 1.5 Billion to Film *Taiwan Trilogy* (魏德聖集資15億 籌拍台灣三部曲)." *Apple Daily* [『蘋果日報』], June 18, C6.

School of Intercultural Studies, Kobe University, for proofreading this article.

References

Akira1121. (2014) "[Spoiler] KANO-Do What You Like and Don't Care about Other's Laughter ([好雷] KANO-做自己喜歡的事 就不要怕人笑)." PTT.cc. Last modified March 10. Accessed April 26, 2015. https://www.ptt.cc/bbs/movie/M.1394366123.A.AE7.html.

Boya, Umin (馬志翔). (2014) "Interview with director Umin Boya (マー・ジーシヤン(馬志翔)監督 インタビュー)." Kano1931.com. Modified August 25. Accessed May 1. http://kano1931.com/interview6.html.

Cape No. 7 [『海角七号』]. (2008) Directed by Te-sheng Wei. Taipei: ARS Film, 2008, DVD.

Chen, Fang-ming (陳芳明). (2014) "*KANO* and Yoichi Hatta (《KANO》及八田與一)." *United Daily News* [『聯合報』], March 12, A15.

Chen, Chian-chih (陳建志). (2014) "Recall Taiwanese Students by Knowing *KANO*'s Storyline (聞《KANO》劇情 憶起台灣學生)." *Liberty News* [『自由時報』], March 22, A01.

Cheng, Sabine and Christie Chen. (2014) "Baseball film 'Kano' to appear in theaters again in September." *CNA*, August 11.

Chiu, Row-long (邱若龍). (1990) *Wushe Incident* [『霧社事件』]. Taipei: China Times.

Chou, Wan-yao (周婉窈). (2009) *Taiwan History and Graphs Illustration* [『臺灣歷史圖說 (增訂本)』], updated version. Taipei: Liking Books.

Fu, Yu-wen. (2014) "Space and Cultural Memory: Te-sheng Wei's *Cape No. 7* (2008)." In *Postcolonial Film: History, Empire, Resistance*, edited by Rebecca Weaver-Hightower and Peter Hulme, 223-46. New York: Routledge.

Harrison, Mark. (2006) *Legitimacy, Meaning, and Knowledge in the Making of Taiwanese Identity*. New York: Palgrave Macmillan.

Hsieh, Chia-fen (謝佳芬). (2005) "A Study of Taiwan Baseball Sport (1920-1945) (台灣棒球運動知研究(1920-1945年).)" Master's thesis, National Central University, Taiwan.

Hsieh, Shih-yuan (謝仕淵). (2012) *Preface to the Birth of "National Ball Game": Japan-rule Taiwan Baseball History* [『「國球」誕生前記—日治時期台灣棒球史』]. Tainan: National Museum of Taiwan History.

———. (2014a) "After *KANO*, the Next Chapter of Taiwan Baseball (KANO之後 臺灣棒球下一章)." Thinking-Taiwan (想想台灣), March 12. Accessed April 22, 2015. http://www.thinkingtaiwan.com/content/1819.

———. (2014b) "*KANO*—the Origin of Taiwan Baseball (KANO—台湾野球の原点)." In *KANO: 1931 Koshien at the Other Side of the Ocean*, edited by Masako Kondo, 451-68. Tokyo: Shoeisha.

Hsieh, Shih-yuan, ed. (2012) *Dictate and Interview of Japan-rule Taiwan Baseball History* [『日治時期台灣棒球口述史』]. Tainan: National Museum of Taiwan History.

KANO. 2014. Directed by Umin Boya. Taipei: ARS Film, 2015, DVD.

Kuo, Yung-hsing (郭永興). (2015) "Why *KANO* Made a Big Hit in Japan (《KANO》為何在日本大受歡迎)." *Apple Daily* [『蘋果日報』], February 2, A14.

Sakamoto, Kayo (坂本佳代). (2014) "Commentary: To know more about *KANO* and Kano Baseball Team (KANOと嘉農をもっと理解するために)." In *KANO: 1931 Koshien at the Other Side of the Ocean*, edited by Masako Kondo, 383-450. Tokyo: Shoeisha.

Seediq Bale: The Sun Flag [『賽德克・巴萊:太陽旗』]. (2012) Directed by Te-sheng Wei. Taipei: ARS Film Production, 2013, DVD.

Seediq Bale: The Rainbow Bridge [『賽德克・巴萊:彩虹橋』]. Directed by Te-sheng Wei. Taipei: ARS Film Production, 2013, DVD.

Chen 2014, A01). This episode interestingly corresponds to the mail-delivering storyline of Wei's *Cape No. 7*.*15 And Takagi's nostalgia for her life in Taiwan reflects the tri-ethnical memories and honour towards both the elder Taiwanese and Japanese who experienced that past. Her recollecting of memories also responds to the request that Meisho Go's first son Morihiro Takahashi (高橋盛広) appeals for the Japanese to "deeply understand the situation of Taiwan today" by learning the Japan-Taiwan relationship in the past (Sakamoto 2014, 434; my translation).

On the one hand, *KANO* helps the audience to revisit that glorious memory for the Taiwanese and the Japanese. On the other hand, the film also triggers the Taiwanese to retrieve their Taiwanese identity and more importantly became a smash hit that can be interpreted in two distinct ways: the elder and younger generations. For the elder generation, who lived through their double-suppressed lives with the compulsorily forgotten/unspeakable "convivial past," the Japanese colonial period might be a dark memory to a certain extent. Yet, as they lived through the suppression from the Imperial Japanese and the Kuomintang authority, the conviviality in the past perhaps is the only thing, apart from the dark memories such as Musha Incident, they could pick up and bequeath to the younger in the end. It is because *KANO* successfully reproduced the past the elder generation had cherished that the film has been watched with keen interest. Meanwhile, for the younger generation, who only has little knowledge of Japanese colonial past, *KANO* is merely a baseball film. Their ardour for baseball led them towards the route to learn more about the unknowable history on their own. Learning the historical fact of this period meant not to admire the elder's nostalgic conviviality or to inherit their friendliness to the Japanese, but to look squarely at the history and to find out the reason why it was forced to be forgotten. As the director Boya puts, "simply, people are able to rediscover their confidence when they know the history" (interview quoted in Sakamoto 2014, 413; my translation). While tracing back to the past, the younger generation also retrieves their confidence of being Taiwanese. This is why *KANO* meets with favourable reception amongst the younger generation in Taiwan.

Either way the film is examined, the film proved that both elder and younger Taiwanese have chosen a path to move on. That is, they choose to "squarely face and accept the history" however hard it was, with their gracious forgiveness (Te-sheng Wei quoted in Kuo 2015, A14). Despite the fact that director Boya pointed out that "the historical fact balancing" and "the realistic action" are the most difficult part to reproduce in *KANO* (2014; my translation), it is expected to see Wei and Boya's team to film *Taiwan Trilogy* (『台灣三部曲』) which dates back 400 years ago and decodes Taiwan history through the Dutch's, the Han people's and the aborigines' perspectives (Yang 2014, C6). After all, only through learning their ancestor's past and memories more can the Taiwanese grasp their future and retrieve the so-called Taiwanese identity.

Acknowledgement
A special thanks to Phillip Hughes, who is studying Gender and Sexuality issues at Graduate

*15 See Yu-wen Fu's "Space and Cultural Memory: Te-sheng Wei's *Cape No. 7* (2008)" (2014) for further details of the mail-delivering storyline.

of Kano, but also the local paper reported Kano's missing plaque and its whereabouts. Kano's second-prize plaque was lost during the Second World War. *Asahi Shimbun* and Japan High School Baseball Federation remade a replica plaque for the Graduate's Association of Kagi Agriculture and Forestry School. Kano's former player Seisho So, as a representative of the Association, was re-awarded the plaque. The alumni then forwarded the plaque to the National Chiayi University, and it is now in the History Gallery's safekeeping (Ting 2014b, A14E; Sakamoto 2014, 437-38). This newspaper report served as a reminder to recall people's memories of Kano's glory, and simultaneously it corresponded to the film in the Taiwanese context.

On the other hand, *KANO* however is accused of *Kominka*-sighted (Japanisation-sighted) storytelling and being too "pro-Japan" after the film was released. Critic Wang (2014), for example, claimed that one should refuse to watch *KANO*, for that he thinks "the *Kominka* historical point of view is disguised behind producer Wei's 'Taiwanese spirit' represented in the film." Wang went on as follows:

> Te-sheng Wei, however, creates it [the film] as the symbol of "Taiwanese identity." It seems that he is the spokesperson of Taiwan history. What's worse is that it ranges from the love of "generation inheritances" between Taiwan and Japan in *Cape No. 7*, to the "civilisation" conflict in *Seediq Bale*, and then to the "ethnical conviviality" represented by Te-sheng Wei in *KANO*. These films that claimed to manifest Taiwanese entities not only are entangled with Japan, but also purified the Japanese colonial rule in the name of Taiwanese entities . . . (46; my translation)

Wang's narrative is against the mainstream consensus that *KANO* is merely a fact-based film that represents the honour Kano gained in the past. However, his analyses of Wei's historical films (including *KANO*) are quite accurate. What the audiences have to do after they recapture the forgotten history in the film *KANO* is, as producer Wei suggests, to retrieve the "Taiwanese identity" (interview quoted in Sakamoto 2014, 406) that is "disguised" behind the film/history. *KANO* has nothing to do with the *Kominka* movement, and not to mention it is a pro-Japanese or a nostalgic film. Instead, tracing the forgotten history is a means of triggering the articulation of Taiwanese identity, and this is also Wei and Poya's main purpose of making a historical film.

Triggers Afterward

Director Payo's film *KANO* successfully recaptures the forgotten baseball history where a baseball team from southern Taiwan shone out at *Koshien* in 1931. Although the film is, to use Wang's term, criticised as "*Kominka*-sighted," upon the film's release, the Taiwanese young generation started to bridge the gap between "generation inheritances" by studying the history blackout from 1895-1945. Depicting Taiwan's "civilisation," modernisation as well as its "ethnical conviviality," *KANO* shares Taiwan's memories with Japan and thus gains touching echoes from Japan as well. Namie Takagi (高木波恵) a former teacher of Ujitsu Public School (烏日公学校) recalls one of her Taiwanese students when she heard the story of Kano baseball team retold in *KANO*. She, therefore, had her daughter to write a letter to find the student. Yet, the address Takagi had is too old to locate the student after 70 years have passed. After taking 10 days with the help of local post officer, the letter finally was delivered to Takagi's student (C.

decades, Kuomintang authority had blacked out Kano's legendary saga on purpose and forced Taiwanese to forget this significant piece of history, due to the complex political status within Taiwan.*13

The film *KANO*, however, helps the Taiwanese people not only to recapture a piece of forgotten Taiwanese baseball history and the tri-ethnic baseball players' honour, but also to retrieve the Taiwanese identity. The filming of *KANO* is the first process that revives the compulsorily forgotten/unspeakable past, when Meisho Go's second son and his grandsons participated in the performance. Go's future generations served as an intermediary to speak for the elder generation and to recollect Kano's glorious legend. For example, his second son Morikuni Horikawa (堀川盛邦) played the role of Kagi Shi-in (namely the city mayor of Kagi, 嘉義市尹). Meanwhile, Go's grandson Kota Takahashi (高橋晃太) played the role of team Hokusho's pitcher Tomohiro. As Takahashi puts, "it was a grandpa to grandson's confrontation across time and space" (Sakamoto 2014, 433; my translation), and this cross-spatiotemporal confrontation served as a link for the young generation to recapture the elder one's memories.

Outside the film, the younger generation would go to see the film *KANO* because of their enthusiasm for the "national ball game," the Red Leaves and the professional baseball league in Taiwan CPBL (中華職棒). As a result, they started to explore every tiny historical fact *KANO* retold, coming to realise that baseball history during the Japanese colonisation was left out of the history textbooks. Online discourses relating to *KANO*, which entails the film as a smash hit, are the second step in which the Taiwanese, especially the younger generation, started to discover these historical facts. For example, there is a discussion thread on *KANO* about where Ha Go (呉波)*14 came from on PTT, the most famous BBS site in Taiwan. The *hsiangmin* (鄉民), Netizens of PTT, questioned Go's everyday presence on Kano's practice pitch. Providing evidence, Netizen Sanselee replied, "Ha Go is Kozato's neighbour in Kyōtō [Chiaotou], so it is possible that Go followed Kozato to study at Kagi Agriculture and Forestry School after he graduated" (comment replied in Akira1121, 2014; my translation). Finally, the discussion thread came to a conclusion, and the thread starter Akira1121 commented as follows:

> To me, being able to dig up so many details [histories] the producer and the director left after watching a film is really touching. Much appreciated to see such a wonderful Taiwanese film before leaving Taiwan. Thanks for the earnest [film-making] group; you left us feeling full of confidence in Taiwan . . . (2014; my translation)

Akira1121's narrative affirms that *KANO* is a solid fact-based film and that the young generation connected themselves to the unknowable past (or the blackout history) through the film and via the Internet. Nonetheless, not only did the virtual Internet world discuss the in history

---

*13 The continuous colonial regime after Imperial Japan, namely the Kuomintang regime, caused the complex political status within Taiwan. It was a period when Kuomintang suppressed the Taiwanese. 228 Incident and the White Terror in Taiwan, for example, happened under this complex political status (see Chou 2014, 231-77).

*14 Thereafter, Ha Go was renamed Shosei Go (呉昌征) and became a professional baseball player in Japan. Go naturalised himself as a Japanese citizen and renamed himself Shosei Ishii (石井昌征).

© 果子電影

tang authority that was against the Japanese authorities. As baseball history specialist Shih-yuan Hsieh (謝仕淵) pointed out, "the history of baseball during the Japanese-ruled period is simplified as stereotyped political narratives of Japanese suppressing Taiwanese. Considering its political correctness, the story of Kano had disappeared from the public sphere . . ." (2014a; 2014b, 452; my translation).*10 Hsieh's analyses (2014a; 2014b) explain the reason why, despite that baseball is considered as "a national ball game" (國球) in Taiwan (Sakamoto 2014, 386; my translation), the Taiwanese, especially the latter, seldom knew about Japanese-colonial Taiwan's baseball history. This also is the reason why the academic writings could hardly touch on the issue of Taiwan's baseball history during this colonial time.*11

As a result, many younger Taiwanese indeed thought that the first and the most internationally famous baseball team from Taiwan was the Red Leaves Little League Baseball Team (also known as Hung Yeh or "Red Leaves" in short; 紅葉少棒隊) which was composed of Bunun aboriginal teenagers from the heart of the mountains in Taitung (台東). Red Leaves defeated the Kansai All-Star Little League Baseball Team Japan (日本リトルリーグ関西選抜チーム) in 1968. Thereafter, winning a place in the LLB's World Series Tournament, team Red Leaves headed to the States and won the world championship. People from Taiwan believed that the victory of team Read Leaves aroused the national identity and spiritually supported Taiwan's diplomatic crisis during 1970s (Hsieh 2014b, 452-53).*12 The Kuomintang authority took advantage of this process of national identification by over-enlarging team Red Leaves' victory. For several

＊10 Shih-yuan Hsieh is the counselor to history of the film *KANO* as well.

＊11 Academic writing in Chinese for example includes *Dictate and Interview of Japan-rule Taiwan Baseball History* (2012) edited by Shih-yuan Hsieh and his *Preface to the Birth of "National Ball Game": Japan-rule Taiwan Baseball History* (2012); Chia-fen Hsieh's master thesis "A Study of Taiwan Baseball Sport (1920-1945)" (2005); and *Collection of Taiwan Baseball History: Kano Baseball Team (1928-2005)* by Wu-chang Tsai et al. All of them were published in the last 10 years.

＊12 The diplomatic crisis here refers to the Kuomintang authority declaring the expulsion from the United Nations, and that the expulsion worsened the Taiwan's international situation (see Harrison 2006, 131-33).

ya then comes to Kano's practice pitch. Wearing an army uniform, he takes the mound and says, "It's . . . not much to look at." He tries to pitch, and then the scene makes a leap back to the Kano-versus-Sassho match in 1931 at *Koshien*. Taiwanese batter Shosei So says, and said in 1931, "I bet it's a straight ball," to the catcher. Then he breaks his bat and manages to reach the 420-feet mark. So's perfect swinging disturbs Joshiya's pitching. Kano beats Sassho and achieves their second victory at *Koshien* (*KANO* 2014). On the other hand, listening to the live broadcast via modern equipment, namely the radio, the Taiwanese residents were celebrating Kano's victories everywhere on the streets.

However, Kano baseball team's luck seemed to run out of steam following the ovation from the isle on the other side of the Pacific Ocean. They were facing a strong competitive team, namely the Chukyo team[*9] from Aichi Prefecture (愛知県). The last game is served as a raising action and runs uninterrupted for more than 30 minutes, pushing the storyline to the climax. Director Umin Boya puts emphasis on pitcher Go's hand-wringing scene. With the broadcasters' demonstration, not only can the baseball fans enjoy the atmosphere of 1931's *Koshien* but also the audiences with little or no knowledge of baseball rules can experience fans' ardour for baseball. Seeing Go's finger is injured, Seisho So started to yell, "*Irasshaimase*!" ("Welcome Home!" in Japanese) to encourage his team members. According producer Wei (2014), this is a piece of So's memories from the *Koshien* pitch. So recalled this during an interview in 2006 at the age of 96 (my translation). The climactic background music amplifies with members hailing "*Irasshaimase* !" However, Kano still cannot turn the tables on Chukyo. Upon seeing that his team is losing their confidence, coach Kondo says, "Hey, you guys! Sing that song of yours," to the players. The players start to sing from the dugout, "One, two, three, Mr. Birdy . . . flew high above the tree. The farmer struck it down with stones. Ah, it hurts so good . . ." Then the falling action soon begins after the climactic rooter's song without any live broadcaster's narration nor audience's acclaim but only background music, suggesting Kano baseball team's failure to win the championship. Thereafter, Joshiya the pitcher of Sassho showing his respects rises from the stands and there he yells, "KANO . . . KANO for the world." The scene shifts back to Kano's practice pitch, where Joshiya left his lucky ball on the pitch. The curtain falls with an epilogue of each player and their photos. Finally, the players carrying the second-prize plaque set sail back to Taiwan (*KANO* 2014).

Film Commentary: a Fact-recollecting Film of Revisiting Honour

Kano's glory triggered the enthusiasm for baseball amongst the Taiwanese during the 1930s to 1945. Nonetheless, the memory of Kano's glorious legend sank into oblivion within a decade, due to Imperial Japan's defeat and the new regime of Kuomintang in Taiwan. The regime change then caused the historical gap of baseball memory and divided the Taiwanese into two categories—the elder generation, who beheld Kano's glory but were forced to forget about the past, and the younger generation, who had never heard about Kano's story throughout their lives till they watched *KANO*. The former were forced to forget the glory of Kano baseball team after the 1950s, after which the Taiwan history was represented by the Kuomin-

＊9 The abbreviated name of *Chukyo shogyo gakko* (Chukyo Commercial School, 中京商業学校)'s baseball team.

fabricated the time-disordered scene, where engineer Hatta communicates with the schoolboys from Kano. When the Kano baseball team player Kozato (whose father participated in the construction of Kanan Irrigation System) tells Hatta that they were going to represent Taiwan and play at *Koshien*, Yoichi Hatta encourages the schoolboys by saying, "Go, KANO! Bring the Koshien championship back! Go to Koshien and make the Taiwan's farmers proud" (*KANO* 2014). In reality, the Kanan Irrigation System was completed in April 1930. Nonetheless, the completion of Kanan Irrigation System was wrongly misrepresented in 1931 (Sakamoto 2014, 395). According to critic Fang-ming Chen (2014, A15), the year 1931 was a turning point for the Taiwanese, in which farmers and socialists were suppressed by the Japanese colonial authorities due to the Musha Incident (霧社事件), a catastrophic rebellion raised by a Taiwanese aboriginal clan Seediq.[*5] Albeit much-criticised, perhaps it is wise of the collaborators to answer the questionable conviviality among the three ethnicities within a baseball team by such an ingenious misrepresentation.

The storyline of Yoichi Hatta and the players' encounter wraps up, and the scene turns to the game at *Koshien*, where pitcher Joshiya from Sassho (札商)[*6] pitches the winning ball and beats Dairen (大連商)[*7]. Thereafter, the *Koshien* playoffs occupy half of the entire film, following that with Kano baseball team's first victory at *Koshien*. The storyline then jumps out of the framing device, and the scene slides back to the train bounding down south to Takao. The soldier sitting next to Captain Joshiya says, "Hey! Hey! It's almost Kagi." Joshiya refuses others invitation to take a cigarette break, saying that he is going to take a walk while the train is loading up. On his way, Joshiya sees that the Seediq youths with tribal tattoos were recruited to join the Pacific War for the Southern Expansion Policy. Trolling down the streets of Kagi, he passes by the train station. Every scene that comes into his eyes entails Taiwan's modernisation under the Japanese colonisation such as the fountain at the roundabout[*8] and the automobiles. Joshi-

＊5　The Musha Incident is also called Wushe Incident. Director Te-sheng Wei's epic films *Seediq Bale* duology (2014) are based on the aboriginal view of Musha Incident. The ringleader of Musha Incident Mona Rudao, in order to resist the Japanese General Government, had been planning to team up with other Seediq tribes secretly, but his plans were all divulged. Nonetheless, in October 1930, lead again by Mona Rudao, the Seediq people who dwelled in Musha (霧社) rose up to fight against the Japanese. It is recorded that there were about 300 Seediq people attaked the residential police box. They disguised themselves, participated in a joint athletic meeting held at a public school and massacred 134 Japanese. Yet, Mona Rudao's plan failed and the two-month-lasting rebellion was under control by the end of December 1930, due to the modernised weaponary including poison gas and aircrafts used by the Japanese General Government (see Chiu 1990; Chou 2009, 126-38; Sakamoto 2014, 400).

＊6　The abbreviated name of *Sapporo shogyo gakko* (Sapporo Commercial School, 札幌商業学校)'s baseball team.

＊7　The abbreviated name of *Dairen koto shogyo gakko* (Dairen Commercial College, 大連高等商業学校)'s baseball team.

＊8　In reality, the fountain at the roundabout still exists in front of Chiayi Main Station today, serving as Chiayi residents' important public space, where they hold political events and various parades. Several parades relating to *KANO* were held at the roundabout after the film was released (for example, see Ting 2014a, A01).

back to Imperial Japan's mainland in 1931. Captain Joshiya recalls how he met the baseball players from Kagi, after a pilot threw a Rising Sun Flag (旭日旗) down to the *Koshien* pitch. Despite their late arrival to the baseball pitch, it was the first time that a mixed team from Taiwan participated at *Koshien*. Joshiya's flashback footage of this mixed baseball team serves as a framing device that unveils the forgotten sport story taking place in Taiwan's colonial past.

In 1929, Kano is a cobbled-together baseball team at first and has never even won a single game in the past. The baseball team manager Jimino Hamada (浜田次箕), an agricultural teacher from Kagi Agricultural and Forestry School, tries to convince his colleague Hyotaro Kondo (近藤兵太郎), a former baseball coach who brought his family from Shikoku to Taiwan because of his misbehaviour at the pervious school he worked at. Though facing the difficulties, such as the Diet of Kagi refusing to fund his team and his team being defeated by the elitist Kachu team (嘉中),[*2] Mr Kondo sets up a spartan regimen to turn the schoolboys into a well-trained team step by step.

Mr Kondo recruited new blood with no discrimination against their ethnical background. Meisho "Akira" Go (呉明捷), the pitcher of Kano baseball team, was of Hakka-descendent. Shosei So (蘇正生), also a Taiwanese member, was a former tennis player and was poached by Mr Kondo when he was playing on a tennis court next to Kano's baseball pitch. Another Taiwanese player Sorin Ryu (劉蒼麟) joined as a relief pitcher, while the rest of the members were made up of Kazuichi Azuma (東和一), Uichi Mayama (真山卯一) and Yasuro Hirano (平野保郎) from the Amis tribe; Koichi Agematsu (上松耕一) from the Puyuma tribe;[*3] and the Japanese players including Hatsuo Kozato (小里初雄), Nobuo Kawahara (川原信男), Matao Fukushima (福島又男), and the relief player Toshio Sakiyama (崎山敏雄). When Kano is labelled as a "motley crew," Mr Kondo incisively demonstrates the merits of his mixed team. "The natives [aborigines] are fleet of foot. The Hans are strong batters. The Japanese are good at defense. This is a perfect lineup," he puts (*KANO* 2014). Despite the fact that no one believes that Kano could achieve the goal of competing at *Koshien*, they fulfilled their dream by defeating Hokusho team (北商),[*4] a traditional baseball stronghold mainly composed of Japanese players (Sakamoto 2014, 387), at the Ninth Islandwide High School Baseball Tournament (第九回全島中等学校野球大会). Thereafter, Kano gained the opportunity to represent Taiwan isle and set sail for *Koshien*.

Kano's Ninth Islandwide High School Baseball Tournament saga is intentionally linked with another short storyline. Apart from encountering Yoichi Hatta (八田與一), who was dedicated to the construction of Kanan Irrigation System (嘉南大圳), at the beginning of the film, Kano's tri-ethnic baseball players once again run into engineer Hatta at the irrigation ditch bank when they return back to Kagi. Script writer Ruby Chen (陳嘉蔚) and Te-sheng Wei

---

＊2 The abbreviated name of *Kagi chuugaku* (Tainan Prefectural Kagi Secondary School, 台南州立嘉義中学校)'s baseball team.

＊3 The aboriginal players in *Kano* were renamed after the Kuomintang authority took over Taiwan. Their Chinese names, aboriginal names and personal stories are listed in commentator Sakamoto's article (see 2014, 427-50).

＊4 The abbreviated name of *Taihoku shuritsu shogyo gakko* (Taihoku Prefectural Commercial School, 台北州立商業学校)'s baseball team.

KANO (2014) Film Review: Retrieving the Forgotten Taiwanese Baseball Honour and Taiwanese Identity

Alex Huang

Prologue

Aboriginal-descended Taiwanese young director Umin Boya (馬志翔)'s film *KANO* (2014), a lengthy but passion-igniting sports legend set in 1931, traces how a forgotten ragtag baseball team composed of Han descendents, Aboriginals and Japanese residents from southern Taiwan achieve their baseball dream to participate in *Koshien* (甲子園), the Japanese High School Baseball Championship. Produced and collaborated by Te-sheng Wei (魏德聖) the director of *Cape No. 7* (2008) and *Seediq Bale* duology (2012), legendary retrieves the forgotten colonial past and the unspeakable honour given to the young tri-ethnical baseball players who had pursued their goal together during the Japanese colonised period in Taiwan. *KANO*'s $9.89 million production had earned $2.14 million at the box office domestically in just four days, and due to its popularity the film was given a second run at domestic theatres in 2014. During a 94-day run from 27 February 2014, *KANO* grossed $10.67 million in the end (Ma 2014; Cheng and Chen 2014). In spite of the film's screenplay being almost Japanese, the film was only released in January 2015 in Japan (Sakamoto 2014, 410; C. Chen 2014, A01). Through the film's release, the box of baseball memories secretly stored half century ago in *Koshien* has been unlocked with the audience's favourable reception both in Taiwan and in Japan.

KANO Analyses: a Fact-based Film of Forgotten Legend

KANO is a historical film based on a forgotten baseball event during the Japanese colonisation of Taiwan. The term "Kano" is an abbreviation of *Kagi Nōrin Gakkō*, Kagi Agricultural and Forestry School (嘉義農林学校), which is located in today's county of Chiayi (嘉義縣). The film depicts the historical fact that the underestimated baseball team of Kagi Agricultural and Forestry School went from a losing streak to a surprising victory by winning the second prize at *Koshien* within a year. The film however develops in two storylines.

The main storyline starts in 1944, one year before the end of the Japanese colonisation, when Imperial Japanese army Hiromi Joshiya (錠者博美), a former baseball player, stopped over in Taiwan. Captain Joshiya entered from Kirun (today's Keelung, 基隆), taking a train down to Takao (today's Kaohsiung, 高雄) in southern Taiwan and made a brief stop in Kagi. Joshiya asked his comrade to wake him up when they arrive in Kagi.[*1] The setting then shifts

＊1 Indeed, after Kano played its legendary first game at *Koshien* in 1931, the Japanese armies who took the train down to Takao would say, "When we arrive in Kagi, please let me know!" to one another (see Sakamoto 2014, 388; my translation). The film here recaptures this historical fact as the prologue to the main storyline.

研究ノート

パルクールと公共空間の認識変容

ドラガナ・ティントール

〈要約〉

パルクールとは、走る、ジャンプする、よじ登る、バランスを取るといった一連の技法を組み合わせて身体をコントロールし、より効率的かつスピーディに障害を乗り越えていく身体パフォーマンスである。パルクールをするものは「トレイサー」と呼ばれ、その目的は都市空間をできるだけスムーズに移動することである。

そのための技術は個人の身体を一つの船体のように見立てることであり、適切なトレーニングによって準備されていれば、身体を周囲の物理的環境にではなく、周囲の環境を身体動作に適合させることができるようになる。その動きは単なる肉体の動作というものから、街の建物や区割り、計画された物理環境に挑戦し、都市公共空間において「街のルールを変える」こともできる。

パルクールとその哲学は、自明のものと考えられている都市環境と人間の体との関係を再考するきっかけとなるだろう。私が取り組んでいるのは、パルクールという事例を用いて、都市空間、建造物の配置、そして人々は自分の身体のみを用いてそれらをどのように変容させ、脱構築し、作り替え、生産しているかを検証する試みである。同時にこの試みは、パルクールを一種のカウンター・カルチャーと捉え、その状況破壊的な要素に光を当てることで、自由な空間の消費と、限定・私有化・商業化されたエリアとの衝突を描きながら、公共空間の再流用のモードとその可能性を見つけることでもある。

（※本論［英文］は266頁から）

research on subcultures within the production of space framework, emphasizing physical and social aspect of the discipline, and its interconnection with urban, public space.

References:

Borden, I. (2003) *Skateboarding, Space and the City: Architecture and the Body*, Oxford, Berg.

Daskalaki, M. Stara, A. and Imas, M. (2008) The 'Parkour Organisation': inhabitation of corporate spaces, Culture and Organisation, 14:1, 46-64

De Certeau, M. (1984) *The practice of everyday life*, Berkeley, University of California Press.

Geyh, Paula. (2006) *Urban Free Flow: A Poetics of Parkour, M/C Journal*, 9(3). http://journal.media-culture.org.au/0607/06-geyh.php (Accessed 24 Sept. 2013)

Lefebvre H. (1991) *The Production of Space*, Blackwell, Oxford.

their awareness and their reactions to the possibilities and consequences arising from it.

Process of creation and negotiation in public space, however, is questioned when the issue of legality or illegality of a certain behavior is addressed. So far, there has been no policing regarding performance of parkour techniques in public, but this only comes out of the fact that the discipline is relatively new and still unrecognizable by the mainstream culture. What an individual perceives as an unacceptable, inappropriate or disturbing, can come out of personal preference or a misunderstanding of intent, but it still does not have any legal merit to enforce restrictions on movements and routs. But, as the discipline grows together with its public visibility, it is reasonable to expect policing issues, the same way skateboarding have been ostracized from various public places by different authorities, or locked into designated areas only. In the current social constellation, when available public space for free expression is shrinking rapidly, parkour may also be heading towards some form of constriction, formalization or prohibition.

In an effort to address this subcultural phenomenon and its rebellious and performative nature, I tried to better understand the physical and conceptual elements of a parkour training and performance. Through fieldwork and experience with Parkour community I have been able to draw connections between the emerging and evolving aspects of parkour practice that exist in public space. On one side, it is the sense of community and imaginative awareness of the urban properties that seems to be fixed, and on the other, its direction towards global consumption trends and an increasing pressure to transform itself into appealing but commercialized version. The emerging issue of commercialization is deserving of further study and attention, especially when considered in relation to the other end of the spectrum where corporate interest in public collide with the potential profitable reduction of the discipline to noting more than a sensation and a visual spectacle. This and the question of legal issues and policing could be a starting point for an in-depth research, relaying on the findings already concluded within this fieldwork.

Relationship between the sociality of parkour and public space is relevant in the context of a modern city when group dynamics are motivated with adaptation and creation. Understanding social significance of the discipline might give us an insight into the possibilities that the culturally and environmentally rapidly changing city has to offer.

Social significance of the topic relates to the very current and acute issue of the social change concerning public perception and the availability of public spaces, ongoing debates in relations to citizens', officials' and medias' variations on the interpretation of what is "public" and what is "private", or even more specifically, what should be available to everyone and where are the limits to the regulations of public space and its consumption. Parkour invites individuals, whether they are practicing the discipline or nor, to liberate from the traditional notions of public space and rethink the organizational representations of the pre-set urban landscape, and engage with the diverse and multi-dimensional possibilities that city offers. Upon understanding that the exploration of opportunities lies within the appropriation and recreation of the existing spaces, we can find and select our own place in the city.

Parkour research could go way beyond the research of body and urban space, having that it poured into the movies and gaming industry, mass media or virtual networking, but my intent and attempt was to give a humble contribution to urban studies and the contemporary

Figure 2. Precision jump

space. It is also the contemporary corporate space that is occupying what used to be a sphere of public place or "common space" that belongs to the "public". "The forces of capitalism have converted places that could encourage difference and interaction to 'non-places' of homogenization and indifference. Diversity, encounter and change, qualities that urban environments seek to encourage are substituted by alienation and passive consumption" (Daskalaki et al. 2007, 53). In this context, parkour is changing and challenging the limitations placed upon the public places, engaging in the transformative process by implementing original and effective use of space, otherwise restricted by the "corporatized cities" (2007, 51), resisting "any threat of appropriation and control posed either by forces of corporatization or by city bureaucracies" (2007, 54).

This is where the dichotomy between the freedom and order, passive and active, spectatorship and participation is formed. Opening up new spaces for potential alternate use can consequently lead to more restrictions, limitations and strict organizations of the same places. And, so far, parkour has been dealing with both sides of the coin: it has been revealing exceptional possibilities of certain public places, inviting spectators to rethink it and challenge their own perception, but it has also been facing struggles regarding unacceptance for being inappropriate, disturbance and nuisance to the 'public'. This dichotomy interconnected with the eventual process of popularization and commercialization might determine and design what future development of the discipline could be. It has also been the starting point of my research, placing the focus on the notions of this dichotomy seen from the parkour community, forming the jump, traceur changes the whole perception of what the railing represents in public space. What was previously a division of two areas – one that is intended to be used, and one that is not, now becomes a single zone and the division disappears.

However, parkour performance is relying on the existence of this division and the new space is formed only from the contradiction that two previously opposite areas now comprise a single, integrated space where the parkour technique is performed. On the other hand, there is a space over the railing that changes (or forms) while the move is in progress. Before traceur occupied it through the jump, this area was present, but not considered as a place that can be used. Performing a jump, in this instance, leads to a creation (or a production) of a new space in the public place. Consequently, performance of a parkour technique brings a formation of two new spaces – one is created through the merging or areas into one new space, and the other through the insertion of the body into what was unattainable place before.

Ian Borden explains this phenomenon from the perspective of a skateboarder and introduces what he calls "super-architectural space". The span of this "super-architectural space" can be less than a second, since the move is temporary and the intervention in space ends as soon as the jump is completed. But, the change in space that occurs as a result of the move is not as short-lived as the move itself. Traceurs that witnessed the moment and photographic or video imagery that captured it, serve as a means of reproduction of the moment, saving it and making it more permanent than just a temporary action that formed it.

The same way a jump over the railing changes the space surrounding it, various different parkour techniques are reacting to numerous impulses that cityscapes present as an opportunity for a traceur, "The city is presented as a pre-existent object, and tracer negates it through its opportunities and specifically through exploiting the texture of that space" (Borden 2003, 194).

Relating parkour as a couter-culture back to Lefebvre, we could understand it as a productive performance that leaves no other product but the space that defies planned cityscapes. For a traceur, moving over the obstacle is instantly satisfying as an athletic achievement, but it is also a social move over the fixed objects that were laid out in the city formatting an obstructive "grid" (Geyh 2006).

Parkour acts between these pre-set urban "grids" and by moving against fixed paths, parkour practitioners are trying out various objects that they encounter, dedicating time and creativity to explore, re-think, and refine their athletic intentions towards the newfound obstacles. Playfulness of the discipline and its childlike exterior may seem to be in contrast with the serious task of rebellious engagement with the city. However, this lightness of play is what gives traceurs means and opportunity to convey a strong critical message.

In a way, parkour practitioners are through their own deviating urban exploration engaging in a confrontation with city planners and architects where the city itself is becoming a medium and an opposition in the interaction with traceurs. Parkour confrontation, or we might even say, "guerilla tactics" (De Certeau, 1984) are attempts to open up hermetic, guarded meanings before producing and revealing new interpretations of previously envisioned constructs.

The very structure of the city, planned layout and architectural designs concerning public space is not the only restriction placed upon the city dwellers and consumers of public

Figure 1. Tic-Tac

intent of the discipline. Having adaptation to urban ambience in mind, various techniques or their names were inspired by the animalistic background. It is not surprising that the cat would be first pick, since it tends to be perceived as one of the most adjusted animals in the modern city. Not only that it moves smoothly and efficiently over the urban terrain, but its physiology allows its movements to look effortless and visually pleasing. The strive for efficiency that inadvertently led to observable attractiveness is what makes parkour techniques recognizable.

Precision jump (Figure 2.) is used for landing on small areas and objects such as railings, branches or thin walls. The jump starts from a fixed spot and lands precisely on another fixed spot. This requires maintaining the balance and not allowing momentum of a jump to carry the body over the landing spot. Precision jumps are also known as standing jumps, since there is no run-up that leads into a jump. Their performance does not demonstrate spectacular and fast movements that capture the attention of the spectators, but they carry an immense importance since the whole discipline does not rely on attractiveness but on effectiveness. Techniques such as precision or balance put focus on concentration, planning and diligent calculation (of a distance, swing, landing etc.) that further on in the training would complement the formation of an entire 'run'.

Conventional association that people have when they think about the railing is that they offer stability while going up or down the stairs, or they represent an instrument for separating two specific urban zones. Their intended purpose is to guide, limit or appoint the direction. But, by jumping over the rail and even using it as a prop, a means of support while per-which require formulation of specific techniques applicable to the environment common for the cityscapes and public places.

Despite the absence of a complete account of the entire vocabulary of parkour techniques, the moves within the parkour discipline have been organized into categories. All combined, parkour techniques could be divided into several main groups: rolls, jumps, vaults, mounts and balance, and every group could be split into several specific techniques. Currently, there are approximately 30 formulated unique parkour techniques, each with the specific name and a predetermined way for correct performance. Since the aim of the discipline is to creatively approach urban surroundings and find new ways to reinterpret it, it is no surprise that, as parkour is growing and developing, so are the new techniques with it.

Framing parkour techniques in terms of its practiced context, does not limit new ones to emerge. Relationship between the practice and a specific environment opens up possibilities for new creations within the familiar narrative, and these novel techniques or moves can be perceived as the initiation of a dialog that forms through the interaction of traceur and the city. Clearly, this is a two way relation occurring between an individual and the environment – where traceur uses his body that affects and produces a new space (Lefebvre, 1991), the space also affects his moves and plays an important role in a creation of different body techniques.

Tic-Tac (Figure 1.) is a good example of an altered perception that gives a creative opportunity for a traceur to turn an obstacle into an asset. This movement involves stepping on a vertical surface and pushing from it onto, or over other obstacles. The technique allows traceur to use a wall in order to overcome another obstacle or gain height to grab something. The key of this technique is to understand from what distance body needs to shift from a run into a jump towards a wall and how high leg needs to be in order to push off the body from the wall. The aim is to bounce off the wall dynamically, trying to have as brief contact with the obstacle as possible.

The techniques of running vertically up the wall fully illustrates the interaction that happens between the traceur and the built environment, and the adaptation to the architectural landscape that the human body is capable of. Surfaces of the walls in the city usually provide enough grasp for the technique to be performed ascending. However, verticality of the object forces the body back towards the ground, requiring traceur to increase the speed and thus maintain the momentum to propel in an opposite direction. The duality of the relation, negation and reinforcement, formulate the dialogue that happens among urban actors and their setting.

Cat leap is one of the most recognizable parkour techniques, and it consists of a jump to vertical or a near vertical object where the feet absorb the impact before the hands catch the top. Cat leaps are often used to land on walls across a gap, as it is not possible to land standing on the wall, nor is it practical to catch all of the body weight with hands, so the momentum is first absorbed with the feet, making is easier to then grasp the top of the wall with hands.

Cat vault involves diving forward over an obstacle so that the body becomes horizontal, pushing off with the hands and tucking the legs, so that the body is brought back to a vertical position for landing. This vault can propel the body along greater distances if used with a dynamic approach, placing the hands as far along the obstacle as possible following the dive.

Cat leap and cat vault reveal linguistically an interesting point regarding the very basic nomenon, since parkour is "inseparable from spatial-perceptual experience, a holistic perspective of body, self, space and built environment" (Daskalaki et al 2007, 52). Its relevance within the urban studies is associated with both spatiality and the physiology of the human body, together with architectural and cultural implications of built environments. These manifestations of parkour in public are relating individual to the community, body to space, and spatial investigation to creation.

Basic frame of reference for explaining these physical, spatial and social aspects of parkour was Lefebvre's theory of the production of space. This is a perspective that puts light on parkour's cultural message and implies response to reliance on a dominant culture offering a direct critique and broader interpretations of it.

The concept of the production of space, presented and developed by Henri Lefebvre, explains that public space is not simply a place of utilization and application of prescribed movement, but he perceives it more as an opportunity for reaction and interaction, since it is a social construct, and people have the ability to change it. He further explains that by dismissing traditional modes for seeing and presenting space, there is a possibility to uncover a new world, more natural, and more pleasant.

Following the negative conception on restrictions of man in space Lefebvre asks a question: Can a body, with its ability to move, produce a space? Without a doubt, but not in a sense that a mere being in space can produce it. More than that, there is a direct relation between the body and its space, between bodily development and its occupation of space. Every body is a space and has its space: it produces itself in space, and also, produces space. This is really an outstanding relation: body with all of the possibilities in its disposal, creates or produces its own space, and vice versa, the laws of space, or rather the laws of discrimination in space, are controlling the body and the development of its possibilities. Bodies are, according to the laws of space, producing space and producing themselves, together with their movements (Lefebvre, 1991).

The process of the production of space incorporates the engagement with public places and new ways of approaching it, but also the spectacle of its performance that includes the space where it takes place, as well as the re-creation, replay and reenactment of the performance through photographs and videos that create a lasting proof of the change.

In this way, parkour practitioners are forming new communities that build up together on the basis of transferring, recreating and modifying moves and images previously created, thus prolonging the process that affects public places. Every move that is performed in parkour has been previously seen or performed by others, and the replay is connecting previous performance and previous traceur to the new one, which forms a bond and makes a process of reproduction perpetual, and community well connected.

*

The way in which traceurs change the urban surroundings, or the way in which they negotiate new meanings and "produce space" could be demonstrated through an example of performing a standard parkour techniques. The idea behind parkour is to expand and refine the skill set that an individual acquired before, such as running, jumping, climbing and balancing. These basic elements are combined with the urban settings where parkour is performed,

We could define **Parkour** as a physical discipline consisted of series of body techniques such as running, jumping, climbing, balancing, and by performing and controlling these movements overcoming obstacles in an efficient and rapid manner. Practitioners of Parkour are called **traceurs**, and their goal is smooth movement through urban surroundings. The structure of the discipline is revolving around set of approximately 30 basic body techniques that are consistently practiced, repeated, refined, combined and then formed into one "run" – a continuous and uninterrupted movement regardless of the obstacles on that path. This covered path follows the origin of the name Parkour, since it is linked to French word *parcoures*, meaning course or route. Even the etymology shows that the discipline goes beyond the immediate spectacle and is actually embodying the "philosophy" of a smooth movement.

This highly skilled discipline is dynamic, flowing and visually impressive. The skill challenges individual into using their body as a vessel, that then can, if trained and prepared, fit the surroundings to their own demands. But from a pure form of physical expression it evolved to a youth subculture that started changing 'rules of the city', challenging conventional ways of movement through it, and changing assigned meanings to the public spaces and cities' architecture.

Looking at parkour together with all of its elements could be beneficial for understand urban environments, interaction between the body and the build surroundings, and expose mundane settings that could change our perception of the city while changing their own assigned properties. Parkour and its philosophy could be a revealing medium for exploring the relationship between the environment and the human body in everyday situations, between architecture and movement, organizational structure and possibility, freedom and control (Daskalaki et al, 2007). This premise was one of the focal points that led me through the research, incorporating both the physical aspect of human body and its interplay with public space, as well as the issues regarding the legality and legitimacy of free public space utilization.

Addressing the discipline, I attempted to provide a better understanding of this multilayerd phenomenon and its connection and interaction with public space, trying to answer a question if the discipline can be understood as an opposition to the city that has become a place which threatens to limit freedom of movement and expression in the public space.

On the other hand, there is a specific relationship that forms between traceurs and the city, or, more specifically, urban areas that they discover and then change by their own rules, mainly through transformed perception and the meaning that they give to that space by using it beyond its conventional purposes. In this way, the city architecture gets a new function that was previously overlooked, forgotten or changed.

*

My attempt was to use an example of Parkour for rethinking urban spaces, city's architecture and how people can change, deconstruct and transform it using only body and movement. Also, I was trying to introduce the idea of re-appropriation of public space, marking Parkour with its subversive element as a counterculture in a conflict between the free public space consumption and the restricted, privatized and commercialized public areas.

From positioning parkour as a physical discipline, it is necessary to broaden its treatment of the public space and the body, its embodiment and its standpoint as a cultural phe-

PARKOUR AND THE CHANGING PERCEPTION OF PUBLIC SPACE

Dragana Tintor

Abstract:

Parkour is a physical discipline consisted of series of body techniques such as running, jumping, climbing, balancing, and by performing and controlling these movements overcoming obstacles in an efficient and rapid manner. Practitioners of parkour are called traceurs, and their goal is smooth movement through urban surroundings. The skill challenges individual into using their body as a vessel, that then can, if trained and prepared, fit the surroundings to their own demands. But from a pure form of physical expression it evolved into a youth subculture that started changing 'rules of the city', challenging conventional ways of movement through it, and changing assigned meanings to the public spaces and cities' architecture. Parkour and its philosophy offer a revealing medium for exploring the relationship between the urban environment and the human body in mundane situations. Examining spatiality through this paper, I use an example of parkour for rethinking urban spaces, city's architecture and how people can change, deconstruct, transform and produce it using only body and movement. In addition, it introduces the idea of re-appropriation of public space, marking parkour with its subversive element as a counterculture in a conflict between the free public space consumption and the restricted, privatized and commercialized public areas.

Key words: Parkour, urban space, production of space

*

The basic way to describe Parkour is to say that it is a physical discipline that teaches bodily techniques which would allow smooth movement through the urban environment. But, other than focusing only on the movements of the body, this discipline combines its techniques with the particular urban configuration that may appear to be inaccessible, unreachable, or simply uninteresting to everyday passer-bye's. Exactly these places, colored with constraints of the urban settings, invite them to be reinterpreted by building the alternative paths through the city. This new understanding of a particular way is what Parkour practitioners call *l'art du deplacement* or the art of movement. The main actor in their "art" is an obstacle in the way, and it can be anything ranging from stairs and railings, to walls and pillars, from benches and flower beds, to monuments and street lights, or in short, it can be any structure or construction formed or made out of durable or firm material. Aim is, than, to transform this obstacle from a constraint into an asset, to see it not as an interference anymore, but find a way to incorporate it in their way, and use it creatively as an advantage and a negotiation with the pre-set urban environment. As such, using Parkour to overcome obstacles can be understood as one of the defensive and opportunistic tactics in thriving on the reproduction of meaningful space (De Certeau, 1984).

執筆者一覧（掲載順）

Les Back（レス・バック）	ロンドン大学ゴールドスミス校社会学部教員
太田光海（おおた・あきみ）	パリ社会科学高等研究院修士課程
小笠原博毅（おがさわら・ひろき）	神戸大学国際文化学研究科教員
陣野俊史（じんの・としふみ）	文芸／サッカー批評家
Marie Thorsten（マリー・トーステン）	同志社大学グローバル・コミュニケーション学部教員
山内正太郎（やまうち・しょうたろう）	学習院大学人文学研究科博士課程
川島健（かわしま・たけし）	同志社大学文学部教員
Vron Ware（ヴロン・ウェアー）	ロンドン・キングストン大学芸術・社会科学部教員
栢木清吾（かやのき・せいご）	神戸大学国際文化学研究推進センター研究員
竹田恵子（たけだ・けいこ）	お茶の水女子大学基幹研究院リサーチ・フェロー
霜鳥慶邦（しもとり・よしくに）	大阪大学言語文化研究科教員
辛島理人（からしま・まさと）	関西学院大学先端社会研究所専任研究員
安藤丈将（あんどう・たけまさ）	武蔵大学社会学部教員
山下惠理（やました・えり）	東京外国語大学総合国際学研究科博士後期課程／日本学術振興会特別研究員
堀真悟（ほり・しんご）	早稲田大学文学研究科社会学コース博士後期課程
森啓輔（もり・けいすけ）	一橋大学社会学研究科博士課程
赤尾光春（あかお・みつはる）	大阪大学文学研究科助教
小路万紀子（しょうじ・まきこ）	同志社大学グローバル・スタディーズ研究科博士後期課程
上村崇（うえむら・たかし）	福山平成大学福祉健康学部教員
黄柏瀧（コウ・ハクロウ、Alex Huang）	神戸大学国際文化学研究科博士前期課程
Dragana Tintor（ドラガナ・ティントール）	インディペンデント・トレーサー

編集後記

今年も「年報カルチュラル・スタディーズ」第三号をお届けすることができました。いつものように、ヴァラエティに富む投稿／寄稿をしてくださった方々、プロフェッショナルな査読者の皆さん、そして読者の皆さんにも心から感謝申し上げます。加えて、今号から編集・出版を引き受けてくださることになった航思社の大村智さんに、編集委員を代表して御礼申し上げます。おかげさまで、雑誌の外観全てがクールに刷新されました。

さて、今号にも多くの投稿をいただきました。しかし、一つ残念にもあえて苦言を呈させていただきます。投稿された論文の中には、論文としての体裁や書式に全く準じていないものも含まれていました。書きなぐった、という程度のものです。お固い学術論文の体裁を採れと言っているのではありません。執筆者のことを全く知らない読者が読むものとして、他人に読ませる程度の気を使ってくれ、ということです。文章構成、「てにをは」、注記の付け方、参考・参照文献の書式など、投稿される方々は大学院以上の教育を受けているはずなのに、その痕跡が全く見られないような原稿もありました。これはどういうことでしょうか？　一つには、近くにいるはずの指導教員がサボっているだけ、という考え方もできます。悲しいかな、そういう人もいるんでしょうね。しかし、院生にもなって自分で書くものの格好もつけられないとは、少なくとも格好良くしようともしないとは、情けないにもほどがある。若い研究者や院生の投稿を促しているからといって、論文の書き方まで指導する気は（今の編集部には）ありませんよ。次号の投稿を考えている方、ちゃんとして下さい。

「戦争」特集、表の字面の影に、実は「文学とカルチュラル・スタディーズ」という隠されたテーマが存在していることにお気づきの方もいらっしゃるでしょう。「戦争」の今を考えるときに、これまでそれぞれ英文学、思想、歴史と分かれてしまっていた知的営為を一度ごった煮のようにしてしまうことが最もクリティカルな結果になるんじゃないかというヒントを与えてくれたのは、昨年のカルチュラル・タイフーンにて基調講演を行ってくれたレス・バックでした。彼が戦争と記憶に関して書いた論文は、ヴァージニア・ウルフとジョージ・オーウェルの空襲に関する考察から始まっているのです。カルチュラル・スタディーズはもっと文学に貪欲であっていいし、文学はもっとごりごり外に開かれていい。そんな思いで「戦争」を考える方法としてこのような特集を組みました。期せずして書評と映画評、また投稿論文の中にも「戦争」というテーマに近接するものがあります。危機を見据えた集合知なのか、それだけ「戦争」がはびこっているということなのか（O）。

年報《ねんぽう》 カルチュラル・スタディーズ Vol. 3

The Annual Review of Cultural Studies Vol.3

著者　カルチュラル・スタディーズ学会
編集委員　大山真司、小笠原博毅、黄柏瀧、杉田真理子
発行所　株式会社 航思社
〒113-0033　東京都文京区本郷1-25-28-201
TEL. 03 (6801) 6383 ／ FAX. 03 (3818) 1905
http://www.koshisha.co.jp
装丁　前田晃伸、神戸太郎
印刷・製本　シナノ書籍印刷株式会社

2015年 6 月 30日　初版第 1 刷発行

ISBN978-4-906738-13-7　C0010

(3) 参照文献は、著者名、発行年、題名、出版者（欧文の場合はその前に出版者所在地都市名を併記）の順に記述すること。欧文の書名はイタリックにすること。

例）

Gilroy, Paul (1993) *Black Atlantic: Modernity and Double Consciousness,* London: Verso.（＝(2006) 上野俊哉・毛利嘉孝・鈴木慎一郎訳『ブラック・アトランティック —— 近代性と二重意識』、月曜社）

Iwabuchi, Koichi, 2002, *“”Soft” Nationalism and Narcissism: Japanese Popular Culture Goes Global,” Asian Studies Review*, 26 (4) : 447-69.

モリス，ミーガン（2011）橋本良一訳「アジアにおける凡庸さと教育について」、岩崎稔・陳光興・吉見俊哉（編）『カルチュラル・スタディーズで読み解くアジア』せりか書房

長尾洋子（2001）「侵蝕のリズム ——「おわら風の盆」の奏でる思想」『現代思想』vol. 29-10

Samath, Feizal (2010) ‘Sri Lanka looks east to China for funding and support’, *The National* (online), 11 March, http://www.thenational.ae/apps/pbcs.dll/article?AID=/20100311/FOREIGN/703109851/1002, 2010/3/22 アクセス.

(4) 注は、本文中の該当箇所の右肩に上付き文字で順に 1) と番号をうち、注自体は本文の後にまとめて記載する。

(5) 図表は順に番号をうち、PDF ファイルの本文中に挿入しておくこと。著作権者の了解を得ることなく、他者の図版を転用してはならない。査読後の最終原稿の提出時に、図表の提出方法は別に指示する。

付記：

投稿及びその他の通信は、contribution_act@cultural-typhoon.com 宛にお願いします。

編集規定

・本誌は、Association for Cultural Typhoon ／カルチュラル・スタディーズ学会の機関誌であって、年1回発行する。

・本誌は、原則として当学会会員の研究の発表にあてる。

・本誌に論文、書評論文、書評、最新動向などの各欄を設ける。

・本誌の掲載原稿は、投稿原稿と依頼原稿からなる。

・書評論文、書評の依頼は、編集委員会で行う。

・最新動向欄は、カルチュラル・スタディーズや文化実践、社会運動などの紹介にあて、その依頼は編集委員会において行う。

・原稿の掲載は編集委員会の決定による。

学会誌への投稿方法

『年報カルチュラル・スタディーズ』(Annual Review of Cultural Studies)投稿規定
(2012年6月20日)

●『年報カルチュラル・スタディーズ』(Annual Review of Cultural Studies) は、理論的な革新性とクリティカルな視点や態度が含まれた優れた論文等からなる、国際的且つ領域横断的な研究雑誌である。
●本誌への論文投稿は、Association for Cultural Typhoon ／カルチュラル・スタディーズ学会の会員に限る。
●本誌に投稿する論文は、いずれも他の媒体に未発表のものに限る。また、編集委員会規則および編集規程・投稿規定・執筆要項に基づき、日本語または英語の論文を本誌に投稿することができる。
●他の媒体で審査中、あるいは掲載予定となっているものは二重投稿とみなし、本誌での発表を認めない。
●本誌に発表された論文等の著作権はAssociation for Cultural Typhoon ／カルチュラル・スタディーズ学会に帰属する。掲載から一年たった論文については、当学会ホームページで公開する。ただし、公開の可否については本誌に掲載が決まった段階で各執筆者に確認する。
●本誌に発表された論文等を他の著作に転載する場合には，事前に文書等でAssociation for Cultural Typhoon ／カルチュラル・スタディーズ学会・編集委員会の許可を得なくてはならない。
●本誌は、以下の分野・領域の発展に貢献する論文を求めている。：カルチュラル・スタディーズ、メディア・スタディーズ、ディアスポラ研究、アーバン・スタディーズ、社会学、歴史学、文化人類学、ジェンダー・スタディーズ、クィア・スタディーズ、ポストコロニアル研究、人種研究、移民研究、社会運動論、エコロジー、エリア・スタディーズ、メモリー・スタディーズ、ポピュラーカルチャー（フィルム、音楽、スポーツ、ファッション、ダンス、ストリートカルチャー、アニメ、コミックなど)、アート、文学、哲学、社会思想史、政治経済学、地理学、文学、哲学、教育学など。

執筆要項（日本語）
1. 論文の分量は20,000字以内とする。
2. 論文には本文（図表等を含む）のほか、表紙、要約、キーワードを添付する。
3. 表紙には、タイトル、氏名、所属、連絡先（住所、携帯番号、メールアドレス）を記す。
4. 要約は800字以内、キーワードは5個以内とし、本文の前に添付する。
5.「本文」には、見出し、小見出し、注、文献リスト、図表までを含むこととし、これらを合計した文字数が規定の分量におさまらなくてはならない。表紙、およびキーワードに使用された文字数については、この制限外とする。
6. 原稿の書式は、原則として以下の通りとする。
(1) 原稿はA4判のサイズとし、横書き40字×40行で作成する。
(2) 注と文献リストを別にする。参照文献の本文、注における挙示は、著者名（発行年：ページ数）または、(著者名 発行年：ページ数) とする。

『年報カルチュラル・スタディーズ』第4号

原稿募集中！！

カルチュラル・スタディーズ学会機関誌**『年報カルチュラル・スタディーズ』**では、第4号（2016年6月末発行予定）の投稿を受けつけています。とくにカルチュラル・タイフーン2015 関西の報告原稿は、ぜひ改稿・加筆のうえ投稿していただけるよう期待しています。それ以外の論考も大歓迎です。
　ただし、投稿者としての資格要件には、カルチュラル・スタディーズ学会の会員であることが含まれています。未入会の方はぜひ、カルタイ受付脇のデスクで会員になってください。そのうえで、ウェブ上の投稿規定、執筆規定をよく読んで、あなたの意欲的な発表の舞台として本誌を活用してください。

第4号の投稿締切りは、**2015年10月30日（金）**です。

原稿は必ずwebを通じてcontribution_act@cultural-typhoon.com宛に送ってください。たくさんの投稿をお待ちしています。

『年報カルチュラル・スタディーズ』編集委員会

Call for Paper for The Annual Review of Cultural Studies (vol.4)

Dear Friends,

The Annual Review of Cultural Studies, the journal of Association for Cultural Typhoon, is now eagerly calling for your paper for the third issue. Especially we expect that all the presentation papers of Cultural Typhoon 2015 in KANSAI will be refined and sent to us, the Editorial Board.
Every member of Association for Cultural Typhoon is entitled to contribute.

Please read “Notes for Contributors” on the web page and we hope you would take full advantage of this new publication as a site of your free and ambitious endeavor. The deadline of submission is **October 30, 2015,** and you can send your article only through the web to :

contribution_act@cultural-typhoon.com

We are looking forward to reading your work of great effort.

The Editorial Board of the Annual Review of Cultural Studies